YIMIN HUIKUAN DUI JINGJI FAZHAN DE YINGXIANG:
LILUN YU SHIZHENG YANJIU

移民汇款对经济发展的影响：理论与实证研究

林勇 ◎ 著

世界图书出版公司
广州·上海·西安·北京

图书在版编目（CIP）数据

移民汇款对经济发展的影响：理论与实证研究 / 林勇著 . —广州：世界图书出版广东有限公司，2023.10
ISBN 978-7-5232-0349-1

Ⅰ．①移… Ⅱ．①林… Ⅲ．①移民—转账结算—研究—世界 Ⅳ．①F832.63

中国国家版本馆CIP数据核字（2023）第065680号

书　　名	移民汇款对经济发展的影响：理论与实证研究 YIMIN HUIKUAN DUI JINGJI FAZHAN DE YINGXIANG：LILUN YU SHIZHENG YANJIU
著　　者	林　勇
责任编辑	程　静　张　钊
装帧设计	书艺歆
责任技编	刘上锦
出版发行	世界图书出版有限公司　世界图书出版广东有限公司
地　　址	广州市海珠区新港西路大江冲25号
邮　　编	510300
电　　话	020-84453623　84184026
网　　址	http://www.gdst.com.cn
邮　　箱	wpc_gdst@163.com
经　　销	各地新华书店
印　　刷	广州今人彩色印刷有限公司
开　　本	787 mm×1 168 mm　1/16
印　　张	15.25
字　　数	330千字
版　　次	2023年10月第1版　2023年10月第1次印刷
国际书号	ISBN 978-7-5232-0349-1
定　　价	68.00元

版权所有　翻印必究
（如有印装错误，请与出版社联系）
咨询、投稿：020-84451258　gdstchj@126.com

前 言

经济发展的其他各种影响因素迄今在文献里体现得比较充分,但移民汇款对经济发展的影响尚未得到应有的关注。联合国国际移民组织(International Organization for Migration,简称IOM)的《世界移民报告2022》显示了国际移民人口的持续快速增长——从1990年的1.53亿增长到了2019年的2.72亿,占全球总人口的3.5%,超过了世界第五大人口国巴西的人口总量。[①]国际移民每年的总收入达2.6万亿美元,超过了世界第六大经济体英国的国内生产总值(Gross Domestic Product,简称GDP),是发展中国家重要的家庭收入来源,支撑着大约7亿人的基本生活。如今,许多发展中国家的汇款收入已经超过了外国援助、外商投资乃至传统出口,成为其最重要的外汇收入来源。2020年移民汇款占GDP比例最多的几个国家分别为:汤加37.7%、黎巴嫩32.2%、吉尔吉斯斯坦29.4%、塔吉克斯坦27.3%、摩尔多瓦24.1%、尼泊尔23.5%、洪都拉斯23.5%、海地21.8%、牙买加21.2%、莱索托20.6%、萨摩亚18.7%,等等。[②]在中美洲,咖啡、香蕉等传统农业收入已经落后于海外汇款。而一些发展中的小型经济体,如黎巴嫩、塞尔维亚、海地、汤加、阿尔巴尼亚、牙买加等,其移民汇款超过了出口总和。随着全球移民汇款规模日益扩大,其重要性愈显突出,各国政府和学界开始探索各种方法和路径,以鼓励和利用汇款,促进国家经济发展。

综观学术界相关研究文献,关于移民汇款对经济发展的影响目前还存在很大争议。通过将不同国家的移民汇款进行比较,探究移民汇款对不同国家经济发展不同的影响方式、渠道和成效,能进一步认识上述争议,对分析国际移民对经济

[①] World Bank, "Resilience COVID-19 Crisis Through a Migration Lens," *Migration and Development Brief 34*, 2021, pp.3-5, https://www.knomad.org.
[②] World Bank, World Development Indicators, 2020-05-16, https://data.worldbank.org.

发展的影响有所裨益。基于上述考虑，本研究不揣浅陋，试图对研究文献进行初步梳理，对其主要理论观点及分歧展开辨析，并基于世界银行的统计数据展开实证检验。本研究以全球两大移民汇款接收（以下简称"收款"）国——印度和中国为案例，探讨移民汇款对发展中国家收款国经济发展的影响，并在此基础上提出见解。鉴于本人水平有限，书中难免出现错漏之处，敬请各位读者批评指正。

本书结构如下：第一章为全球移民汇款现状与发展趋势；第二章为移民汇款与经济发展的理论；第三章为移民汇款对收款国经济发展的影响；第四章为印度的移民汇款；第五章为中国的移民汇款；最后为结论。

目 录

第一章 全球移民汇款现状与发展趋势 ·········· 1
- 第一节 基本概念 ·········· 1
- 第二节 发展概况 ·········· 7
- 第三节 主要发展趋势 ·········· 12

第二章 移民汇款与经济发展的理论概述 ·········· 24
- 第一节 主要理论观点 ·········· 24
- 第二节 移民汇款动机 ·········· 32
- 第三节 移民汇款特性 ·········· 37

第三章 移民汇款对收款国经济发展的影响 ·········· 45
- 第一节 宏观经济 ·········· 45
- 第二节 减贫 ·········· 60
- 第三节 收入分配 ·········· 74
- 第四节 消费和投资 ·········· 93
- 第五节 经济增长 ·········· 114
- 第六节 其他影响 ·········· 131
- 第七节 小结 ·········· 157

第四章 印度的移民汇款 ·········· 160
- 第一节 概况 ·········· 160
- 第二节 对经济发展的影响 ·········· 168

I

第三节　相关政策措施 …………………………………………… 177
　　第四节　面临的主要挑战 …………………………………………… 185

第五章　中国的移民汇款 …………………………………………… **187**
　　第一节　概况 ………………………………………………………… 187
　　第二节　主要特点 …………………………………………………… 190
　　第三节　背景、渠道及用途 ………………………………………… 200
　　第四节　对经济发展的影响 ………………………………………… 203
　　第五节　相关政策措施 ……………………………………………… 211
　　第六节　面临的主要挑战 …………………………………………… 216

结　论 ……………………………………………………………………… **220**

参考文献 …………………………………………………………………… **221**

第一章　全球移民汇款现状与发展趋势

第一节　基本概念

一、国际移民

国际移民是指居民从一个经济体迁移到另一个经济体，即从原籍经济体（母国）迁移后成为另一个经济体的居民（期限是满一年）。"短期（移民）劳工"是指出于短期（不足一年）就业目的而迁移到另一个经济体的移民劳工。短期（移民）劳工为其在母国的亲属提供资助是跨境移民汇款的重要来源。出于实际需要，本书中的"国际移民"包括上述"国际移民"和"短期（移民）劳工"。[1]

本书中所谓"母国"是指国际移民出生地所在国家，即国际移民来源国，有些文献也称为"移民来源国"；"收款国"是指接收移民汇款的国家。这些国家实质上也就是"移民来源国"或"移民母国"。本书根据实际需要交替使用这几个不同的概念。

二、移民汇款

（一）基本定义

"移民汇款"指上述"国际移民"和"短期（移民）劳工"的汇款，包括个人转移及职工报酬两项之和。个人转移指所有以货币或实物形式进行的经常性国际间转移，包括所有当地居民与非本国居民个人间的所有经常转移。职工报酬是指受雇于海外的移民劳工、季节性海外劳工及其他短期（移民）劳工的收入。[2] 关于移民汇款的数据，本书使用的是由世界银行《移民和汇款年鉴（2008）》推荐的汇款统计方法。这种方法将移民汇款定义为移民劳工汇款、雇员报酬及移民的其他资金流动。世界银行认为，为了获得完整的汇款统计，必须将上述三个项目合并在一起，但不包括"实物汇款"。在没有特别说明的情况下，本书将"移民汇款"简称为"汇款"。

---

[1] IMF, *International Transactions in Remittances: Guide for Compilers and Users*, 2009, https://www.imf.org.
[2] 根据第六版《IMF国际收支手册》中的新定义，移民汇款（侨汇）是员工薪酬和个人转移两个主要组成部分的总和。参见IMF, *Balance of Payments Manual(6th)*, 2010.

（二）移民汇款主体

移民汇款有两大主体：一种是在国外短期务工的劳工；另一种是已定居海外的移民。

（三）移民汇款渠道

移民汇款渠道形式多样，包括通过正规渠道和非正规渠道。

所谓正规渠道，就是指银行、外汇交易中心、移民汇款公司，或其他法人实体在监管当局登记并受监管当局监督的正规机构。而所谓非正规渠道，就是不具有合法从事外汇交易资格或牌照，以及处于无管制状态的移民汇款渠道。[1]

1. 正规渠道

（1）银行

商业银行不仅在汇出国和汇入国设有广泛的网点，而且参与国际支付和结算体系，是传统意义上从事跨境汇款交易的重要渠道。有些银行的网点遍布全球，利用自己的网络划拨资金。另一些银行由于网点有限，可能会利用全球运营商提供的专营资金划拨服务、参加合作网或者利用代理行业务关系。通过连接各国支付系统，国际银行业务网使提供资金划拨便利的银行可以将汇款划拨到全球任何其他银行。

（2）运营商

资金转移运营商（MTOs）是指利用自身内部系统或另一跨境银行网络从事跨境资金转移业务的金融公司（但通常不是银行）。在向目的地国家汇款时，运营商可能会利用其自身的网点或众多的转账代理，如银行、汇兑局、邮局和其他中介（如零售点、手机店、旅行社、药店、加油站），因为它们及其从事的相关活动通常面向同一目标客户。资金以现金、支票或汇票的形式交付。资金转移运营商在汇出国和汇入国内都有广泛的网络，对身份证件的要求不是那么严格，通常以低值高频率的交易为主。在代理机构所在地进行汇款或收款不需要信用卡、银行账户、会员资格或公民身份证。绝大多数情况下，都是首先从汇款方收款，然后将现金交给收款方（现金对现金）。

（3）邮政网络

邮局是传统的国内资金转移代理机构，现在也已发展成为一个重要的跨境资金汇款机构。在大多数国家中，邮局一般要受政府机构而非中央银行的管制。邮

---

[1] IMF, *International Transactions in Remittances: Guide for Compilers and Users*, 2009, pp. 6-14, https://www.imf.org.

局可以提供国际资金划拨服务，也可以充当其他资金转移运营商的代理。在汇款服务提供商中，邮局具有最大的国际服务网，在金融基础设施不足的发展中国家尤其如此。通过邮局，国际移民可以方便地向很多国家汇款。

（4）信用合作社

为了促进国际支付，很多国家的信用合作社提供银行汇票（Money Order）服务，有时还通过与大型国际资金转移运营商之间的代理协议提供迅速的电子资金划拨服务。信用合作社的资金划拨通常采用现有网络或者国际汇款网络（International Remittance Net）。后者是世界信用社理事会建立的一个汇款结算平台。信用合作社通过该平台提供电子资金划拨服务，为信用社成员的国内外汇款提供了一个途径。在国际汇款网络下，交易通过自动清算设施处理，资金被转到与信用社有协议的某个中间银行，然后由该银行将资金转到其在汇入国的分支机构，并贷记信用社的账户。

（5）电信

近年来，很多国家的电话公司都开始提供汇款服务。其交易通常利用自身的移动电话网络进行。在这些服务下，为其亲戚预付电信服务费的付款人，在获得反馈的话费（"通话费"）或现金时，可能形成汇款收入。预付话费用以支付电话服务费，通常不能出售（或退还）。因此，这些划拨实际上最多限于收款方使用电话所应支付的金额。移动电话公司签发的储值卡是手机用户划拨资金的一种方式。在这种安排下，电信服务提供商要求用户向系统注册。

（6）互联网

互联网日益成为客户间资金划拨的重要手段。有些"传统的"资金转移运营商除了通过分支机构和代理开展业务外，还开展基于互联网的业务。其他公司则仅使用互联网开展业务。最近，市场上出现了从一个虚拟账户转往另一个虚拟账户的个人资金划拨服务。个人如果要进行资金划拨，首先要在互联网上开立一个虚拟账户，然后将钱存入账户。

（7）快递公司

快递服务进入汇款市场与其他正规机构存在的薄弱环节有关。快递公司可以通过普通邮件、电子通信和其实物包裹寄送服务开展汇款业务。汇款一端的汇款人要到快递公司交钱，快递公司要获取有关汇款人和收款人的信息，收款一端的快递公司雇员或代理在核实收款人身份后，将钱交付收款人。

（8）交通运输

跨境运输经营者（主要为汽车快递经营者）参与货物和资金的运送活动。汽车快递经营者不是正式的资金转账代理人，但其合法的快递业务可能包括运送已申报或未申报的资金。在这种方式下，汇款人前往汽车公司办事处，将现金交给柜台，并取得一张收据和密码，然后由其告诉汇入国的受益人。受益人在按要求提供密码和个人身份证明后，从汽车公司办事处提款。通过跨境运输经营者进行现金汇付和非现金汇付（实物转移，主要为耐用消费品）的情况在非洲国家大量存在，如肯尼亚、坦桑尼亚、乌干达。这种方式日显重要的原因是其在速度和费用上要比其他正规方式更具优势，交付也很方便。

2. 非正规渠道

世界上很多小额资金转移业务通常不受登记、许可或监管方面的制约，具体要取决于当地情况。其中很多业务的渠道带有文化色彩，而被称为"替代性汇款体系""非正规价值转移体系""非正规资金转移体系"。在有些国家，非法移民和短期（移民）劳工因为身份方面的要求不能使用有监管的资金转移系统。不过在最近几年中，由于外汇管制放松、支付基础设施改善和汇款市场的竞争，无监管渠道的使用情况已经减少。① 以下是三种主要的非正规渠道。②

（1）"哈瓦拉"（Hawala）

在向发展中国家的非正规资金转移渠道中，"哈瓦拉"是中东和南亚地区组织得最好的民间汇款系统。"哈瓦拉"通过专业经纪人进行，除了结算净头寸外，钱本身并不经常跨越边境，无论是电子划拨，还是实物划拨，都是如此。也就是说，该系统在信任的基础上，由经纪人对一段时间内的划拨差额进行结算。典型交易是汇款人要前往汇出国（甲国）的"哈瓦拉"运营商。"哈瓦拉"运营商的营业点可能设在杂货店或旅游公司等场所。基本程序：甲国"哈瓦拉"运营商收到汇款人交来的钱后，通过电话、传真、电子邮件等方式通知汇入国（乙国）的"哈瓦拉"运营商，然后在核实受益人的身份和汇款代码（密码）后，用本币将现金付给受益人。之后，甲国和乙国的"哈瓦拉"运营商之间需要对交易进行结算，结

---

① 在海地、古巴、尼加拉瓜等国，无监管渠道的汇款在资金转移总额中占比超过50%。参见 Manuel Orozco, "Globalization and Migration: The Impact of Family Remittances in Latin America," *Latin American Politics and Society*, Vol.44, No.2, 2002, pp.11-13.

② IMF, *International Transactions in Remittances: Guide for Compilers and Users*, 2009, pp. 6-14, https://www.imf.org.

算可以是双边结算或多边结算（后者涉及第三国的"哈瓦拉"运营商）。该系统的顺畅运行需要有"哈瓦拉"运营商网络。不同国家"哈瓦拉"运营商之间的结算可能会采取众多不同的反向交易形式。"哈瓦拉"网络中的运营商通常采用现代电信技术，可能会通过复杂的安排来结算。

（2）"汇递"（hundi）[①]

另一种非正规汇款渠道是"汇递"。在南亚的部分地区，"哈瓦拉"和"汇递"被作为可以互换的术语，但两者之间有差异。"汇递"是印度最早和最重要的信用工具。因此，与"哈瓦拉"不同，"汇递"是一种实物单证或金融工具，可以用来划拨汇款或作为汇票使用。简单地说，"汇递"是一种大众化的不记名票据。"汇递"还可以作为金融票据或商业汇票。"汇递"可见票即付或在稍后的日期支付。在有些国家中，如巴基斯坦和孟加拉国，用以描述"哈瓦拉"做法的词实际上为"汇递"。从专业的角度说，"汇递"是指一人要求另一方无条件将一定金额的钱支付给另一人的书面命令。在典型的"汇递"交易中，国际移民或短期（移民）劳工根据协议将一定金额的外币转给本地代理，由该代理的海外兑换机构按照协定汇率将汇款金额折算成本币交给汇款人的家庭或其指定的人。"汇递"经销商可以提供上门服务或取款服务，在边远地区尤其受欢迎。

（3）随身携带现金

在正规金融机构使用受限的汇款走廊中，或者国际移民和短期（移民）劳工经常往返母国的地区中，随身携带现金的转移方式尤其受欢迎。这种方式能够减少受益人收不到汇款的风险。很多国际移民和短期（移民）劳工都采用这种转移系统。在该系统下，从东道国或母国定期开出（和返回）的货车进行货物和资金的运输，朋友、亲戚或移民本人在往返于东道国和母国时携带现金，是很多非洲和拉丁美洲国家的常见资金转移方式。古巴的非正规方式穆拉（mula）系统由经常作为游客的美国非正规企业家广泛用来运送现金和货物。根据2003年Recruit Africa（一个帮助非洲移民寻找工作的海外族裔组织，位于伦敦）对英国境内非洲移民进行的一项调查，估计有36%的人采用随身携带现金的转移方式。[②]

目前世界上比较常见的非正规汇款渠道还有很多，相互之间的比较详见表1-1。

[①] IMF出版的《国际汇款业务：编制者和使用者指南》（2009年）中将hundi翻译为汉地。
[②] IMF, *International Transactions in Remittances: Guide for Compilers and Users*, 2009, pp. 6-14, https://www.imf.org.

表1-1 非正规汇款渠道的比较

转移类型	使用地区	转移时国家之间的现金流
"哈瓦拉"	中东、南亚	无
"飞钱"	亚洲	无
"汇递"	南亚、中东	无
凭单和印戳	亚洲	无
黑市比索交换	拉丁美洲	无
亲戚、朋友、移民、回国的短期工人随身携带	亚洲、欧洲、非洲、拉丁美洲	有

资料来源：IMF, *International Transactions in Remittances: Guide for Compilers and Users*, 2009, pp.6-14, https://www.imf.org.

注：非正规汇款渠道在菲律宾和泰国分别被称为"帕达拉"和"飞宽"。

（四）贸易渠道

在基于贸易的汇款渠道中，与汇款人在同一个国家的商人将作为汇款接收方（收款人），由汇款方为该商人提供购买进口货物的资金，然后由该商人利用这些货物的出售收入将汇款支付给指定的受益人。在基于贸易的汇款方法中，最常见的一种是采取赊账制。这种制度由汇款人与收款国（通常为汇款人的母国）的某个进口商取得联系，要求该进口商在赊欠的基础上将资金付给受益人，然后由进口商把钱付给收款方。可以当面付款，也可以通过电话、传真或互联网付款。汇款人将在进口商下一次来到其居住国时偿还贷款。这种制度的另一种形式：汇款人预先将钱存在进口商处，由进口商在稍后的时间将钱付给收款方。在这种制度下，进口商将在另一国出差期间接收汇款人的存款，并在这一期间利用收到的资金购买货物，然后将货物进口到收款人所在国进行出售，所获销售收入将用于向收款方支付。在那些与另一国有着密切联系的小型经济体（如斯威士兰从南非进口很多货物，斯威士兰很多国民都在南非临时工作），国际移民通常采用这种基于贸易的汇款体系。这些汇款通过贸易的形式交易，很难被统计为"移民汇款"。

（五）汇款成本

移民通过任何一种渠道汇款都要支付一定的费用。汇款成本主要是指以汇款手续费用为核心的相关费用。[①] 国际汇款成本通常占汇款金额的2%—20%，不

---

① IMF, *International Transactions in Remittances: Guide for Compilers and Users*, 2009, pp. 6-14, https://www.imf.org.

同地区、不同国家间差别很大。例如，从俄罗斯向独联体国家汇款的成本为2.5%（即占汇款总额的2.5%），从美国向拉丁美洲和加勒比（Latin America and the Caribbean，简称LAC）及东南亚地区汇款的成本为5.5%，从欧洲或美国向大多数非洲国家汇款的成本则高达10%。非正规渠道汇款的成本往往涉及收款国与汇款相关的基础设施条件、汇款的总体规模、移民母国和东道国之间相互依存的程度，以及整个汇款走廊中私营汇款机构的竞争程度，等等。通常情况下，非正规渠道的汇款成本低于正规渠道。这也是不少国家非正规汇款盛行的重要原因。

三、经济增长与经济发展

经济增长是指在本年度总产出与此前某一年的比较。但这个概念通常不包括收入分配，从而也不关注居民的福祉问题。相反，经济发展的概念不仅关注增长问题，而且关注增长下的收益分配。联合国1986年发布的《发展权利宣言》将发展定义为"全体人口和所有个人福祉的持续改善"。同样，2000年发布的《联合国千年宣言》也把人类福祉作为发展的核心目的，同时还提出"幸福"和"可持续性"的概念应当被置于2015年后全球发展框架的核心。因此，本研究顺应这一趋势，采用的是"经济发展"定义：改善物质福利，特别是最低收入阶层的福利；通过消灭文盲、疾病和早期死亡以大规模消除贫困；促进产业结构升级，提高投入和产出的效率。从这个角度来说，经济发展的概念蕴含整个转变过程，带来的是整个社会福祉的全面改善而非局限于经济增长。依据数据的可得性，本书的"经济发展"将在不同程度上包括经济增长、外汇收入、减贫、收入分配、家庭福利、贸易发展等各个方面。[①] 作为一种重要的金融资源，移民汇款通过不同渠道对移民来源国（收款国）的经济发展产生影响。

第二节　发展概况

一、国际移民概况

近50年来国际移民的迅速增长引人注目。根据联合国IOM2020年统计数据，2019年生活在出生国以外的国家的总人口估计为2.72亿，比1990年（约1.53亿）

[①] 阿马蒂亚·森：《以自由看待发展》，任赜、于真译，中国人民大学出版社，2012年。

增加了约1.19亿,是1970年的3倍多(见表1-2)。预计到2050年,移民总数有望突破4亿。从年龄结构来看,2019年,大多数国际移民(约74%)处于劳动年龄(20—64岁);2000—2019年20岁以下的移民略有减少(从16.4%至14%);自2000年以来,65岁及以上的国际移民约为12%。2019年,欧洲和亚洲分别接收了约8,200万和8,400万国际移民,合计占全球国际移民总数的61%。紧随其后的是北美洲,2019年有近5,900万国际移民,占全球移民总数的22%。其他地区的国际移民占全球国际移民总数的比例分别为:非洲10%,LAC地区4%,大洋洲3%。[1]

表1-2 1970—2020年国际移民总量

年度	移民总量(人)	占全球总人口比例
1970	84,460,125	2.3%
1975	90,368,010	2.2%
1980	101,983,149	2.3%
1985	113,206,691	2.3%
1990	153,011,473	2.9%
1995	161,316,895	2.8%
2000	173,588,441	2.8%
2005	191,615,574	2.9%
2010	220,781,909	3.2%
2015	248,861,296	3.4%
2019	271,642,105	3.5%
2020	280,598,105	3.6%

数据来源:International Organization for Migration(IOM), *World Migration Report 2020*, p.21, *World Migration Report 2022*, p.23.

与各地区人口规模相比,2019年国际移民比例最高的是大洋洲、北美洲和欧洲,分别占总人口的21%、16%和11%。相比之下,亚洲和非洲(分别为1.8%和

---

[1] World Bank, "Resilience COVID-19 Crisis Through a Migration Lens," *Migration and Development Brief 34*, 2021, pp.3-5, https://www.knomad.org.

2%）及LAC（1.8%）的国际移民比例相对较小。然而，亚洲2000—2019年的增长最为显著，为69%（按绝对值计算约为3,400万人），增速居全球第一；欧洲增加了2,500万国际移民，居第二；北美洲增加了1,800万国际移民，居第三；非洲增加了1,100万国际移民，居第四。[①]

2020年，印度和中国依然是亚洲移民汇款最多的两个国家，总额超过了1,400亿美元。亚洲其他主要收款国包括菲律宾、巴基斯坦、孟加拉国。就汇款占GDP的百分比而言，2020年，黎巴嫩（33%）、吉尔吉斯斯坦（29%）、塔吉克斯坦（27%）、尼泊尔（24%）是亚洲最重要的几个收款国。受全球疫情的影响，与2019年相比，2020年流入亚洲的汇款小幅减少约2%。亚洲最大的收款国依然是印度，当年移民汇款仅下降0.2%，总额约为830亿美元。巴基斯坦的移民汇款当年增长了17%以上，达到260亿美元的历史新高。就移民汇款的汇出国而言，两个海湾阿拉伯国家合作委员会（简称"海合会"）成员——阿拉伯联合酋长国（简称"阿联酋"）和沙特阿拉伯（简称"沙特"）分别是亚洲最大和第二大汇款来源国。2020年，来自阿联酋的汇款达到430亿美元，与2019年的450亿美元相比有所下降。然而，同期来自沙特的移民汇款有所增加，从2019年的310亿美元增至2020年的340亿美元。同时，中国、卡塔尔、韩国等其他国家也是大量移民汇款的来源国。

2020年，全球约有2.8亿移民，其中难民占3,700万。在新冠病毒大流行期间，全球移民流动有所下降，但这一趋势已经扭转。2022年，由于新冠疫情后签证审批的重新启动、新增永久性移民、无证移民过境数量的增加，以及自俄乌冲突开始以来780万乌克兰人进入欧盟，全球国际移民和难民存量迅速增加。2020年，叙利亚和阿富汗是世界上最主要的难民来源国。缅甸既是第三大难民人口原籍国，也是2020年全球第五大跨境流离失所者，其中大多数难民流落在孟加拉国。

2020年，欧洲是国际移民最大目的地，约有8,700万移民（约占国际移民总数的31%）；生活在亚洲的国际移民约8,600万（约占全球国际移民总数的30.6%）；北美洲约有5,900万（约占全球国际移民总数的21%）；非洲约有2,500万（约占全球国际移民总数的9%）。在过去15年（2007—2022）中，LAC地区的国际移民人数增加了1倍多，从约700万增加到约1,500万，是国际移民增长率最高的地区，

[①] World Bank, "Resilience COVID-19 Crisis Through a Migration Lens," *Migration and Development Brief 34*, 2021, pp.3-5, https://www.knomad.org.

也是全球5.3%的国际移民的目的地。约有900万国际移民生活在大洋洲,约占全球国际移民总数的3.2%。①

自1970年以来,美国一直是国际移民最主要的单一目的地国。从那时起,该国的外国出生人口翻了两番多——从1970年的不到1,200万增加到2019年的接近5,100万。根据美国的人口调查,2022年9月,美国的外国出生人口达到4,790万,比2021年1月增加了290万。过去两年,美国移民的增加幅度明显加大。2021年,经济合作与发展组织(Organization for Economic Cooperation and Development,OECD,以下简称"经合组织")国家的外国出生人口达到1.38亿。移民占经合组织国家总人口的14.3%,在美国几乎占14.6%。根据经合组织的数据,智利(+5%)、冰岛(+8%)、卢森堡(+5%)、瑞典(+4%)是2015年以来外国出生人口增长最快的国家。2021年流向经合组织国家的永久性移民增加了22%,2022年继续增加,但尚未能恢复到新冠疫情之前的水平。2022年前6个月,英国发放了110万张签证,这是新冠疫情暴发后最大的增幅。

世界各地的非正规入境者也有所增加。2022年前9个月,欧盟边境登记了超过228,240名非正规入境者,这是自2016年以来的最高数字。2022年约有270万人越过美国南部边境,2021年这一数字为170万。2021年,墨西哥、萨尔瓦多、危地马拉、洪都拉斯依然为美国非正规移民的传统来源国。2022年则出现了一些新的变化,进入美国的非正规移民大多来自古巴、尼加拉瓜、委内瑞拉。②德国是移民第二大目的地国,国际移民数量从2000年的890万增加到了2019年的1,310万。③2019年,全球所有国际移民中有1.12亿人出生在亚洲,主要来自印度(最大的国际移民来源国)、中国、孟加拉国、巴基斯坦、阿富汗等。墨西哥是第二大国际移民来源国,俄罗斯排名第四。其他几个欧洲国家也有大量的移民人口,包括乌克兰、波兰、英国、德国。按国家收入组别划分的国际移民分布,2019年约有1.76亿国际移民其目的地为高收入国家;而居住在中等收入国家的外国出生人口为8,200万;居住在低收入国家的外国出生人口仅有1,300万。④

虽然国际移民目的国依然以高收入国家为主,但其多元化趋势也很显著,其中发展中国家彼此之间的"南南"移民模式发展迅速。⑤一些国家由于经济、政治、

---

① International Organization for Migration (IOM), *World Migration Report*, https://worldmigrationreport.iom.int.
② World Bank, *Migration and Development Brief 37*, 2022, https://www.knomad.org.
③ World Bank, "Resilience COVID-19 Crisis Through a Migration Lens," *Migration and Development Brief 34*, 2021, pp.3-5, https://www.knomad.org.
④ World Bank, "Resilience COVID-19 Crisis Through a Migration Lens," *Migration and Development Brief 34*, 2021, pp.3-5, https://www.knomad.org.
⑤ 吴丽君、朱宇、颜俊等:《"一带一路"沿线国家或地区间人口迁移的空间格局及其演化特征》,《世界地理研究》2022年第2期。

安全、贸易或文化原因，其国民居住国外者比例很高。这可能是现时也可能是历史上的原因造成的。例如，由于长期冲突导致流离失所，叙利亚的移民率高于同时代大多数国家；俄乌战争使数百万人流离失所。自俄乌开战以来，截至2022年10月25日，乌克兰共有1,170万个过境点，到乌克兰的过境点有710万个。大多数越境到其他邻国的乌克兰人是30—39岁的女性，其中许多人有孩子和年迈的父母。乌克兰有超过620万人因战争而流离失所。截至2022年10月20日，欧洲有770万乌克兰难民，其中440万人已登记接受临时保护。其他几个地区的难民人数也在急剧增加。在拉丁美洲，大批古巴人、海地人、尼加拉瓜人、委内瑞拉人越境前往美国申请政治庇护。2022年，哥斯达黎加处理了超过25万份庇护申请，其中大部分来自尼加拉瓜、委内瑞拉、古巴、哥伦比亚。截至2022年10月，整个拉丁美洲地区有710多万来自委内瑞拉的难民和其他移民。①

二、移民汇款概况

移民汇款是国际移民的重要结果之一，是国际人口流动与国家经济发展之间的重要纽带。近几十年来，移民汇款已成为世界许多国家最重要的外资来源。1970年全球移民汇款仅为19.29亿美元，2019年已达到了7,194.10亿美元，增加了约372倍。根据世界银行最新统计，2021年移民汇款总额达到7,911.38亿美元，2022年增长至8,311.02亿美元。②

世界银行统计数据显示，1990—1995年移民汇款规模还小于ODA，到1996年以后超过ODA，此后更是持续稳定增长，到2018年已经达到ODA的3倍多。2019年，移民汇款总量历史性地超越过FDI，成为发展中国家最重要的外汇来源。③同一时期，移民汇款的发展稳定性也超过了FDI、私人债务和证券投资（private debt and porfolio equity）。

2018年的十大收款国依次为印度（795亿美元）、中国（674亿美元）、菲律宾（337亿美元）、墨西哥（337亿美元）、埃及（257亿美元）、尼日利亚（251亿美元）、巴基斯坦（209亿美元）、乌克兰（165亿美元）、越南（159亿美元）、孟加拉国（159亿美元）。④近几年这个排名出现了一些变化，其中2021年前五大收款国是印度、墨西哥（排名上升，取代中国位居第二）、中国、菲律宾、埃及。2021年印度汇款资金流入大幅上涨8%，墨西哥也激增至540亿美元。中国海外

---

① World Bank, *Migration and Development Brief 38*, 2023, https://www.knomad.org.
② World Bank, *Migration and Development Brief 38*, 2023, https://www.knomad.org.
③ World Bank, "Resilience COVID-19 Crisis Through a Migration Lens," *Migration and Development Brief 34*, 2021, pp.3-5, https://www.knomad.org.
④ World Bank, *World Development Indicators, for data and forecast methods*, 2020, https://data.worldbank.org.

移民持续减少，连续第二年以两位数的速度收缩，其移民汇款受此影响明显。相比之下，菲律宾则直接受益于美国创造的就业机会和工资增长，其移民汇款收入在2021年增长了4.3%，达到了370亿美元。2021年，埃及移民汇款增加到320亿美元，增长了6.4%。这得益于油价上涨、海湾地区短期（移民）劳工的汇款，以及欧洲和美国的经济复苏。就移民汇款流入占GDP比例而言，排名靠前的有许多南太平洋岛国，包括排名前十的汤加、萨摩亚，以及斐济、基里巴斯等国，其中汤加为GDP的50%，萨摩亚为34%。在马绍尔群岛，自然灾害和旅游业收入的高度波动性，造成该国经济离不开海外劳工汇款。此外，与俄罗斯联系异常紧密的中亚国家，其移民汇款受到俄乌冲突不利影响而大量减少。此外，在中美洲国家和黎巴嫩，移民汇款占GDP比例也很大。[1] 就移民汇款绝对数额而言，2022年前五大收款国分别为：第一为印度，约1,000亿美元；第二为墨西哥，约600亿美元；第三、四、五分别为中国、菲律宾和埃及。[2]

SSA是继东亚和太平洋、LAC地区之后世界上重要的收款国分布地区。到2018年，SSA国家的移民汇款继续增长，从2017年的410亿美元增长到2018年的450亿美元，增长了9.8%。2019年，该地区的移民汇款继续增加至470亿美元。尼日利亚是SSA最大的收款国，也是中低收入国家中第六大汇款国，到2018年底获得超过250亿美元的官方汇款，比上一年增加30多亿美元。就移民汇款占GDP的比例而言，在SSA国家中冈比亚排名第一，其后是科摩罗、莱索托、塞内加尔、利比里亚、佛得角、津巴布韦、多哥、加纳和尼日利亚。[3]

第三节　主要发展趋势

一、移民汇款加速流入发展中国家

20世纪70、80年代，全球移民汇款60%以上流入了高收入国家。然而，从90年代开始，移民汇款加速流向中低收入国家的趋势越来越明显（见表1-3）。2017年，全球移民汇款超过6,250亿美元，其中流向中低收入国家的汇款达到4,770亿美元。2018年，全球移民汇款增长了4.6%，达6,890亿美元，其中

---
[1] World Bank, *Migration and Development Brief 36*, 2022, https://www.knomad.org.
[2] World Bank, *Migration and Development Brief 37*, 2022, https://www.knomad.org.
[3] World Bank, *World Development Indicators, for data and forecast methods*, 2019, https://data.worldbank.org.

5,280亿美元流向中低收入国家，创下历史纪录。① 可以说，全球移民汇款的绝大多数流入了中低收入国家。2010年，全球移民汇款的73%流入了中低收入国家。2017年，该比例已经超过了80%。2018年，流入中低收入国家的移民汇款比2017年增加了10.8%。② 2022年，尽管受到全球疫情的深刻影响，全球移民汇款依然增长至8311.02亿美元，其中约76%（6471.93美元）流入了中低收入国家。③

表1-3 1976—2009年全球移民汇款估计数据

（单位：百万美元）

年度	1976	1980	1990	2002	2009
全球总量	11,740	36,696	68,384	169,284	415,978
高收入国家	7,417	18,930	37,510	58,266	108,890
中低收入国家	4,323	17,766	30,874	111,018	307,088

资料来源：World Bank, *Migration and Remittances Factbook (2nd Edition)*, 2011, p.37.

相对于FDI、ODA和证券投资而言，移民汇款是中低收入国家最大的外部资金来源（见表1-4）。④

表1-4 2021—2023年中低收入国家移民汇款的估算

（单位：10亿美元）

分布地区	年度		
	2021	**2022e**	**2023e**
东亚和太平洋	133	134	133
欧洲和中亚	65	72	75
LAC	130	142	149
中　东	62	63	65

---

① World Bank, *World Development Indicators, for data and forecast methods*, 2019, https://data.worldbank.org.
② World Bank, "Migration And Remittances, Recent Developments and Outlook," *Migration And Development Brief 30*, 2018, p.2, http://www.worldbank.org.
③ World Bank, *Migration and Development Brief 38 June 2023*, migration_development_brief_38_june_2023_0.pdf (knomad.org).
④ World Bank, *Migration and Development Brief 37*, 2022, https://www.knomad.org.

续表

分布地区	年度		
	2021	2022e	2023e
南亚	157	163	164
SSA	50	53	55

资料来源：World Bank, *Migration and Development Brief 37*, 2022, http://www.knomad.org.
注：e = estimate，即估计数。

从地区分布来看，欧洲和中亚地区发展中国家输出移民人口最多，移民汇款也比较多；LAC地区发展中国家输出移民人口居全球第二位，移民汇款数额最多；东亚和太平洋地区发展中国家输出移民人口不到欧洲和中亚地区的一半，但移民汇款数额比较多（见表1-5）。这些地区是国际移民与母国经济联系最为密切的地区。从国家排名来看，2007年排名世界前十五大收款国中，排名前五的国家移民汇款都超过了100亿美元。1994年以后，印度取代了中国、墨西哥等老牌移民汇款大国成为世界上最大收款国。南亚不是世界上收款最多的地区，但印度、巴基斯坦、孟加拉国在所有收款国中名列前茅。

表1-5 国际移民人口及移民汇款

分布地区	移民数量*/百万人	国际移民占本地区人口比例/%	移民汇款**/亿美元	移民汇款占本地区GDP比例/%
欧洲和中亚	47.6	10.0	351	1.4
LAC	28.3	5.1	565	1.9
南亚	22.1	1.5	398	3.5
东亚和太平洋	19.3	1.0	528	1.5
SSA	15.9	2.1	103	1.6
中东	12.9	4.2	267	3.9

资料来源：World Bank, *Migration and Remittances Factbook*, 2008, http://www.worldbank.org.
注：*为2005年统计值，**为2006年统计值。

1990—2013年，中东和北美洲已经成为国际移民的重要目标区域。与30年前相比，2013年生活在亚洲的国际移民所占比例略有减少。与此同时，生活在SSA

和拉丁美洲的国际移民所占比例并没有明显改变。①2013年，美国输出汇款达到了全球汇款总量的23.3%，成为了输出汇款国家。2013年从美国输出到155个不同国家的移民汇款总计1,230亿美元，其中收款数额最大的国家是墨西哥、印度、中国、菲律宾等，合计收款接近230亿美元。②在此期间，南亚和东亚地区来自全球范围的移民汇款规模大幅增加，达到了80到90倍。就占全球移民汇款总量的比例而言，这一时期东南亚超过了南亚，前者从1980年的3%迅速增加到了2010年的21%，而后者仅增长了5个百分点，从14%增加到19%。③1976—1989年，全球移民汇款60%以上流入了高收入国家。然而从1990年开始，移民汇款加速流向发展中国家的趋势越来越明显。1995年，流向发展中国家的移民汇款有552亿美元，占当年移民汇款总额的54.5%。2009年，几乎3/4的移民汇款流入了发展中国家。2010年，流入发展中国家的移民汇款已超过3,250亿美元，占全球移民汇款的比例增加了近20个百分点，达到74%，其中超过一半集中在印度等10个国家。④

2000—2016年发展中国家移民汇款变化趋势见表1-6、表1-7、表1-8。

表1-6　2000—2009年发展中国家的移民汇款情况

（单位：百万美元）

分布地区	2000	2001	2002	2003	2004	2005	2006	2007	2008	2009
东亚和太平洋	15,675	18,757	27,468	32,695	40,336	50,460	57,598	71,309	86,115	84,785
欧洲和中亚	12,143	11,647	12,844	14,418	20,955	30,089	37,341	50,777	57,081	49,279
LAC	19,987	24,229	27,918	36,609	43,330	50,122	59,199	63,239	64,717	58,481
中　东	12,898	14,653	15,211	20,361	23,034	24,958	26,112	31,364	34,696	32,212
南　亚	17,212	19,173	24,137	30,366	28,694	33,924	42,523	54,041	73,293	71,955
SSA	4,623	4,663	5,030	5,970	8,021	9,379	12,629	18,646	21,139	20,525

资料来源：World Bank, *Migration & Remittances: Recent Developments and Outlook*, 2010, p.2, http://www.worldbank.org.

---

① Phillip Connor, D'Vera Cohn and Ana Gonzalez-Barrera, *Changing Patterns of Global Migration and Remittances, More Migrants in U.S. and Other Wealthy Countries, More Money to Middle-Income Countries*, Pew Research Centre, 2013.
② World Bank, *Migration & Remittances: Recent Developments and Outlook*, 2014, p.2, http://www.worldbank.org.
③ World Bank, *Migration and Development Brief 12*, 2011, http://www.worldbank.org.
④ World Bank, *Migration & Remittances: Recent Developments and Outlook*, 2014, p.2, http://www.worldbank.org.

表1-7　2006—2009年发展中国家的移民汇款增长情况

（单位：%）

分布地区	年度		
	2006—2007	2007—2008	2008—2009
东亚和太平洋	23.8	20.8	-1.5
欧洲和中亚	36.0	12.4	-13.7
LAC	6.8	2.3	-9.6
中　东	20.1	10.6	-7.2

资料来源：World Bank, *Migration & Remittances: Recent Developments and Outlook*, 2010, p.2, http://www.worldbank.org.

表1-8　2010—2016年发展中国家移民汇款

（单位：10亿美元）

分布地区	年度						
	2010	2011	2012	2013	2014	2015	2016
东亚和太平洋	95	107	107	112	123	135	148
欧洲和中亚	32	38	39	43	45	49	54
LAC	56	59	60	61	66	73	81
中　东	40	42	47	46	49	52	55
南　亚	82	96	108	111	118	127	136
SSA	29	31	31	32	35	38	41

资料来源：World Bank, *Migration and Development Brief 30*, 2018, http://www.worldbank.org.

随着全球经济前景改善，2013年流向发展中国家的移民汇款增长了7%左右，达到4,040亿美元，占当年全球移民汇款的80.1%。印度仍然是世界上官方记录汇款最多的发展中国家，达700亿美元。其他发展中收款大国还包括中国（600亿美元）、菲律宾（250亿美元）、墨西哥（220亿美元）、尼日利亚（210亿美元）、埃及（170亿美元）。[①]2015年，汇款收入大户前两位依然为印度和中国，其中印度720亿

---

① World Bank, *Migration & Remittances: Recent Developments and Outlook*, 2014, p.2, http://www.worldbank.org.

美元，中国640亿美元。①

据世界银行估计，2014—2016年的年均增长速度达到8.4%，2016年发展中国家汇款收入达到5,160亿美元。如果包括流向高收入国家的汇款，则2013年全球汇款为5,420亿美元，到2016年增至6,800亿美元。②

二、中等收入国家移民汇款显著增加

随着中等收入国家输出的移民占全球移民的比例不断上升，2000—2013年其吸收移民汇款增加了两倍多。在此期间，中等收入国家占全球汇款的比例也显著上升。全球金融危机期间，2009年，全球汇款总量减少了7%（300亿美元），为4,200亿美元，但到2010年就开始增加了（总量为4,520亿美元），超过了2008年（4,500亿美元）。③根据世界银行的数据，2013年，中等收入国家收到3,630亿美元。2009—2013年，中等收入国家收款增长了24%。以绝对数量来衡量，印度和中国是全球收款最多的中等收入国家，其他收款较多的中等收入国家依次为菲律宾（261亿美元）、墨西哥（220亿美元）、尼日利亚（210亿美元）。（见表1-9）

2000—2013年，高收入国家收款增长了64%，低收入国家收款增长超6倍。经济衰退期间高收入国家收款有所减少，但低收入国家仍在增长。高收入国家收款2009年有所下降，2010年有所增长，到2011年则超过了2008年。2000年以来，低收入国家收款每年都在增长。2012年，高收入国家中前五大收款国是法国（216亿美元）、德国（147亿美元）、比利时（108亿美元）、西班牙（100亿美元）、韩国（90亿美元）。美国在2012年收款63亿美元，在高收入国家中排名第九。详细统计见表1-9。

表1-9 2012年高中低三类收入国家移民汇款前十名

（单位：10亿美元）

高收入国家	移民汇款	中等收入国家	移民汇款	低收入国家	移民汇款
法　国	21.6	印　度	71.0	孟加拉国	15.2
德　国	14.7	中　国	60.2	尼泊尔	5.4

---

① World Bank, Migration and Remittances Team, "Migration and Remittances: Recent Developments and Outlook," *Migration and Development Brief 25*, 2015, p.8, http://www.worldbank.org.
② World Bank, *Migration & Remittances: Recent Developments and Outlook*, 2014, p.2, http://www.worldbank.org.
③ World Bank, *Migration and Development Brief 20*, 2013, pp.7-8, http://siteresources.worldbank.org.

续表

高收入国家		中等收入国家		低收入国家	
比利时	10.8	菲律宾	26.1	塔吉克斯坦	4.1
西班牙	10.0	墨西哥	22.0	缅甸	2.5
韩国	9.0	尼日利亚	21.0	吉尔吉斯斯坦	2.3
意大利	7.7	埃及	20.0	海地	1.7
波兰	7.3	巴基斯坦	14.9	肯尼亚	1.3
俄罗斯	6.4	越南	10.7	乌干达	1.0
美国	6.3	乌克兰	9.3	埃塞俄比亚	0.6
葡萄牙	4.0	印度尼西亚	7.9	阿富汗	0.5

资料来源：World Bank, *Migration and Development Brief 20*, 2013, http://siteresources.worldbank.org.

中等收入国家收款最多，2006—2013年，占全球总量的70%—71%，而在2000年仅占57%。2006年以来，中等收入国家收到的汇款占全球总量的70%—71%。高收入国家在2013年获得了全球汇款的23%。相比2000年的40%，这一比例实际上已经下降了。低收入国家收款占比很小，2013年仅占6%，而2000年这个比例尚不足3%。从这个角度来看，移民汇款加剧了不同收入国家间的贫富差距。在低收入国家中，孟加拉国是排名第一的收款国，2013年收款150亿美元。其他收款较多的低收入国家依次为尼泊尔（50亿美元）、塔吉克斯坦（40亿美元）、缅甸（30亿美元）、吉尔吉斯斯坦（20亿美元）。[1]

三、低收入国家移民汇款占GDP的比例增速加快

低收入国家移民汇款占GDP的比例高于中高收入国家，其比例的增长速度也更快。2000—2012年，所有低收入国家移民汇款对其GDP贡献的增速已经超过1倍：2000年移民汇款占GDP的比例约为3%，2012年已经增加到了8%。同时，据世界银行统计，2012年中等收入国家的汇款收入占GDP的比例不到2%；高收入国家的移民汇款占GDP的比例不足1%。[2]

2007—2013年按收入水平分类的移民汇款情况见表1-10。

---

[1] World Bank, *Migration & Remittances: Recent Developments and Outlook*, 2014, http://www.worldbank.org.
[2] World Bank, *Migration and Development Brief 20*, 2013, pp.7-8, http://siteresources.worldbank.org.

表1-10　2007—2013年按收入水平分类（联合国划分标准）的国家移民汇款

（单位：10亿美元）

年度	2007	2008	2009	2010	2011	2012	2013
发展中国家	278	325	308	325	349	375	404
欠发达国家	17	23	24	26	28	31	33
低收入国家	17	22	23	24	27	29	32
中等收入国家	262	303	285	300	321	345	372

资料来源：World Bank, *Migration and Development Brief 20*, 2013, 2013, http://siteresources.worldbank.org.

四、移民汇款成本逐渐下降

移民通过任何一种方法汇款都要付出一定的汇款成本。本研究的汇款成本主要是指以汇款手续费用为核心的相关费用。国际移民成本通常为汇款金额的2%—20%（见表1-11）。

表1-11　2008—2010年全球汇款200美元的成本

（单位：%）

分布地区	2008	2009	2010
中　亚	2.93	2.44	2.50
中美洲	5.26	5.12	4.95
南　亚	7.97	6.96	6.27
东南亚	9.43	7.24	6.56
北部非洲	12.29	9.67	8.19
东　欧	7.30	8.38	8.22
西部非洲	9.50	9.39	8.23
加勒比海	10.81	9.66	8.48
西　亚	6.29	7.46	8.61

续表

分布地区	年度		
	2008	2009	2010
南美洲	7.64	7.47	9.13
东部非洲	14.03	11.69	9.78
东　亚	12.88	13.20	12.09
南太平洋	—	12.00	12.44
南部非洲	15.32	15.18	13.13

资料来源：根据世界银行有关76个国家各年数据汇总、计算所得。参见Manuel Orozco, "Remittances and Assets: Conceptual, Empirical And Policy Considerations And Tools," in United Nations Conference on Trade and Development, Maxing The Development Impact of Remittances, 2011, p. 43.

汇款成本是影响发展中国家移民汇款流入的关键因素，降低汇款成本是相关国家重要的政策目标。为了降低汇款成本，2009年2月，G8（即八国集团首脑会议，由美国、英国、法国、德国、意大利、加拿大、日本、俄罗斯组成）建立了全球汇款工作组，7月制定了平均汇款成本5年降低5个百分点的目标。[1]如果目标实现，发展中国家每年将多收160亿美元的汇款，增加的收入将会导致消费、储蓄和投资率提高，从而促进经济增长。2012年，移民汇款的成本基本保持稳定，全球减少汇款成本的进度似乎已经暂停了。2013年第一季度，全球平均汇款成本为9.1%。这是由世界银行全球汇款价格（RPW）数据库测算的结果。2008年和2010年全球平均水平持续下降，在2010年第一季度已经降低到了8.7%的较低点。然而，从那时起，汇款成本再次上涨，在2012年一整年到2013年第一季度一直维持9%左右的水平。汇款流量较大的走廊其汇款成本正在降低，如从英国到孟加拉国汇款的平均成本从2012年第三季度的5.3%下降到了2013年第一季度的4.8%，从美国到墨西哥汇款的平均成本较2012年同期的5.6%下降到了5.3%。[2]

在G8国家中，日本仍然是汇款成本最高的国家，其平均价格仍在上涨，汇款成本从2012年第一季度的15.7%上升到了2013年第一季度的16.66%。G20（即二十国集团，由中国、韩国、印度、美国、英国、加拿大、德国、意大利、法国、

---

[1] World Bank, *Migration and Development Brief 12*, 2011, http://www.worldbank.org.
[2] World Bank, *Migration and Development Brief 20*, 2013, pp.9-10, http://siteresources.worldbank.org.

俄罗斯、日本、欧盟、印度尼西亚、墨西哥、南非、沙特、土耳其、澳大利亚、阿根廷、巴西组成）中，俄罗斯、沙特、美国是成本最低的汇款来源国。2013年第一季度，加拿大、意大利、英国的平均成本也增加了。加拿大的平均汇款成本升到了11.03%。意大利的汇款成本曾在2013年小幅上升至7.64%，但此后一直呈下降趋势。2013年第一季度，英国的平均汇款成本较高，为7.96%。与上年同期相比，2013年第一季度来自法国和德国的汇款成本下降约1个百分点，其中法国从11.78%下降至10.72%，德国从11.16%下降到10.16%。详细数据见表1-12、表1-13。

表1-12　G20汇款国的平均国际汇款成本（汇款200美元）

（单位：%）

国家	2008	2009 Q1	2009 Q3	2010 Q1	2010 Q3	2011 Q1	2011 Q3	2012 Q1	2012 Q3	2013 Q1	2013 Q2	2013 Q3	2013 Q4	2014 Q1
澳大利亚	—	—	13.98	14.38	13.57	15.21	14.82	11.02	10.84	11.07	10.21	10.19	9.12	9.80
巴西	—	—	15.42	15.25	7.12	6.31	11.12	13.00	5.88	8.66	6.35	5.94	9.65	6.35
加拿大	14.00	13.28	11.07	10.18	10.90	10.31	11.87	11.08	10.06	11.03	11.09	10.97	10.79	10.31
法国	10.92	11.50	11.15	10.01	8.95	8.76	11.63	11.78	11.68	10.72	10.96	10.48	10.43	10.91
德国	14.07	13.53	12.71	11.85	12.67	10.98	12.64	11.16	10.94	10.16	9.62	9.01	9.31	8.37
意大利	10.03	7.36	8.21	8.11	7.87	7.57	8.18	7.88	7.47	7.64	7.31	7.42	7.28	7.06
日本	15.33	18.24	19.06	17.34	16.16	17.54	16.84	15.70	16.32	16.66	18.31	16.57	15.73	14.36
韩国	—	—	—	8.84	8.28	6.36	6.73	6.65	6.49	6.20	6.43	6.08	5.98
俄罗斯	3.22	2.42	2.99	2.54	2.52	2.88	2.68	2.33	2.42	2.43	2.34	2.43	2.44	2.16
沙特	5.20	3.86	4.72	4.42	4.60	4.38	4.13	4.22	4.25	3.93	4.46	4.05	4.19	4.09
南非	15.91	16.48	15.03	14.76	14.60	18.29	17.73	18.77	20.56	20.72	20.69	19.29	18.16	19.80
英国	10.26	10.27	9.05	8.29	8.07	8.33	7.73	7.93	7.88	7.96	7.69	8.40	8.38	7.86
美国	6.90	7.21	7.06	7.57	7.14	6.67	6.93	6.91	6.80	6.75	6.65	6.42	6.18	5.80

资料来源：World Bank, *An Analysis of Trends in The Average Total Cost of Migrant Remittances Services*, 2014, pp.10-11, http: //remittanceprices.worldbank.org.

注：Q表示季度。

表 1-13　G20收款国的平均国际汇款成本（汇款200美元）

（单位：%）

国家	2008	2009 Q1	2009 Q3	2010 Q1	2010 Q3	2011 Q1	2011 Q3	2012 Q1	2012 Q3	2013 Q1	2013 Q2	2013 Q3	2013 Q4	2014 Q1
巴西	14.67	12.42	8.54	14.01	10.93	10.44	13.42	11.31	12.99	13.48	11.56	11.94	10.97	6.35
中国	14.44	15.29	13.66	12.55	11.00	12.58	11.92	11.60	12.01	11.62	11.59	11.99	11.13	10.58
印度	7.65	7.91	7.56	7.34	8.13	7.70	6.96	7.95	7.83	9.05	9.18	8.57	7.86	7.57
印度尼西亚	10.49	8.31	9.19	6.40	6.43	6.25	5.94	6.97	6.01	6.69	6.67	7.61	6.53	7.10
墨西哥	5.80	7.01	5.95	7.42	7.37	6.58	5.97	5.86	5.56	5.31	5.67	4.41	5.29	4.48
南非	12.22	12.42	11.64	10.20	8.62	9.55	8.03	7.90	9.57	10.08	9.87	9.55	8.39	7.63
土耳其	12.17	11.26	11.63	10.05	9.58	9.25	8.76	8.76	7.75	7.26	8.43	7.95	7.24	7.02

资料来源：World Bank, *An Analysis of Trends in The Average Total Cost of Migrant Remittances Services*, 2014, pp.10-11, http://remittanceprices.worldbank.org.

注：Q表示季度。

汇款服务行业的市场竞争是推动成本下降的主要驱动力。对汇款走廊的比较分析发现：服务提供商越多、市场竞争越激烈的走廊成本越低。2014年第一季度，国际移民平均成本已经下跌至8.4%，一年前同期为9.1%。从2013年第四季度到2014年第四季度，所有地区（中东地区除外）的汇款成本都下降了。随着移动互联网应用的发展，各国移民汇款更为便利。到2015年，全球平均移民汇款成本为7.37%。其中，通过商业银行的汇款成本最高，为11.1%；通过代理机构的汇款成本为6.2%；通过邮政机构的汇款成本为5.9%；通过互联网的汇款成本则仅有5.57%。汇往SSA国家的成本平均为9.53%。

不同地区、不同国家间差别很大。例如，2014年从俄罗斯向独立国家联合体（简称"独联体"）国家汇款的成本为2.5%，从美国向LAC地区及东南亚地区汇款的成本为5.5%，从欧洲或美国向大多数非洲国家汇款的成本则高达10%。SSA国家仍然是成本最高的汇款目的地，其平均成本一直在12%左右（见表1-14）。这主要是由于来自加拿大、法国、德国的汇款成本较高。2014年第一季度移民汇款到LAC地区的成本从前一季度的7.02%下降到了6.21%，使得LAC地区成为这一时期全球汇款成本最低的地区。（见表1-14）汇款到欧洲和中亚地区的平均成本相对较低的原因，依然是来自俄罗斯的汇款成本非常低。阿联酋和新加坡是全球最便宜的汇款走廊，东亚和太平洋地区与中东地区汇款的平均成本超过了8%。[1]南南汇款的成本仍然很高，由于需要将来源国的当地货币与美元或欧元进行转换，然后再转换为收款人所在国的当地货币，外汇佣金多了近1倍，南南汇款成本就增加了。SSA国家的汇款成本尽管已大幅减少，至2014年依然全球最高（11.71%）。其中，从南非寄钱到赞比亚、马拉维、博茨瓦纳、莫桑比克成本最高。[2]

表1-14 全球各地区的平均汇款成本（汇款200美元）

（单位：%）

地区	年度												
	2008	2009 Q1	2009 Q3	2010 Q1	2010 Q3	2011 Q1	2011 Q3	2012 Q1	2012 Q3	2013 Q1	2013 Q2	2013 Q3	2013 Q4	2014 Q1
东亚和太平洋	11.05	10.46	10.38	9.33	9.48	9.71	9.80	9.27	8.88	8.97	8.88	9.00	8.28	8.52
欧洲和中亚（除俄罗斯）	11.03	9.70	9.42	8.33	9.49	9.32	8.68	8.14	8.21	8.43	8.35	8.41	7.93	8.18
LAC	8.37	8.65	7.63	8.12	7.27	6.82	7.68	7.72	7.65	7.77	7.28	7.26	7.02	6.21
中东	11.10	9.30	9.58	8.19	8.95	8.00	8.15	8.19	7.85	7.81	7.83	7.61	7.80	8.32
SSA	14.01	13.07	11.61	10.86	11.57	12.82	12.41	12.32	12.40	12.21	12.06	12.29	12.55	11.71

资料来源：World Bank, *An Analysis of Trends in The Average Total Cost of Migrant Remittances Services*, 2014, pp.10-11, http://remittanceprices.worldbank.org.

注：Q表示季度。

就全球情况而言，2022年第二季度汇款成本居高不下，是可持续发展目标（SDG）预期成本3%的两倍。根据世界银行的汇款价格全球数据库，2022年第二季度，汇款200美元的全球平均汇款成本为6%，与上一年没有太大差异。在发展中国家中，南亚国家的汇款成本最低，约为4.1%；而SSA国家的平均成本仍然最高，约为7.8%。LAC地区的总平均成本增幅最大，从5.6%增加到6%，之后是欧洲、中亚、中东。与此同时，向SSA、南亚、东亚和太平洋地区汇款的平均成本下降了，但许多南太平洋岛国的汇款成本仍在10%以上。银行仍然是汇款成本最高的汇款渠道，2022年第二季度的平均成本为11%；而邮局的成本大约为6.5%，汇款运营商的成本为5.2%，移动运营商的成本为3.5%。移动运营商是汇款成本最低的汇款服务提供商，但通过移动手机的总交易量仅占汇款总交易量的一小部分（不到1%）。[3]

---

[1] World Bank, *Migration & Remittances: Recent Developments and Outlook*, 2014, p.2, http://www.worldbank.org.
[2] World Bank, *Migration and Development Brief 20*, 2013, pp.9-10, http://siteresources.worldbank.org.
[3] World Bank, *Migration and Development Brief 37*, 2022, https://www.knomad.org.

第二章 移民汇款与经济发展的理论概述

第一节 主要理论观点

早在19世纪，国际学术界就开始了对国际移民理论的研究和探索，在相当长的一段时期内聚焦移民动机和原因的探讨。随着移民数量增多和移民汇款快速增长，移民汇款对移民来源国经济的深远影响逐渐显现并逐渐成为学术研究的新热点。[1]微观和中观层面的研究目前主要包括移民汇款对收入不平等[2]、贫困[3]、家庭消费，以及移民来源国社区经济的影响，等等。[4]宏观方面的研究则更多强调移民汇款对外汇收入、货币汇率、人力资本形成、储蓄和经济增长等方面的影响。[5]这些理论观点大可划分为观点相反的两大类，即"肯定论"和"怀疑论"。

"肯定论"是指肯定移民汇款对移民来源国经济促进作用的理论观点。[6]而"怀疑论"则相反，是指怀疑（甚至否定）移民汇款积极作用的观点。从历史上看，"肯定论"与"怀疑论"都曾经占据理论界的主导地位。从20世纪50、60年代盛行乐观主义的肯定论观点，到20世纪70、80年代盛行悲观主义的怀疑论观点，进入90年代肯定论逐渐又占据主导地位，一直持续至今。[7]以2003年Ratha撰写的报告《移民汇款：重要而稳定的外部资金来源》为标志，进入21世纪以来"肯定论"对移民汇款积极作用的推崇已发展到了新高度，使得移民汇款成为研究新热点。[8]

---

[1] Vukenkeng Andrew Wujung and Ongo Nkoa B. Emmanuel, "Do Remittances Improve the Economic Growth of Africa?" *International Journal of Financial Economics*, Vol.1, No.4, 2013, pp.119-132.

[2] Wouterse, F., "Remittances, Poverty, Inequality and Welfare: Evidence from the Central Plateau of Burkina Faso," *Journal of Development Studies*, Vol.46, No.4, 2010, pp.771-789.

[3] Dean Yang and Claudia A.Martínez, "Remittances and Poverty in Migrants' Home Areas: Evidence from the Philippines", in Caglar Ozden, Maurice Schiff. eds. *International Migration, Remittances, and the Brain Drain*, New York: Palgrave MacMillan, 2006.

[4] Yu Zhu, "International and Internal Migration and the Ensuing Chain Developmental Effects on Source Areas: Evidence from China", Paper Presented to the 8th International Conference of Asia Pacific Migration Research Network, Fuzhou, China, 26-29 May, 2007.

[5] Anyanwu, John C., and Andrew E. O. Erhijakpor, "Do International Remittances Affect Poverty in Africa?", *African Development Review*, Vol.22, No.1, 2010, pp. 51-91.

[6] 国内学界多持此类观点。请参见李国梁《追寻华人移民足迹：历史与经济》，中国华侨出版社，2021年。

[7] Hein De Haas, H., "Migration and Development: A Theoretical Perspective," *International Migration Review*, Vol.44, No.1, 2010, pp. 227-264.

[8] Ratha D., "Workers' Remittances: An Important and Stable Source of External Development Finance", in Global Development Finance 2003, Washington D.C.: World Bank, 2003, pp. 157-175.

那么，移民汇款对移民来源国经济而言究竟是"肯定论"眼中的"福音"还是"怀疑论"眼中的"诅咒"？

一、理论争议

(一)"肯定论"的主要观点

1. 移民汇款是稳定的外汇来源

"肯定论"认为移民汇款已成为移民来源国经济发展的重要资源[1]，且相对于其他国际资本流动而言更加稳定，具有反经济周期的特性，有助于抵御全球经济波动。[2] 与FDI和ODA等国际资金相比较而言，移民汇款的波动幅度更小，往往有助于收款国的宏观经济稳定。[3] 在经济衰退、金融危机和自然灾害时期，移民汇款往往会增加，[4] 在宏观和微观层面都能减轻收入波动。

移民汇款的增加可以缓解金融约束，有助于促进发展中国家的经济发展。[5] 持类似观点的还包括Faini[6]、Azam & Gubert[7]、Fayissa & Nsiah[8]等。

2. 移民及其汇款行为是家庭财务保险策略

"肯定论"将国际移民及其汇款行为视为家庭财务保险策略，认为个人和家庭通过移民及其汇款能够通过收入来源多样化减少收入风险。[9]"肯定论"认为移民及其汇款行为是移民来源国家庭为克服市场失灵（如不完善的信贷和保险市场等）、缓解投资限制、减缓贫困的一种家庭财务保险策略。[10] 持这种观点的学者发现，与

---

[1] 请参见陈达（1938），郑林宽（1940），林金枝（1992），班国瑞、刘宏（2022）等。

[2] Ratha Dilip, Sanket Mohapatra, Elina Scheja, "Impact of Migration on Economic and Social Development: A Review of Evidence and Emerging Issues," in *Policy Research Working Paper No.5558*, World Bank, Development Prospects Group, Migration and Remittances Unit & Poverty Reduction and Economic Management Network, 2011.

[3] 杨权、张宇：《移民汇款、实际汇率升值及"荷兰病"——基于中国的实证检验》，《世界经济研究》2013年第9期。

[4] Dean Yang and Hwa Jung Choi, "Are Remittances Insurance? Evidence from Rainfall Shocks in the Philippines," *World Bank Economic Review*, Vol.21, No.22, 2007, pp. 219-248.

[5] Sharon Stanton Russell, "Migrant Remittances and Development," *International Migration Quarterly Review*, Vol.30, No.3, 1992, pp.267-287.

[6] Riccardo Faini, Migration, *Remittances and Growth*, Unpublished paper, University of Brescia, 2002, pp.1-15.

[7] Jean-Paul Azam and Flore Gubert, *Migrant Remittances and Economic Development in Africa: A Review of Evidence*, Paris: University of Toulouse and Institut Universitaire de France, 2005.

[8] B Fayissa and C Nsiah, "The Impact of Remittances on Economic Growth and Development in Africa," *American Economist*, Vol.14, No.4, 2010, pp.807-818.

[9] Adams R.H.Jr.and Page J. "Do International Migration and Remittances Reduce Poverty in Developing Countries?", *World Development*, Vol.33, No.10, 2005, pp.1645-1669.

[10] Taylor JE., "The New Economics of Labor Migration and the Role of Remittances in the Migration Process," *International Migration*, Vol. 37, No.1, 1999, pp. 63-68.

移民前相比，移民家庭因为汇款而增加了家庭收入，在教育、健康及创业等方面的支出显著增加了。①在他们看来，移民汇款是移民家庭非正式资产积累和自我保险机制，可以在金融和保险市场落后的情况下发挥财务保险作用。②"肯定论"观点认为，移民汇款往往是出于对家庭的责任和义务的利他动机，收款人通常是父母、兄弟姐妹及子女。移民汇款能迅速、直接渗透到社会底层（包括最贫困的收款家庭），用以购买食品、医疗保健、投资住房和教育，等等，几乎涵盖所有最基本的需求；同时还能转化为投资，有助于促进就业和创业。③移民汇款不仅部分弥补了因为移民而产生的人力资本损失，而且通过提供投资来源直接促进资本形成，从而刺激经济发展。④

3. 制度和政策环境促进了移民汇款的积极效应

早先的研究已经发现移民汇款具有一定的克服资本市场缺陷的能力，可以有效集聚移民家庭资产，促进其投资和创业活动，有效促进经济增长，但这些研究尚未充分关注制度和政策的影响。近些年来，一些从事实证研究的学者通过在模型中加入制度与政策变量，发现了制度和政策环境的重要性。根据Buch等的研究，移民汇款可以直接或间接地影响投资增长，然而影响的程度在很大程度上取决于政府政策和投资环境的支持力度。⑤Yang的研究发现，由于金融制度落后和治理环境落后，许多发展中国家的移民汇款都缺乏进入信贷市场的机会和渠道。⑥Hein de Haas认为移民汇款对发展的积极影响是否会实现或在多大程度上会实现，取决于移民来源国整体发展背景。⑦

4. 移民汇款产生减贫效应

"肯定论"对移民汇款的减贫效应抱有十分乐观的态度。来自拉丁美洲、南

---

① Amuedo-Dorantes, C. & Pozo, S., "Remittances As Insurance: Evidence From Mexican Immigrants," *Journal of Population Economics*, Vol.19, No.2, 2006, pp.227-254; Woodruff, Christopher, and Rene Zenteno, "Migration Networks and Microenterprises in Mexico", *Journal of Development Economics*, Vol.82, No.2, 2007, pp. 509-528.

② Taylor E J., Vogel S., "Life in a Mexican village: A Sam perspective", *Journal of Development Studies*, Vol.25, No.1, 1988, pp. 5-24.

③ World Bank, *Global Economic Prospects 2006: Economic Implications of Migration and Remittances*, 2006, pp.99-101.

④ Gupta, Sanjeev, Catherine A. Pattillo, and Smita Wagh, "Impact of Remittances on Poverty and Financial Development in Sub-Saharan Africa", *World Development,* Vol.37, No.1, 2009, pp. 104-115.

⑤ Buch,C.M.,Kuckulenz, A. and Le Manchec, M.H., *Worker Remittances and Capital Flows, Working Paper*, Washington DC: Kiel Institute for World Economics, 2002, p.1130.

⑥ Yang, Dean, "Coping With Disaster: The Impact of Hurricanes on International Financial Flows, 1970-2002," *The B.E.Journal of Economic Analysis and Policy*, Vol.8, No.1, 2008, pp.1-38.

⑦ Hein De Haas, H., "Migration and Development: A Theoretical Perspective," *International Migration Review*, Vol.44, No.1, 2010, pp. 227-264.

亚、SSA等地区的证据表明，移民汇款能相互减轻贫困，如尼泊尔移民汇款的急剧增加就促使贫困率由1995年的42%减少到了2003年的31%，从而间接刺激了经济增长。① Adams和Page对发展中国家移民汇款的研究发现：移民汇款与贫困之间显著负相关，移民汇款占GDP的比例每增长10%，可能会导致贫困减少1.6%。② 联合国人口基金会基于74个中低收入国家的移民汇款进行了研究，结论显示海外汇款占GDP的比例每增加10%就能使贫困减少1.12%。Anyanwu和Erhijakpor利用1990—2005年33个国家的面板数据，检验了移民汇款对非洲国家减贫的影响，指出移民汇款显著减少了贫困。Hassan在对亚洲、非洲、拉丁美洲国家进行比较研究的基础上，明确指出这些地区的收款国应该将移民汇款作为重要的减贫战略加以重视。③

（二）"怀疑论"的主要观点

1. 导致发展中国家对西方经济体系的依赖

"怀疑论"将国际移民视为发展中国家日益依附于西方国家主宰的全球政治、经济制度的诸多表现之一，认为移民汇款带来了诸多负面影响，阻碍了移民来源国的经济发展。在他们看来，作为资本主义渗透的结果，移民破坏了移民来源国的人口结构，摧毁了其传统农业社会，④不利于其经济发展，甚至还是导致其越来越落后的直接原因。⑤同时，移民汇款有助于收款国维持其脆弱的社会经济状况，直接或间接地扩大了与西方发达国家之间的不平衡，加剧了失业、贫困和贫富分化等现象，恶化了收款国的经济状况。⑥

2. 产生负面效应，不利于经济发展

"怀疑论"认为移民汇款波动性太大，是一种高风险的资金来源，带来了诸多负面效应。在部分国家，移民汇款导致日常消费增加和土地、房产购置的急剧

---

① Glytsos N.P., "The Contribution of Remittances to Growth: A Dynamic Approach and Empirical Analysis", *Journal of Economic Studies*, Vol.32, No.6, 2005, pp.468-496.

② Adams R.H.Jr.and Page J. "Do International Migration and Remittances Reduce Poverty in Developing Countries?", *World Development*, Vol.33, No.10, 2005, pp.1645-1669.

③ Hassan G. M., Chowdhury M. & Shakur, S. "Remittances, Human Capital and Poverty: a System Approach," *Journal of Developing Areas*, Vol.51, No.1, 2017, pp.177-192.

④ Massey, Douglas S., J. Arango, G. Hugo, A. Kouaouci, A. Pellegrino and J.E. Taylor, "Theories of international migration: a review and appraisal," *Population and Development Review*, Vol.19, No.3, 1993, pp. 431-466.

⑤ Catalina Amuedo-Dorantes and Susan Pozo, "Worker's Remittances and the Real Exchange Rate: A Paradox of Gifts," *World Development*, Vol.32, No.8, 2004, pp.1407-1417.

⑥ Appleyard R., "Migration and development: Myths and reality," *International Migration Review*, Vol.23, No.3, 1989, pp. 486-499.

上涨，增加了通货膨胀压力，导致土地价格飞涨，故而不会产生经济发展效应。[1]在他们看来，无论是出于利他动机还是利己动机，移民汇款都会导致劳动力供给下降和非贸易品消费需求增加，导致劳动力再分配失衡，对经济造成破坏性影响。[2]Chami，Fullenkamp和Jahjah从劳动力角度开展的研究发现，移民汇款减少了收款人的工作动力，产生道德风险，从而对经济发展产生负面影响。[3]国际移民组织（IOM）的研究也认可了这一结论，指出移民汇款可能会使收款家庭成员丧失劳动热情并成为"闲人"，从而减少劳动力供应。[4]

"怀疑论"认为移民汇款大量用于进口消费而非生产性投资，可能会增加收款国对进口商品的需求，导致一些收款国形成汇款依赖型经济发展模式，从而形成恶性循环。在Becker看来，移民汇款流动并非出于利润驱动，无助于投资增长，对经济增长没有显著影响。[5]Stahl & Arnold及Rahman等的实证研究证实了移民汇款主要用于消费支出、对经济增长没有贡献的观点。Bettin和Zazzaro认同上述观点，认为移民汇款没有刺激经济增长，部分原因在于移民汇款并没有用于投资，而是用于购买家庭生活必需品。[6]

二、几点质疑

（一）对"肯定论"的质疑

"肯定论"关于移民汇款对移民来源国经济的积极作用有夸大之嫌。事实上，国际移民仅占世界人口的约3%，移民汇款只占所有发展中国家GDP的1.3%。[7]上述数据足以将"肯定论"放在更现实的角度来予以论证。"肯定论"认为移民汇款这种"私人外援"直接流向了收款人手里，不必经过官僚机构之手，几乎不可能

---

[1] Sharon Stanton Russell, "Migrant Remittances and Development," *International Migration Quarterly Review*, Vol.30, No.3, 1992, pp. 267-287.

[2] Acosta, Pablo, Emmanuel Lartey, and Federico Mandelman, "Remittances and the Dutch Disease", *Journal of International Economics*, Vol.79, No.1, 2009, pp.102-116.

[3] Chami, R., Fullenkamp, C.and Jahjah, S., "Are Immigrant Remittance Flows a Source of Capital for Development?" *IMF Staff Papers*, Vol.52, No.1, 2005, pp.55-81.

[4] IOM, *World Migration Report 2010 - The Future of Migration: Building Capacities for Change*, Geneva : IOM, 2010, p. 171.

[5] Ghosh, Bimal, *Myth and Rhetoric and Realities: Migrants' Remittances and Development*, The Hague Process on Refugees and Migration, 2006, pp.72-76.

[6] Bettin, G., and Zazzaro, A. "Remittances and Financial Development: Substitutes or Complements in Economic Growth?", *MOFIR Working Paper 28*, Money & Finance Research Group, 2009, pp.1-5.

[7] Ratha D., "Workers' Remittances: An Important and Stable Source of External Development Finance.", World Bank, *Global Development Finance*, 2003, pp.157-175.

落入腐败官员的口袋，故其损失更小、效率更高。因此，除了汇款外，发展中国家可能再也没有其他"自下而上"重新分配和改善福利的途径，移民汇款是贫困收款地区的安全网。诚然，这个逻辑有一定道理，但也存在盲目乐观的倾向，值得进一步探讨。

第一，绝大多数移民汇款并未流向最贫困的国家。事实上，流向中等收入国家的移民汇款最多，高收入国家次之，低收入国家最少（见表2-1）。根据世界银行的统计数据，中等收入国家收到的移民汇款占全球移民汇款总量的比例长期以来超过一半，其中2000年为57%，2006—2015年以来都在67.8%—71%。高收入国家2000年收到的移民汇款占全球移民汇款的40%，2006—2015年最低为23.5%，最高为27.1%。相比之下，低收入国家的移民汇款所占比例很小，2006—2015年仅有1.4%—2.3%。从这个角度来看，移民汇款加大了国家间的贫富差距。

表2-1 不同收入水平国家移民汇款

（单位：10亿美元）

年度	2006	2007	2008	2009	2010	2011	2012	2013	2014	2015
中等收入国家	223.9	273.7	317.2	295.1	326.3	366.9	388.5	402.8	417.2	425.2
高收入国家	89.5	104.7	118.8	111.7	113.2	130.6	129.8	137.8	142.3	141.3
低收入国家	4.7	5.9	7.7	7.8	9.3	11.0	12.2	13.3	13.9	15.3

资料来源：World Bank, *Migration and Remittances Factbook*, 2016, p.41.

第二，移民汇款也并不总是流向最贫困的人群。有些国家（地区）收款的可能是贫困群体，而另一些国家（地区）收款的则可能是较富裕群体。不同国家（地区）移民汇款对贫困的影响不一样。即使是同属一个地区的不同国家也有显著差别。如在LAC地区，墨西哥的收款家庭主要是穷人，61%的收款家庭处于最低收入阶层，只有4%处在最高收入阶层；巴拉圭的收款家庭有42%处于最低收入阶层，只有8%在最高收入阶层；超过30%的收款家庭处于最低收入阶层的国家还有厄瓜多尔、萨尔瓦多、危地马拉。[1]与此同时，同一地区的海地，高收入群体家庭25%的收入来自移民汇款，低收入和中等收入家庭则分别只有5%和10%的收入来自移民汇款；

---

[1] Pablo Acosta, Cesar Calderón, Pablo Fajnzylber and J. Humberto López, "Do Remittances Lower Poverty Levels in Latin America? Remittances and Development: Lessons from Latin America", Washington DC: World Bank, 2008, pp.87-132.

秘鲁只有不到6%的收款家庭属于最低收入阶层，而属于最高收入阶层的却有40%；尼加拉瓜的收款家庭中最低收入阶层只占12%，而最高收入阶层却占33%。①在这些国家，移民汇款非但不能产生减贫效果，反而扩大了贫富差距。

（二）对"怀疑论"的质疑

"怀疑论"往往采用跨国面板数据进行实证研究，涉及国家数量多、时间跨度长，对以下3个方面关注不够：其一，不同地区/国家的差异；其二，长期影响和短期影响的差别；其三，制度和政策的影响。如Barajas等研究了1970—2004年84个国家的数据，认为移民汇款对经济增长影响不大；②Rao和Hassan研究了71个国家的面板数据，发现移民汇款对经济增长的直接影响微不足道；③Chami等研究了1970—2008年113个国家的数据，发现移民汇款和经济呈现显著负相关，移民汇款不是经济发展的资金来源。④此类研究得出的一般性结论可能不适用于具体国家的真实情况。就移民汇款对GDP的影响而言，不同国家间，甚至同一个国家，其长期影响和短期影响也存在差别。如移民汇款对南亚的巴基斯坦及南太平洋岛国的宏观经济增长的影响不显著，甚至产生负面影响；⑤移民汇款对孟加拉国GDP长期而言没有产生显著影响，短期而言则产生负面影响；⑥移民汇款对菲律宾GDP长期而言产生积极作用，短期而言却是负面影响；⑦移民汇款对印度GDP无论长期还是短期都是积极作用。⑧

"怀疑论"忽视了对移民来源国制度和政策环境影响的关注。菲律宾、印度等国家较为重视国际移民汇款的重要地位和作用，政府将此作为国家发展战略的

---

① Pablo Acosta, Cesar Calderón, Pablo Fajnzylber and J. Humberto López, "Do Remittances Lower Poverty Levels in Latin America? Remittances and Development: Lessons from Latin America", Washington DC: World Bank, 2008, pp.87-132.

② Barajas A., Chami R., "Do workers Remittances Promote Econimic Growth?", *IMF Working Paper No.153*, 2009.

③ Rao, B. and Hassan, G. *"Are the Direct and Indirect Growth Effects of Remittances Significant?"*, MPRA Paper No.18641, 2009, available at B. Bhaskara Rao & Toani B. Takirua, "The Effects of Exports, Aid and Remittances on Output: the Case Kiribati," *Applied Economics*, Vol.42, No.11, 2010, pp.1387-1396.

④ Ralph Chami, Connel Fullenkamp and Samir Jahjah, "Are Immigrant Remittance Flows a Source of Capital for Development?", *IMF Staff Papers*, Vol.52, No.1, 2005, pp.55-81.

⑤ Connell, John and Richard P.C. Brown, *Remittances in the Pacific: An Overview*, Manila: Asian Development Bank, 2005.

⑥ Matiur Rahman, "Contributions of Exports, FDI and Expatriates' Remittances to Real GDP of Bangladesh, India, Pakistan and Sri Lanka," *Southwestern Economic Review*, Vol.36, No.1, 2009, pp.141-154.

⑦ Moises Ndeil V. Seriño, Visca Baybay City, Leyte, "Effects of Remittances on Philipines Economy: A Cointegration Analysis", *Business & Economics Review*, Vol.21, No.2, 2012, pp.47-62.

⑧ Matiur Rahman, "Contributions of Exports, FDI and Expatriates' Remittances to Real GDP of Bangladesh, India, Pakistan and Sri Lanka," *Southwestern Economic Review*, Vol.36, No.1, 2009, pp.141-154.

重要内容,在保护移民、吸引移民汇款并鼓励其回国投资等方面制定了一系列优惠的政策措施,致使其正规移民汇款比例相对较高,汇款成本相对较低,进入企业投资领域的移民汇款比例较高,因此对经济增长的促进效应比较显著。[1]与此相反,SSA国家、南太平洋岛国移民汇款对其GDP增长产生影响不显著或产生负面影响,[2]一定程度上是由于这些国家不重视国际移汇款的重要作用,缺乏相应的制度和政策环境等原因造成的。由此可以看出,制度和政策环境对移民汇款的使用效率产生关键影响。

三、总结

有关移民汇款对经济发展影响的观点存在两极化倾向。一种观点过于乐观,夸大了移民汇款对经济增长的促进效应。另一种观点则过于悲观,认为移民汇款无助于(甚至阻碍了)收款国的经济发展。无论是移民汇款的积极作用还是负面影响,都有相关证据予以支持,使得目前学术界依然存在很大争议。各国的具体实践充分展示了移民汇款对移民来源国的经济发展效应呈多元性和复杂性特点,无论是"肯定论"还是"怀疑论",都在一定程度上忽视了这一点。移民汇款的经济效应在空间和时间上存在一定差异。只有承认这一点才有助于客观认识移民汇款对移民来源国的经济影响。我们既不能断言移民汇款完全无助于移民来源国经济发展,也不要奢望移民汇款能无条件地促进经济发展。更为重要的是,不同地区、不同国家各有其具体国情,其移民汇款经济效应的差异与其制度、政策环境密切相关。在不同的政策环境下,移民汇款受到了各种约束和限制,影响方向和程度随之呈现出不同结果。如果缺乏适当的制度和政策环境,没有科学、合理的激励政策和措施,其积极作用不能充分发挥,还可能出现负面影响。因此,建立和完善相关法规制度和政策环境,移民汇款就可能是发展中国家经济的"福音",反之则就可能成为"诅咒"了。从上面的分析可以看出,无论是"肯定论"还是"怀疑论",都有其固有缺陷。

过去40多年,有关移民与发展的观点都已经发生了显著的改变。从广义上讲,

---

[1] Mayumi Ozaki, "Worker Migration and Remittances in *South Asia*," *South Asia Working Paper Series*, No. 12, Asian Development Bank, 2012, p.6.

[2] Geoffrey Hayes, "Maxing Development Benefits And Minimizing Negative Impact In The Pacific Islands Sub-region", Workshop on Strengthening National Capacities to Deal with International Migration, Bangkok, 22-23 April, 2010; Judith Shaw, *Remittances, Microfinance and Development :Building the Linkss, Volume 1: a global view*, The Foundation for Development Cooperation, 2005, pp.17-25.

认为国际移民必然是富国剥削穷国的一种形式的观点早已过时，代之出现的是新的观点，即肯定移民汇款对收款国经济发展具有"潜在"的积极影响。基于这一趋势，实际上还应该存在第三种理论观点，即汇款"潜在"的积极作用只有在满足一定条件，并克服或避免不利影响时才会发挥出来；条件不同，克服或避免不利影响所付出的努力不同，法规制度和政策环境不同，则移民汇款表现出来的作用就不同。[①]这就体现出移民汇款对母国经济影响的多样性特点。需要指出的是，全球每年数千亿美元的移民汇款，只是国际移民收入的一小部分，相对庞大得多的国际移民全球经济效应需要引起更多关注和研究。

第二节 移民汇款动机

一、移民汇款动机基本类型

国际移民的汇款行为不仅取决于移民自身的薪资水平，而且取决于其汇款的动机。出于不同动机的汇款对移民来源国经济发展的影响也互有区别。本书按照动机的不同将移民汇款分为以下两种基本类型：一是利他型；二是利己型。

（一）利他型动机

移民汇款最显著的动机是"纯粹的利他主义"，即国际移民帮助其留在家乡的家人或朋友的愿望。[②]移民关心留在母国的亲人，汇款完全出于利他动机，即移民汇钱回家仅仅是因为他们关心母国家人的生活福利状况。由于母国家庭原有收入几乎不能维持其生计，很大程度上要依赖移民汇款才能满足其基本生活的消费需求。从这个角度看，移民汇款主要关心的是其母国家人的生活状况，汇款的主要目的是赡养家人。

从家庭层面看，移民汇款对其母国家庭起到了共同保险和风险分散作用。诸多文献都证实了移民汇款对减贫具有显著作用，但并不能因此就断言国际移民是应对贫困的策略反应。实际上，汇款本质上来说应该是移民家庭出于分散风险、

[①] 张洁、林勇：《国际汇款、金融发展、制度环境与经济增长》，《重庆理工大学学报：社会科学》2022第6期，第98-109页。

[②] Lucas, Robert E. B. and Oded Stark, "Motivations to Remit: Evidence from Botswana." *Journal of Political Economy*, Vol.93, No.5, 1985, pp. 901-918.

维持生计、增加收入及获得投资来源等目的，采取的一种追求安全的生计策略。因此，移民汇款是移民家庭生计策略的核心要素，有助于克服家庭的经济困难，继而也有助于克服地方经济发展的制约因素。例如，对布基纳法索和摩洛哥进行的两项研究表明，非洲大陆的国际移民主要通过收入多元化以获得生活保障的手段。[1]这两个国家主要是靠到欧洲的移民让其家庭积累了很多的财富。在"纯粹的利他主义"汇款过程中，移民从其给亲属带来的福利中获得满足，获得了心理补偿。利他主义提出了许多假说，主要有以下三种。

假说一：汇款金额随着移民收入的增加而增加。从移民汇款"纯粹的利他主义"动机来看，汇款是对移民与其家庭成员之间收入差距的补偿，因此移民汇款就被表述为移民对其母国家人的亲情和责任。如汇款金额与移民自身的收入水平或他们在东道国的就业率正相关，即移民在海外赚得多，往家里汇款就多。利他主义动机表明：往往是那些来自最贫困地区的移民，为家人提供基本生活需求的要求最为迫切。来自这些地区的移民都是贫困的劳工移民、无证移民，在东道国的职业往往最不稳定。因此，这部分移民最容易受到东道国经济衰退的冲击。然而，母国家人对汇款的迫切需要，尤其是家人遭遇财务危机的时候，可能会催促移民设法增加汇款金额。

假说二：移民汇款金额随着母国家人国内收入的增加而减少。同时，移民的"纯粹的利他主义"汇款也意味着，其汇款金额与母国家人生活水平之间是显著的负相关。[2]母国家人生活水平越低，汇款金额就越多，生活水平越高，汇款金额就越少。如果来自某国的移民汇款以"纯粹的利他主义"汇款占主导地位，在移民母国经济不景气时移民汇款就会显著增加。"纯粹的利他主义"汇款有助于增加家庭消费、稳定收款国经济。

假说三：移民汇款随着时间推移、移民与母国家人联系逐渐减弱而减少。当移民永久居留在东道国的同时家庭成员也追随而来，移民汇款会随之减少。[3]

（二）利己型动机

移民出于其自身的利益考量进行的汇款行为，即"利己主义"汇款。这种汇

---

[1] Wouterse, F., "Remittances, Poverty, Inequality and Welfare: Evidence from the Central Plateau of Burkina Faso", *Journal of Development Studies*, Vol.46, No.4, 2010, pp. 771-789; Hein De Haas H., "Migration, remittances and regional development in Southern Morocco", *Geoforum*, Vol.37, No.4, 2006, pp.565-580.

[2] Quartey, Peter, and Theresa Blankson, "Do Migrant Remittances Minimize the Impact of Macro-volatility on the Poor in Ghana.", Report prepared for the Global Development Network, University of Ghana, 2004.

[3] Lucas, Robert E. B. and Oded Stark, "Motivations to Remit: Evidence from Botswana." *Journal of Political Economy*, Vol.93, No.5, 1985, pp. 901-918.

款的特点在于：移民汇款的目的是回国为自身利益进行投资或为自身利益积累资产，移民寄钱回家以博得自己在家乡的好名声，以此让他们及其子女有资格继承其家族的遗产，或继续保有对家族资产的所有权，或获得家乡其他的重要资产或资源。[①]这种追求回报的汇款实际上可以理解为在移民来源国进行的投资行为。导致"利己主义"汇款的重要原因是移民的"回国意愿"，即此类汇款往往来自那些最终将选择回国发展或回国生活的移民群体。因此，就这类汇款而言，只要投资预期收益增加，投资型移民汇款就会增加。西班牙输出的移民汇款数据证明了这一点。每当移民来源国的人均GDP高于西班牙，或当母国与西班牙的息差增加时，来自西班牙移民的汇款就增加。[②]

投资型汇款人往往来自较富裕国家。他们在东道国的职业可能更稳定，受东道国经济不景气的影响更小，在经济衰退时期其汇款能力更强。与"纯粹的利他主义"汇款相比较，投资型汇款更倾向于亲周期性，更不稳定、更脆弱。[③]

二、移民汇款动机其他类型

移民汇款是基于移民文化中的一种义务观念的行为，移民不承担这种义务将会受到道德指责。从经济学的角度看，满足这种期望可能就是一种利己行为，将移民汇款动机发展历程仅仅视为从利他动机到利己动机的观点过于简单化。实际上，除了上述两种基本类型外，还有由这两种动机组合而成的多种其他类型，至少包括以下3种类型：隐性合约型、投资房产型、道德经济型。

（一）隐性合约型

美国哈佛大学的Oded Stark和Robert Lucas最早提出了"契约安排"（contractual arrangement）理论以解释移民汇款现象。他们认为：

> 汇款行为是移民与其家庭之间的自我约束、合作、契约性安排的一部分或一项条款……在不发达国家，移民与其家庭其他成员间的关系，是通过一种协商的契约性安排而加以模式化的。移民与其家庭通过这种契约，保障其

[①] Carling J., "Gender dimensions of international migration," Global Commission on International Migration, Geneva, 2005.
[②] Amuedo-Dorantes, Catalina, and Susan Pozo, "New Evidence on the Role of Remittances on Health Care Expenditures by Mexican Households.", *Review of Economics of the Household*, Vol.9, No.1, 2011, pp.69-98.
[③] Ratha D. "Workers' Remittances: An Important and Stable Source of External Development Finance.", World Bank, *Global Development Finance*, 2003, pp.157-175.

各自的利益及家庭整体的安全。契约双方彼此充当保险人与被保险人的角色。[1]

家庭成员间非正式契约也可能成为移民汇款的动机,因为分散在不同地域的家庭成员可以通过分享其收入而降低生活的风险。正是由于移民汇款的这种功能,在许多国家,移民活动是移民家庭规避风险、最小化负面冲击的一种策略安排。这源于移民和家庭成员之间的非正式"隐性合约",将移民汇款行为视为非正式的保险合同。移民家庭因为有了汇款而增加了收入,每个家庭成员都能通过分享汇款以降低各自的风险。[2]这种汇款并不是单向由移民流向其他家庭成员,而是所有家庭成员都将其收入的一部分集中起来统一分配,因此资金也可能由其他家人流向移民。从这个意义上说,汇款就是移民家庭的一种自我保险机制。换句话说,国际移民就是一项通过家庭成员收入来源多样化以增加家庭总收入,从而克服家庭财务风险的自我保险策略。

"隐性合约型"汇款对遭遇重大财务风险的家庭更加重要。母国发生自然灾害时,移民汇款可以有效地弥补家庭收入的不足,甚至可以弥补国内家庭收入60%的损失。[3]可见,移民汇款是帮助贫困家庭化解财务风险的重要工具。在这种汇款中,移民及其家人将所有汇款资源集中在一起更利于分散风险。这种汇款管理策略,是移民家庭为了应对未来可能会发生的负面冲击(如经济衰退、自然灾害等)提前所做的准备。

(二)投资房产型

回国投资房产是移民汇款的主要类型之一,这样在表面上既保全了移民的面子,即证明移民实现了早年对家人的承诺,为家人提供了福利,同时也实现了为自身牟利或积累财产的目的。虽然最终房产的所有权和收益由移民自身享有,使这种汇款看起来与"利己主义"汇款类似,但房屋本身毕竟在相当长时间内由家人享有使用权,因此与上述两类汇款有所区别。在中国沿海地区的福建和广东等侨乡省份,这种汇款很普遍。

(三)道德经济型

与前面几个汇款类型不同的是,移民的家乡才是激起移民汇款回乡投资的最

---

[1] Lucas, Robert E. B. and Oded Stark, "Motivations to Remit: Evidence from Botswana." *Journal of Political Economy*, Vol.93, No.5, 1985, pp. 901-918.

[2] Lucas, Robert E. B. and Oded Stark, "Motivations to Remit: Evidence from Botswana." *Journal of Political Economy*, Vol.93, No.5, 1985, pp. 901-918.

[3] Jean-Paul Azam and Flore Gubert, *Migrant Remittances and Economic Development in Africa: A Review of Evidence*, Paris: University of Toulouse and Institut Universitaire de France, 2005.

主要动机。对于国际移民而言，其在家乡投资的是一种"道德经济"，[①]即在其资源融入家乡经济发展的过程中，移民的汇款和投资行为都被赋予了一种道德价值。这种道德价值能够保证即使移民自身处于困难时期，无论是在物质经济还是道德经济层面，移民都要继续保证这种象征性交易的正常运行。20世纪70年代末以来，这种类型的汇款增长十分迅速。"道德经济"汇款呈现出的是没有回国意愿的移民的汇款特点。移民没有回国意愿就表明：移民在东道国的经济状况很好，受经济衰退影响很小；同时，经济衰退期间他们很可能会继续汇款行为，因为他们的最初汇款不是出于经济动机，而是道德动机。一般来说，永久移民主要选择"道德经济"汇款，即在满足了家庭基本生活需求以后才会选择投资类型的汇款。

三、利他和利己的统一

上述所有这些汇款类型，都对移民汇款的动机及其原因进行了不同角度的诠释。同一个国家的移民汇款都是上述各种类型汇款的组合，任何一种汇款都不可能单独存在于同一个国家之中。只是不同国家、不同时期、不同的移民其选择的汇款组合不同而已，哪一种或哪几种占主导地位，都可能会对移民汇款的经济效应产生不同的影响。移民汇款是利他动机和利己动机的有机结合。移民汇款既有保护移民自身利益的一面，也有保护家人利益的一面，是利己和利他的统一。正如 Lucas 和 Stark 所指出的那样，利他和利己的动机往往是不可分割的，人们往往分不清楚移民汇款的动机是关心家人，还是通过关心家人的途径以达到提升威望、获得自身利益的利己目的。[②]移民汇款可以既是移民对家人感情的投资，分散家庭风险的策略安排（通过风险分散以求得对所有家人财产的共同保险，从而保护移民自己的继承权），也是家庭投资的来源。

[①] Vukenkeng Andrew Wujung and Ongo Nkoa B. Emmanuel, "Do Remittances Improve the Economic Growth of Africa?" *International Journal of Financial Economics*, Vol.1, No.4, 2013, pp.119-132.

[②] Lucas, Robert E. B. and Oded Stark, "Motivations to Remit: Evidence from Botswana." *Journal of Political Economy*, Vol.93, No.5, 1985, pp. 901-918.

第三节 移民汇款特性

一、相对稳定性

（一）具体表现

移民汇款是发展中国家最稳定的外汇收入，在收款国处于经济低迷时会逆周期流动，不仅不会中断，反而还会增加。大多数国家的移民汇款具有相对稳定性：既不同于外国援助，不会被当权者贪污，也不同于外商投资，不会在母国遭遇危机时撤资逃离。相对于外国援助和外商投资等其他国际资本而言，移民汇款具有一定的稳定性。但事实上，随着每个时期国际移民数量的波动、汇款输出国经济状况的起伏等，移民汇款也会出现明显的波动性。这一点毋庸置疑。只是移民汇款可以直接被送到收款人手中，且汇款者会有效控制钱的用途，"随汇款而来的是汇款人美好的祝愿、中肯的建议和丰富的知识。汇款人始终把收款人的生活放在心上"。[1]

全球金融危机爆发后，2009年移民汇款仅减少了5.5%，同时FDI减少了40%，私人债务和证券投资也减少了46%。[2] 全球金融危机期间外国机构投资（Foreign Institutional Investor，简称FII）流入、流出印度的例子可以很好地解释这种情况（在金融危机期间有大量的资本流出）。但移民汇款对金融危机反应不太敏感，甚至逆周期流动，在危机期间反而增加了。例如，东南亚金融危机爆发后，1998—2001年私人资本包括FDI都减少了，但流向发展中国家的移民汇款仍在继续稳步增加。印度尼西亚（1997年）、厄瓜多尔（1999年）、阿根廷（2001年）等国的移民汇款在经济危机之后大幅上涨。[3] 这些事实都支持了上述观点。孟加拉国、海地、洪都拉斯、多米尼加发生自然灾害后，移民汇款也出现了迅速增加的现象。[4] 移民

---

[1] Dilip Ratha, "Leveraging Remittances for Development," James F. Hollifield, Pia M. Orrenius and Thomas Osang(eds.), *Migration, Trade and Development*, Texas Federal Reserve Bank of Dallas, 2007, pp.173-185.
[2] Farid Makhlouf & Mazhar Mughal, "Remittances, Dutch Disease, And Competitiveness: A Bayesian Analysis," *Journal of Economic Development*, Vol.38, No.2, 2013, pp.67-97.
[3] Freund, Caroline, and Nikola Spatafora, "Remittances: Costs, Determinants, and Informality", *Policy Research Working Paper No. 3704*, World Bank, 2005.
[4] World Bank, *Global Economic Prospects 2006: Economic Implications of Migration and Remittances*, 2006.

汇款对巴基斯坦的实际产出和居民消费都出现了逆周期的趋势，有助于家庭应对自然灾害。2005年10月地震和2010年7月"历史上最严重的"洪灾过后，巴基斯坦的汇款流入大幅上涨。[1]

（二）并非所有国家的移民汇款都有逆周期性特点

整体而言移民汇款表现出明显的逆周期性，但并非所有国家的汇款收入都是逆周期性，有的是亲周期性，而有的则没有周期性特点。将所有国家的移民汇款都看成是逆周期性的观点是错误的。即使某个地区移民汇款整体而言是逆周期性，但其中一些国家的汇款是亲周期性，而另一些国家则是非周期或逆周期性；一个时期可能是逆周期性，另外一个时期可能是亲周期性。此外，当汇款更多地被用于投资目的时，移民汇款也可能是亲周期性。移民汇款表现出较强逆周期性的国家包括印度和孟加拉国等；周期性不显著的国家包括莱索托、多米尼加、塞内加尔等；墨西哥、约旦、摩洛哥则表现出亲周期性。[2]

移民汇款亲周期或逆周期流动取决于许多复杂的因素，需要进一步深入研究。

（三）逆周期性对宏观经济稳定的影响

就目前的研究发现而言，虽然一些特定国家（如墨西哥等）的移民汇款也可能是亲周期性，但多数国家的移民汇款是逆周期性。然而，就像ODA一样，移民汇款在宏观经济层面的稳定作用不只取决于其逆周期性，其相对波动水平也发挥着重要作用。其他私人资本的流动主要取决于外国投资者的决策（要考虑有利于投资获利的商业环境），而移民汇款则是移民与母国亲人间保持联系的重要手段之一，移民汇款的波动水平比其他外汇来源更小。下面的两个表（表2-2、表2-3）显示了1980—2005年全球部分主要收款国的移民汇款、ODA、出口收入的波动性。从比较中可以看出，在大多数情况下，移民汇款都是波动最小的。

表2-2 ODA、REM、EXP的波动性比较（1980—2005年平均值）（一）

国家	标准偏差（%）			国家	加权标准偏差（%）		
	ODA	REM	EXP		ODA	REM	EXP
阿尔巴尼亚	91.1	15.5	22.6	阿尔巴尼亚	2.95	0.26	4.92

---

[1] Farid Makhlouf & Mazhar Mughal, "Remittances, Dutch Disease, And Competitiveness: A Bayesian Analysis," *Journal of Economic Development*, Vol.38, No.2, 2013, pp.67-97.

[2] Jef Huysmans and Vicki Squire, "Migration and Security," in Dunn Cavelty, Myriam and Mauer, Victor eds. *Handbook of Security Studies*, London: Routledge, 2009, pp.1-20, http://www.routledge.com.

续表

国　家	标准偏差（%）			国　家	加权标准偏差（%）		
	ODA	REM	EXP		ODA	REM	EXP
阿尔及利亚	21.3	25.2	12.6	阿尔及利亚	0.30	0.69	6.28
阿根廷	28.1	13.8	14.5	阿根廷	0.56	0.50	1.77
亚美尼亚	12.9	26.2	12.3	亚美尼亚	1.36	0.49	4.20
阿塞拜疆	20.1	21.0	18.1	阿塞拜疆	0.97	0.48	3.50
孟加拉国	13.8	10.2	9.9	孟加拉国	0.38	0.12	2.44
伯利兹	37.9	13.1	7.1	伯利兹	2.84	0.11	2.87
玻利维亚	16.8	44.2	9.8	玻利维亚	1.98	0.73	2.10
柬埔寨	22.1	56.8	14.0	柬埔寨	1.28	2.41	4.36
哥伦比亚	28.0	31.0	8.5	哥伦比亚	3.95	2.11	1.38
克罗地亚	25.4	8.7	6.1	克罗地亚	4.26	0.13	1.82
多米尼加	32.5	35.1	19.6	多米尼加	2.10	0.65	8.14
厄瓜多尔	24.9	77.8	8.7	厄瓜多尔	0.65	3.48	2.50
埃　及	23.3	14.8	8.5	埃　及	1.25	0.68	1.91
萨尔瓦多	15.3	13.0	11.9	萨尔瓦多	1.03	0.70	2.77
格鲁吉亚	11.9	9.3	13.9	格鲁吉亚	0.84	0.04	2.54
危地马拉	15.3	31.3	6.0	危地马拉	0.48	0.85	1.20
圭亚那	39.8	19.5	10.7	圭亚那	5.94	0.18	6.91
洪都拉斯	29.3	55.8	7.2	洪都拉斯	1.52	5.60	1.91
印　度	15.8	15.3	5.4	印　度	0.11	1.70	1.01
印度尼西亚	34.2	12.1	6.9	印度尼西亚	0.13	2.08	1.71
约　旦	33.3	13.3	6.0	约　旦	3.53	2.68	2.92
哈萨克斯坦	14.4	20.5	6.8	哈萨克斯坦	0.84	2.83	1.49
吉尔吉斯斯坦	8.1	18.7	7.3	吉尔吉斯斯坦	1.08	0.44	1.57
老　挝	20.4	54.3	10.7	老　挝	2.74	2.89	2.38
黎巴嫩	42.6	13.4	6.7	黎巴嫩	3.79	0.53	1.10

续表

国家	标准偏差（%） ODA	REM	EXP	国家	加权标准偏差（%） ODA	REM	EXP
马其顿	30.5	7.7	5.6	马其顿	2.34	0.27	1.39
摩尔多瓦	20.5	9.6	13.6	摩尔多瓦	1.32	0.15	5.45
蒙古国	31.7	12.0	9.5	蒙古国	3.13	0.25	3.16
摩洛哥	27.3	17.1	6.1	摩洛哥	1.87	0.42	1.33
尼加拉瓜	30.6	4.4	13.0	尼加拉瓜	5.06	0.57	2.80
阿曼	92.9	4.3	12.2	阿曼	1.55	0.33	4.51
巴基斯坦	27.3	17.1	6.1	巴基斯坦	0.38	0.71	2.78
巴拿马	40.2	21.6	7.0	巴拿马	2.07	0.38	4.73
巴拉圭	23.5	22.9	13.6	巴拉圭	0.29	0.28	4.04
秘鲁	18.3	7.6	12.9	秘鲁	0.21	0.22	2.54
菲律宾	19.2	13.7	6.4	菲律宾	1.41	0.39	1.66
萨摩亚	20.0	10.3	3.6	萨摩亚	5.72	0.46	0.87
圣多美和普林西比	25.4	18.9	14.8	圣多美和普林西比	16.49	1.25	3.68
斯里兰卡	20.3	9.5	8.0	斯里兰卡	1.18	0.96	3.20
圣文森特	38.4	47.4	11.2	圣文森特	3.01	0.05	6.11
苏里南	52.49	25.9	17.5	苏里南	4.04	1.28	8.33
叙利亚	52.5	38.0	10.3	叙利亚	1.76	0.35	3.50
突尼斯	26.4	9.2	6.9	突尼斯	0.28	0.52	2.26
土耳其	116.1	19.0	9.1	土耳其	6.38	1.39	1.50
瓦努阿图	20.76	37.3	7.8	瓦努阿图	3.33	0.68	3.16
委内瑞拉	40.1	44.1	10.4	委内瑞拉	0.27	0.89	3.26
也门	22.8	3.7	13.5	也门	0.80	0.10	4.37

资料来源：Patrick Guillaumont and Maëlan Le Goff, *Aid and remittances: their stabilizing impact compared*, 2010; T. K. Jayaraman and Chee-Keong Choong and Ronald Kumar, "Role of Remittances in Economic Development: An Empirical Study of World's Two Most Remittances Dependent Pacific Island Economies," *MPRA Paper No.33197*, 2011, http://mpra.ub.uni-muenchen.

注：REM表示"移民汇款"，EXP表示"出口收入"。

表2-3 ODA、REM、EXP的波动性比较（1980—2005年平均值）（二）

国　家	标准偏差（%）			国　家	加权标准偏差（%）		
	ODA	REM	EXP		ODA	REM	EXP
贝　宁	14.8	15.7	12.2	贝　宁	1.50	0.15	2.34
博茨瓦纳	17.4	13.8	8.7	博茨瓦纳	0.24	0.46	3.44
布基纳法索	12.1	14.7	14.5	布基纳法索	1.55	0.46	1.86
喀麦隆	22.7	49.3	9.2	喀麦隆	1.96	4.13	2.19
佛得角	14.1	9.9	9.5	佛得角	2.51	0.56	5.91
科摩罗	19.1	11.8	19.1	科摩罗	2.64	0.56	5.91
刚果共和国	41.5	41.9	13.6	刚果共和国	1.41	1.03	7.03
科特迪瓦	41.3	16.7	9.5	科特迪瓦	1.84	0.46	3.80
吉布提	29.7	7.0	6.0	吉布提	6.99	0.04	3.80
埃塞俄比亚	19.5	32.8	7.5	埃塞俄比亚	1.33	0.75	2.26
冈比亚	19.4	49.9	10.3	冈比亚	3.15	0.60	4.83
加　纳	22.4	32.9	20.4	加　纳	1.45	1.19	4.82
几内亚	22.1	72.4	7.1	几内亚	5.10	0.79	0.93
几内亚比绍	25.3	17.2	24.0	几内亚比绍	7.01	0.26	8.89
肯尼亚	16.7	18.7	6.8	肯尼亚	5.10	1.60	1.59
莱索托	14.1	11.5	16.0	莱索托	0.87	1.27	3.81
马达加斯加	26.5	19.5	10.8	马达加斯加	3.48	1.21	2.57
马拉维	17.4	3.3	11.1	马拉维	2.77	0.10	4.53
马　里	11.8	18.9	9.2	马　里	2.55	0.33	2.77
毛里塔尼亚	20.3	65.6	8.0	毛里塔尼亚	2.63	1.05	3.84
莫桑比克	22.4	12.1	8.4	莫桑比克	4.07	0.72	2.82
纳米比亚	19.0	9.9	6.1	纳米比亚	1.24	0.47	1.92
尼日利亚	32.1	117.6	24.5	尼日利亚	0.30	13.18	11.21
卢旺达	20.4	39.7	22.1	卢旺达	5.72	0.97	2.04
塞内加尔	20.5	13.0	9.7	塞内加尔	2.29	0.60	4.32

续表

国家	标准偏差（%）			国家	加权标准偏差（%）		
	ODA	REM	EXP		ODA	REM	EXP
塞舌尔	26.5	54.5	7.2	塞舌尔	2.10	0.96	3.69
苏丹	24.8	46.1	12.3	苏丹	1.46	0.78	4.25
斯威士兰	32.8	9.2	10.7	斯威士兰	1.66	0.22	5.84
坦桑尼亚	12.9	31.0	6.4	坦桑尼亚	1.40	0.19	1.67
多哥	25.0	23.3	15.5	多哥	4.19	0.27	5.21
乌干达	13.9	20.8	27.5	乌干达	1.12	1.64	3.84
津巴布韦	36.7	154.8	7.6	津巴布韦	1.85	3.10	2.51

资料来源：Patrick Guillaumont and Maëlan Le Goff, *Aid and remittances: their stabilizing impact compared*, 2010; T. K. Jayaraman and Chee-Keong Choong and Ronald Kumar, "Role of Remittances in Economic Development: An Empirical Study of World's Two Most Remittances Dependent Pacific Island Economies," *MPRA Paper No.33197*, 2011, http://mpra.ub.uni-muenchen.

注：REM表示"移民汇款"，EXP表示"出口收入"。

二、相对可靠性

（一）指移民汇款的相对可持续性

1. 从来源主体来看

移民汇款不同于外国援助，不会被当权者贪污剥削。也不同于外商投资，遇到危机时纷纷撤资逃离，国际移民则会在最困难的时候增加其对国内的汇款。相对于其他外资来源，移民汇款往往更为可靠。如前所述，移民汇款有两大来源主体：一是在国外短期务工的劳工；二是海外移民社区的永久居民，即长期居留者聚居社区的移民。就前者而言，汇款人数和收入来源的多寡决定了移民汇款的规模，其移民汇款倾向比较高也比较稳定。就后者而言，其移民汇款倾向会随时间越来越弱，相对而言其移民汇款也不太稳定。移民个人的汇款会随着时间的推移而逐渐减少，如5—10年以后明显减少。[①]

目前移民汇款行为主体是低收入和中等收入移民。他们来到东道国的主要目

[①] Carling J., "Gender dimensions of international migration," Global Commission on International Migration, Geneva, 2005.

的在于满足家庭特定的经济需要。而那些具有高技术、高薪、高收入的移民大多来自富裕家庭，较少负有汇款的义务，不需要汇款来养家糊口。此外，他们还往往携家人一起移民，或一段时间以后再以家庭团聚的理由将家人接到国外。因此，其汇款频次低于低收入和中等收入移民，数额也更少。此外，移民和母国之间的关系亲疏是影响其汇款意愿及汇款数额的一个关键因素。移民生活在东道国的时间越长，其汇款频次和数额越少。[1]这是因为随着时间流逝，移民与其母国的关系越来越疏远。

2. 从汇款的主要目的来看

无论是为了满足母国家人的基本生活需求，还是为了购房、投资，移民在自身面临经济困难时，都可能会减少或终止汇款行为。此外，在移民来源国陷入经济衰退时，原本用于积累财产的移民汇款也可能被家人转用于维持生计。[2]

3. 从回国意图来看

汇款流动减少可能是因为移民汇款数额减少，或者因为移民完全停止汇款。在移民不再汇款的情况下，要区分他们是留在东道国还是已经回到其母国。金融危机爆发后，在这两种不同的情况下，移民的汇款行为也不同。

4. 从母国和东道国之间的关系来看

有关移民汇款逆周期性的文献将东道国和母国各自经济衰退时的情况区分开来进行分析。实际上，各国经济已经通过移民流动联系在一起了。例如，研究经济衰退对移民汇款行为的影响，需要考虑东道国的经济危机也影响了母国的宏观经济（如美国与墨西哥）。

5. 从汇款渠道来看

由于正规的汇款渠道收费较高（如银行转账和国际汇款机构），依靠这些渠道的移民可能就会减少或停止汇款，或转换到相对比较便宜的非正规渠道完成汇款行为。此外，可能只有那些比较富裕、工作比较稳定，在危机期间不太可能中断汇款的移民，才会更多地使用正规汇款渠道。

（二）有关移民汇款可持续性的争议

1."怀疑论"

移民汇款将随时间而逐渐减少吗？在"怀疑论"观点看来，随着时间的推移，移民的跨国纽带关系会逐渐弱化，移民在东道国居住时间越久，与其母国的联系

---

[1] Merkle, Lucie, and Klaus Zimmermann, "Savings, Remittances, and Return Migration," *Economic Letters*, Vol.38, No.1, 1992, pp.77-81.
[2] World Bank, *Global Economic Prospects 2006: Economic Implications of Migration and Remittances*, 2006.

就越少。移民定居后融入了东道国，或者已经回母国定居，移民与其母国的联系会很快削弱，移民汇款将迅速减少。①再加上移民汇款很少被高效利用，人们常常误认为移民汇款对母国生计的改善只是临时的，从而形成对短期移民汇款的过度依赖。

2."肯定论"

Stark指出，移民的汇款意愿很大程度上依赖于家庭内部的契约安排和议价能力。因此，没有理由断定汇款将在一段时间之后会迅速减少。②Hein de Haas和Plug的研究则发现，大规模移民潮出现20年之后，摩洛哥的移民汇款才开始出现停滞或减少的趋势。③移民潮出现后15—20年，移民汇款往往会达到一个高峰。④由此看来，移民的汇款行为至少可以持续一代人。

综上所述，在许多发展中国家，相对于其他来源而言，移民汇款确实是更稳定、更可靠的重要外汇来源。只是，不同国家或地区，出于不同的动机，移民汇款的"可持续性"存在差异。

---

① Ghosh, Bimal, *Myth and Rhetoric and Realities: Migrants' Remittances and Development*, The Hague Process on Refugees and Migration, 2006.
② Stark O., *The Migration of Labor*, Cambridge & Oxford: Blackwell, 1991.
③ Hein De Haas H. and Plug R. "Cherishing the goose with the golden eggs: Trends in migrant remittances from Europe to Morocco 1970-2004", *International Migration Review*, Vol.40, No.3, 2006, pp.603-634.
④ Van Dalen HP, Groenewold G, Fokkema T., "The effect of remittances on emigration intentions in Egypt, Morocco, and Turkey", *Population Studies*, Vol.59, No.3, 2005, pp.375-392.

第三章　移民汇款对收款国经济发展的影响

第一节　宏观经济

一、移民汇款促进收款国经济增长

移民汇款是很多国家GDP的重要构成。印度和中国的移民汇款总量虽然居世界前两位，2010年分别达到550亿和510亿美元，但分别仅占两国GDP的5.5%和0.8%，比例相对较小。而一些发展中小型经济体移民汇款占GDP的比例却举足轻重，像塔吉克斯坦、吉尔吉斯斯坦、莱索托、尼泊尔等规模比较小的国家，移民汇款占GDP的比例甚至高达20%—50%，如2007年，塔吉克斯坦移民汇款占GDP的比例达到了50%。[1]许多发展中国家的移民汇款已经超过了外国援助、外商投资，乃至传统出口。中美洲的海外汇款收入很早就超过了咖啡、香蕉等传统的农业支柱产业。一些小型经济体，如黎巴嫩、塞尔维亚、海地、汤加、阿尔巴尼亚、牙买加等，移民汇款超过了本国所有商品出口总和。[2]移民汇款在GDP中所占比例排名前二十的都是发展中国家（地区），所占比例都在10%以上（见表3-1、表3-2、表3-3）。可见移民汇款对这些国家（地区）经济的重要性。

表3-1　1999—2001年世界排名前二十的收款国（地区）

（单位：%）

排名	1999 国家（地区）	RMT	2000 国家（地区）	RMT	2001 国家（地区）	RMT
1	约旦河西岸和加沙	32	莱索托	34	波斯尼亚和黑塞哥维那（即波黑）	41
2	汤加	32	波黑	29	莱索托	35
3	莱索托	31	约旦河西岸和加沙	25	约旦河西岸和加沙	27

---

[1] World Bank, *Migration and Remittances Factbook* 2011, 2012.
[2] World Bank, *Global Economic Prospects 2006: Economic Implications of Migration and Remittances*, 2006.

续表

排名	1999 国家（地区）	RMT	2000 国家（地区）	RMT	2001 国家（地区）	RMT
4	波黑	27	约旦	22	约旦	21
5	约旦	22	塞尔维亚	19	萨摩亚	20
6	瓦努阿图	20	萨摩亚	18	也门	16
7	萨摩亚	18	佛得角	16	佛得角	14
8	海地	18	阿尔巴尼亚	16	格鲁吉亚	13
9	阿尔巴尼亚	17	海地	16	阿尔巴尼亚	12
10	摩尔多瓦	16	摩尔多瓦	14	格林纳达	12
11	塞尔维亚	15	也门	14	萨尔瓦多	11
12	佛得角	15	萨尔瓦多	13	海地	10
13	萨尔瓦多	14	瓦努阿图	12	基里巴斯	10
14	也门	14	格林纳达	11	摩尔多瓦	10
15	黎巴嫩	13	基里巴斯	10	瓦努阿图	9
16	菲律宾	12	牙买加	10	牙买加	9
17	牙买加	12	菲律宾	9	菲律宾	9
18	格林纳达	11	黎巴嫩	9	圣基茨和尼维斯	9
19	基里巴斯	11	乔治亚	9	黎巴嫩	8
20	摩洛哥	9	圣基茨和尼维斯	8	尼加拉瓜	8

资料来源：World Bank, *World Development Indicators*, 2003, http://www.worldbank.org.

注：RMT代表汇款占GDP的比例。

表3-2　2002—2005年世界排名前二十的收款国（地区）

（单位：%）

排名	2002 国家（地区）	RMT	2003 国家（地区）	RMT	2004 国家（地区）	RMT	2005 国家（地区）	RMT
1	汤加	37	莱索托	30	莱索托	29	摩尔多瓦	31

续表

排名	2002 国家（地区）	RMT	2003 国家（地区）	RMT	2004 国家（地区）	RMT	2005 国家（地区）	RMT
2	约旦河西岸和加沙	37	汤加	29	汤加	29	萨摩亚	27
3	莱索托	30	海地	29	摩尔多瓦	27	汤加	27
4	波黑	23	摩尔多瓦	25	黎巴嫩	26	莱索托	25
5	约旦	22	黎巴嫩	24	海地	25	圭亚那	24
6	海地	21	约旦	22	萨摩亚	23	海地	24
7	摩尔多瓦	19	波黑	21	波黑	21	黎巴嫩	23
8	萨摩亚	18	约旦河西岸和加沙	18	约旦	20	塔吉克斯坦	20
9	阿尔巴尼亚	16	阿尔巴尼亚	16	圭亚那	19	约旦	20
10	塞尔维亚	14	冈比亚	15	约旦河西岸和加沙	18	波黑	19
11	佛得角	14	萨摩亚	15	塞尔维亚	17	洪都拉斯	19
12	萨尔瓦多	14	牙买加	15	萨尔瓦多	16	塞尔维亚	18
13	黎巴嫩	13	萨尔瓦多	14	牙买加	16	萨尔瓦多	18
14	也门	13	佛得角	14	阿尔巴尼亚	16	约旦河西岸和加沙	18
15	牙买加	13	塞尔维亚	14	格林纳达	15	牙买加	16
16	菲律宾	13	圭亚那	13	冈比亚	15	阿尔巴尼亚	15
17	尼泊尔	11	菲律宾	13	洪都拉斯	13	尼泊尔	15
18	格林纳达	11	尼泊尔	12	菲律宾	13	菲律宾	14
19	洪都拉斯	11	也门	12	利比里亚	13	佛得角	14
20	基里巴斯	9	多米尼加	11	佛得角	12	吉尔吉斯斯坦	13

资料来源：World Bank, *World Development Indicators*, 2006，http://www.worldbank.org.

注：RMT代表汇款占GDP的比例。

表 3-3　2006—2009年世界排名前二十的收款国（地区）

（单位：%）

排名	2006 国家（地区）	RMT	2007 国家（地区）	RMT	2008 国家（地区）	RMT	2009 国家（地区）	RMT
1	塔吉克斯坦	36	塔吉克斯坦	46	塔吉克斯坦	50	塔吉克斯坦	35
2	摩尔多瓦	35	摩尔多瓦	34	摩尔多瓦	31	汤加	28
3	汤加	27	汤加	33	莱索托	28	莱索托	26
4	莱索托	26	莱索托	29	汤加	27	萨摩亚	25
5	萨摩亚	24	圭亚那	26	圭亚那	24	尼泊尔	24
6	圭亚那	24	萨摩亚	24	黎巴嫩	24	摩尔多瓦	22
7	黎巴嫩	23	黎巴嫩	23	吉尔吉斯斯坦	24	黎巴嫩	22
8	海地	22	洪都拉斯	21	萨摩亚	23	吉尔吉斯斯坦	22
9	洪都拉斯	22	海地	20	尼泊尔	22	海地	21
10	萨尔瓦多	19	约旦	19	海地	21	洪都拉斯	18
11	约旦	18	吉尔吉斯斯坦	19	洪都拉斯	20	萨尔瓦多	17
12	波黑	18	萨尔瓦多	18	萨尔瓦多	17	牙买加	16
13	吉尔吉斯斯坦	17	波黑	18	约旦	17	约旦	14
14	牙买加	16	尼泊尔	17	牙买加	15	塞尔维亚	13
15	塞尔维亚	16	牙买加	17	波黑	15	尼加拉瓜	13
16	尼泊尔	16	塞尔维亚	14	尼加拉瓜	14	菲律宾	12
17	阿尔巴尼亚	15	阿尔巴尼亚	14	多哥	12	波黑	12
18	尼加拉瓜	13	尼加拉瓜	13	阿尔巴尼亚	12	孟加拉国	12
19	菲律宾	13	危地马拉	12	危地马拉	11	阿尔巴尼亚	11
20	利比里亚	13	多哥	11	塞尔维亚	11	冈比亚	11

资料来源：World Bank, *World Development Indicators*, 2010, http://www.worldbank.org.

注：RMT代表汇款占GDP的比例。

表3-4　2012年移民汇款占收款国GDP比例排名前十的国家（地区）

排名	1	2	3	4	5	6	7	8	9	10
国家	塔吉克斯坦	利比亚	吉尔吉斯斯坦	莱索托	摩尔多瓦	尼泊尔	萨摩亚	海地	黎巴嫩	科索沃
比例	47%	31%	29%	27%	23%	22%	21%	21%	18%	18%

资料来源：World Bank, *Migration and Development Brief*, 2013, http://www.worldbank.org.

上述排名（见表3-4）具有两个突出特点。

第一，移民汇款占收款国（地区）GDP比例较大的主要是一些发展中的小型经济体，尤其是欧洲和中亚地区的小型经济体，如塔吉克斯坦、吉尔吉斯斯坦、摩尔多瓦等。这些发展中国家被归类为低收入、中等偏下收入或中上收入国家。（见表3-5）。

表3-5　1989—2009年部分欧洲和中亚国家GDP

（单位：百万美元）

年度	阿尔巴尼亚	亚美尼亚	格鲁吉亚	摩尔多瓦	塔吉克斯坦	塞尔维亚	波黑	吉尔吉斯斯坦
1989	2,335	No data	No data	No data	No data	No data	No data	No data
1990	2,102	2,257	7,738	3,593	2,629	No data	No data	2,674
1991	1,139	2,069	6,337	3,095	2,536	No data	No data	2,571
1992	709	1,273	3,691	2,319	1,909	No data	No data	2,317
1993	1,228	1,201	2,701	2,372	1,647	No data	No data	2,028
1994	1,986	1,315	2,514	1,702	1,346	No data	1,256	1,681
1995	2,424	1,468	2,694	1,753	1,232	No data	1,867	1,661
1996	3,013	1,597	3,095	1,695	1,044	No data	2,786	1,828
1997	2,196	1,639	3,511	1,930	922	21,381	3,672	1,768
1998	2,728	1,894	3,614	1,639	1,320	16,204	4,117	1,646
1999	3,434	1,845	2,800	1,171	1,087	17,633	4,686	1,249
2000	3,687	3,057	1,912	1,288	861	6,083	5,506	1,370
2001	4,091	2,118	3,219	1,481	1,081	11,390	5,749	1,525
2002	4,449	2,376	3,396	1,662	1,221	15,108	6,651	1,606

续表

年度	阿尔巴尼亚	亚美尼亚	格鲁吉亚	摩尔多瓦	塔吉克斯坦	塞尔维亚	波 黑	吉尔吉斯斯坦
2003	5,652	2,807	3,991	1,981	1,554	19,676	8,370	1,919
2004	7,464	3,577	5,126	2,076	2,598	10,023	23,711	2,212
2005	8,376	4,900	6,411	2,988	2,311	25,234	10,764	2,460
2006	9,133	6,384	7,745	3,408	2,811	29,221	12,254	2,834
2007	10,834	9,206	10,173	4,402	3,712	39,385	15,227	3,803
2008	11,917	12,969	6,055	12,795	5,133	48,857	18,512	5,140
2009	12,015	10,744	8,714	4,978	5,405	42,984	17,042	4,578

资料来源：World Bank, *Migration and Development Brief 17*, World Development Indicators Database, World Bank Migration and Remittances Unit, 2011, http: //www.worldbank.org.

第二，1999—2009年主要收款国（地区）排名情况变化都不大，基本上还是原来那些国家（地区）。表3-6显示了1999—2009年排名前二十的收款国（地区）的变化情况。根据表3-6，整个时期有10个国家一直在排名前二十收款国（地区）之列。此外，34个国家（地区）中有18个在排名前二十收款国（地区）之列超过6年。这表明排名前二十的收款国（地区）不容易被其他国家所取代。这是因为这些收款国（地区）没有突然失去移民这一汇款的来源，也没有突然出现GDP的快速增长而使得汇款占GDP的比例降低。也就是说，如果没有出现异常情况，如2008年的经济危机，这些收款国（地区）依然会获得大量移民汇款，排名不会出现显著变化。

表3-6　1999—2009年汇款占GDP比例排名前二十的收款国（地区）

排 名	国家（地区）	次 数	年 度	排 名	国家（地区）	次 数	年 度
1	阿尔巴尼亚	11	1999—2009	18	圭亚那	6	2003—2008
2	波 黑	11	1999—2009	19	格林纳达	5	1999—2002, 2004
3	萨尔瓦多	11	1999—2009	20	吉尔吉斯斯坦	5	2005—2009
4	海 地	11	1999—2009	21	尼加拉瓜	5	1999, 2006—2009

续表

排名	国家（地区）	次数	年度	排名	国家（地区）	次数	年度
5	牙买加	11	1999—2009	22	塔吉克斯坦	5	2005—2009
6	约旦	11	1999—2009	23	也门	5	1999—2003
7	黎巴嫩	11	1999—2009	24	基里巴斯	4	1999—2002
8	莱索托	11	1999—2009	25	冈比亚	3	2003，2004，2009
9	摩尔多瓦	11	1999—2009	26	瓦努阿图	3	1999—2001
10	萨摩亚	11	1999—2009	27	格鲁吉亚	2	1999，2000
11	塞尔维亚	10	1999—2009	28	危地马拉	2	2007，2008
12	汤加	9	1999—2009	29	利比里亚	2	2004，2006
13	菲律宾	9	1999—2006，2009	30	圣基茨和尼维斯	2	1999，2000
14	佛得角	7	1999—2005	31	多哥	2	2007，2008
15	洪都拉斯	7	2002—2009	32	孟加拉国	1	2009
16	尼泊尔	8	2002，2003，2005—2009	33	多米尼加	1	2003
17	约旦河西岸和加沙	7	1999—2005	34	摩洛哥	1	2001

资料来源：World Bank, *Migration and Development Brief 17*, World Development Indicators Database, World Bank Migration and Remittances Unit, 2011, http://www.worldbank.org.

二、移民汇款是中低收入国家最大的外汇来源

移民汇款是国际移民的重要结果之一，是国际人口流动与国家经济发展之间的关键纽带。近几十年来，移民汇款已成为许多发展中国家重要的外汇来源之一（见表3-7）。1970年全球移民汇款仅为19.29亿美元，至2019年已达到了7,194.10亿美元，增加了约372倍。2019年，全球向本国汇款的国际移民超过7亿人，全球移民汇款首次超过FDI总额，成为中低收入国家的最大外汇来源。[1]

---
[1] World Bank, World Development Indicators, 2020-05-16, https://data.worldbank.org.

表3-7　1995年和2005—2011年发展中国家的移民汇款和其他外资来源的比较

（单位：10亿美元）

外资来源	1995	2005	2006	2007	2008	2009	2010	2011
移民汇款	54	198	232	286	331	316	341	381
FDI	95	307	398	559	637	428	583	644
私募债和证券投资	59	193	277	429	186	180	284	201
ODA	57	108	107	108	127	126	130	—

资料来源：World Bank, World Development Indicators database, World Bank Migration and Remittances Unit, 2012.

早在2003年，世界银行的研究报告《全球发展融资》就指出，对于发展中国家来说，移民汇款总量虽然小于FDI，但是大于ODA，是第二大外汇来源。[1]移民汇款在一些国家的重要性超过了私人资本和ODA。就2004年的数据来看，移民汇款相当于发展中国家进口额的6.7%和国内投资总额的7.5%，当年有36个发展中国家移民汇款超过官方和私人资本流入总和，12个国家移民汇款超过商品出口总额，28个国家移民汇款超过了最主要商品的出口收入。[2]从2008年部分国家移民汇款与FDI或ODA的对比可以清楚地发现这一点：多米尼加移民汇款为35.56亿美元，FDI为29亿美元，ODA为2亿美元；海地移民汇款为13.7亿美元，ODA为9亿美元；洪都拉斯移民汇款为28.69亿美元，FDI为9亿美元，ODA为6亿美元；印度移民汇款为499.41亿美元，FDI为412亿美元，ODA 21亿美元，等等。（见表3-8）

表3-8　2008年部分发展中国家移民汇款与其他外部资本来源比较

（单位：亿美元）

国　　家	REM	FDI	ODA
多米尼加	35.56	29	2
海　　地	13.7	/	9
洪都拉斯	28.69	9	6
印　　度	499.41	412	21

资料来源：World Bank, Migration and Development Brief 17, World Development Indicators Database, World Bank Migration and Remittances Unit, 2011, http://www.worldbank.org.

注：REM表示移民汇款。

---

[1]Ratha D. "Workers' Remittances: An Important and Stable Source of External Development Finance.", *Global Development Finance*, World Bank, 2003, pp.157-175.

[2]World Bank, *Migration and Development Brief 17*, 2011, http://www.worldbank.org.

第三章　移民汇款对收款国经济发展的影响

　　与商品、服务进出口相比较,移民汇款对国际收支的重要作用也是显而易见的,即使在几个最大的新兴市场也很明显。如印度,2013年的汇款相当于其出口额的15%、进口的12%。与其他外汇收入来源相比较,汇款的作用也同样惊人。2013年,印度的汇款收入超过了IT服务业的外汇盈利,埃及的汇款收入也超过了苏伊士运河的外汇收入。同一年,孟加拉国的汇款收入相当于其服装出口的84%,尼日利亚的汇款收入也相当于其石油出口总收入的22%左右。[1]然而,不同国家汇款收入的重要性各不相同。如前所述,就总量而言,移民汇款的主要收款国是印度、中国、墨西哥、菲律宾等,但一些经济规模较小的国家的移民汇款占GDP的比例要高得多。2013年汇款占GDP比例较高的国家包括塔吉克斯坦52%,吉尔吉斯斯坦31%,尼泊尔和摩尔多瓦,同为25%。[2]经济规模较小的发展中国家汇款收入往往占GDP的比例也较高。

　　移民汇款的主要受益者是中低收入国家。这些国家的收款占全球移民汇款近一半。一些典型的移民国家,如墨西哥、摩洛哥、菲律宾,移民汇款占GDP的比例相对较高,而一些小型经济体,特别是LAC、太平洋或大西洋的岛屿国家(如位于北大西洋的佛得角),这个比例甚至更高。[3]尽管从绝对数量上看,中等收入国家获得了大部分汇款,但小型经济体(甚至非常贫困的小型经济体)移民汇款占GDP的比例却更显著,如海地、莱索托、摩尔多瓦、汤加等国。这些国家汇款占GDP的比例往往超过了10%。在其他贫困国家,如索马里,虽然官方没有汇款数据,但其占GDP的比例很可能也非常高。

　　佛得角1994年的汇款收入超过了本国出口创汇,比例达到16∶1。同一年埃及、萨尔瓦多、约旦的移民汇款收入为产品出口创汇的75%以上;而孟加拉国的汇款收入也达到产品出口创汇的25%以上。孟加拉国移民汇款收入占到收款家庭收入的一半以上,塞内加尔的这一数字高达90%。[4]国际劳工组织派往尼泊尔的调查小组发现,移民汇款对尼泊尔外汇储备的贡献率很可能要大于出口、旅游、外

---

[1] Junaid Ahmed & Inmaculada Martínez-Zarzoso, *Blessing or Curse: The Stabilizing Role of Remittances, Foreign Aid and FDI to Pakistan*, Center for European, Governance and Economic Development Research, University of Göttingen, 2013.

[2] Junaid Ahmed & Inmaculada Martínez-Zarzoso, *Blessing or Curse: The Stabilizing Role of Remittances, Foreign Aid and FDI to Pakistan*, Center for European, Governance and Economic Development Research, University of Göttingen, 2013.

[3] Kapur, D., "Remittances: The New Development Mantra?", *G-24 Discussion Paper No.29*, United Nations Conference on Trade and Development, Geneva, 2004.

[4] Catalina Amuedo-Dorantes, Susan Pozo and Carlos Vargas-Silva, "Remittances and the Macroeconomy: The Case of Small Island," *Developing States Research Paper, No.22*, 2007, http://www.wider.unu.edu.

援和其他来源的总和。在宏观经济指标不利的背景下，该国经济的复苏应当归功于大量移民汇款的流入，估计每年达10亿卢比以上。①即使在印度这样的大国，移民汇款也构成了其国家经济和金融的重要组成部分，对其经济发展产生了重要影响。

三、危机救助

从上一节看，每当移民来源国遭受金融危机、自然灾害，以及国内政局动荡，移民汇款都会增加。因此，移民汇款起到了一种支援和救助的作用。在国家遭遇强大的外部冲击时，移民汇款对国家经济安全发挥了重要的稳定作用，某种程度上移民汇款可以被视为国家宏观经济安全的"自保险"机制。②这种机制在以下几个特殊时期表现得尤为明显。

（一）金融危机时期

金融危机时期，发展中国家向发达国家的移民可能会减少，移民的收入可能会减少，故单笔汇款金额会减少，发展中国家的移民汇款也会相应减少。然而，如前所述，移民汇款一般比其他私人资本波动更小，为收款国稳定国际收支平衡、稳定宏观经济提供了稳定的收入来源。因此，在困难的经济环境中，移民汇款为移民母国提供了不会随国家经济情况而改变的额外收入，可以起到预防和抵御金融危机的战略作用。

20世纪末至21世纪初，厄瓜多尔经历了严重的金融危机。同一时期，其移民汇款却由1997年的6.43亿美元激增至2001年的14亿美元，增加了1倍多，成为仅次于石油出口的第二大外汇来源。③1997年遭受金融危机后，阿尔巴尼亚的经济几乎全部依靠移民汇款才得以复苏。移民汇款曾多次将菲律宾经济从崩溃的边缘"拯救"出来，海外移民也因此被誉为国家的"新英雄"。④在2008年爆发的金融危机中，移民汇款依然表现出了一贯的逆周期性：2009年全球FDI减少了40%，私人债务和证券投资减少了46%，但移民汇款仅减少了5.5%，且于2010年又迅速恢复了增长。⑤非洲移民大多数都是非洲各国间的国际移民。相比那些主要移民目的

---

①Catalina Amuedo-Dorantes, Susan Pozo and Carlos Vargas-Silva, "Remittances and the Macroeconomy: The Case of Small Island," *Developing States Research Paper*, No.22, 2007, http://www.wider.unu.edu.

②World Bank, *Global Economic Prospects 2006: Economic Implications of Migration and Remittances*, 2006.

③Manuel Orozco, "Globalization and Migration: The Impact of Family Remittances in Latin America," *Latin American Politics and Society*, Vol.44, No.2, 2002, pp.11-13.

④"菲律宾劳务输出"PPT文件，百度文库，https://wenku.baidu.com.

⑤World Bank, *Migration and Development Brief 17*, 2011, http://www.worldbank.org.

地在美国或欧洲的国际移民，目的地在非洲大陆国家的移民受到危机影响的概率更小。[1]撒哈拉以南非洲地区移民集中于非洲地区内部，全球性、多元化的国际移民相对较少，移民汇款受全球金融危机的影响相对较小，受自然灾害和武装冲突的影响相对更大一些。[2]

在20世纪50、60年代，移民汇款成为希腊、葡萄牙、西班牙、南斯拉夫（现已解体）等国发展的关键资源。1995—2004年，虽然流入亚洲的FDI几乎没有变化，但是移民汇款却增长了3倍。1997年阿尔巴尼亚遭受金融危机后，几乎全靠移民汇款帮助其经济在1998年得以复苏。[3]这些都说明在移民母国遭受特殊困难时，移民汇款具有及时救助的作用。

（二）自然灾害时期

灾后重建在初始阶段可以通过国际援助及私人慈善获得资金支持，但这类援助不能持久。来自国际移民的汇款在灾后恢复和重建中可以发挥更有效的作用。21世纪以来，巴基斯坦、孟加拉国、多米尼加、洪都拉斯在遭受自然灾害后都曾经出现移民汇款激增的现象。如2004年印度洋海啸发生后，东南亚的海外侨民纷纷汇款回国，对灾后重建起到了关键作用。每次飓风过后流入中美洲国家的移民汇款，当年就能够弥补因灾损失的13%，4年内能弥补28%；而4年内ODA和FDI分别只能弥补26%和21%。[4]而在海地遭遇特大地震后，移民汇款几乎成为了国内民众重要的生命线。[5]博茨瓦纳的汇款收入随移民家乡的旱灾程度而增加。[6]

1846—1848年的大饥荒之后，因为有在美国做家庭佣人的妇女汇回的移民汇款，爱尔兰的农村居民才得以生存下来。2008年官方记录海地的汇款收入为14亿美元，但实际上可能为20亿美元左右。海地侨民对海地的灾后恢复和重建发挥了关键作用。2009年，海外移民汇出了16.4亿美元到海地，构成该国GDP的26%。美国和加拿大约300个海地人同乡会还平均向各自家乡社区的社会项目捐赠了1万美元。地震后，美国授予了海地人为期18个月的临时保护身份，让人数超过20万

---

[1] Barajas A., Chami R., "Do workers Remittances Promote Econimic Growth?", *IMF Working Paper No.153*, 2009.
[2] Wim Naudé and Henri Bezuidenhout, "Remittances Provide Resilience against Disasters in Africa," *UNU-MERIT Working Papers*, 2012.
[3] Kevin Mellyn, *Worker Remittances as a Development Tool:Opportunities for the Philippines*, Asian Development Bank, 2003, pp.1-18.
[4] Robert Stojanov and Wadim Strielkowski, "The Role of Remittances as More Efficient Tool of Development Aid in Developing Countries," *Prague Economic Papers*, Vol.22, No.4, 2013, pp.487-503.
[5] Agunias, Dovelyn Rannveig, *Remittances and Development: Trends, Impacts and Policy Options*, Migration Policy Institute, 2006.
[6] World Bank, *Global Economic Prospects 2006: Economic Implications of Migration and Remittances*, 2006.

的无证的海地移民能够在美国获得合法工作，使得更多的移民汇款通过正规渠道进入海地。[①]

移民汇款使移民母国家人的收入来源多样化，增强抵御干旱、饥荒和其他自然灾害的能力。例如在面临自然灾害和金融危机的困难时期，厄瓜多尔移民汇款保证了母国家庭的子女的学费支出。2001年地震后，源源不断的移民汇款帮助了萨尔瓦多移民的家人维持稳定的消费水平，弥补了家庭遭受的财产损失。[②]2004年发生珍妮飓风和2010年发生大地震以后，海外移民从美国寄回的巨额移民汇款在海地抗灾和灾后重建中起到了重要作用。2004年印度尼西亚亚齐地区经历大海啸灾难以后，该地的移民汇款家庭比其他家庭恢复得更迅速。[③]

（三）国内冲突或动乱时期

在武装冲突旷日持久的国家，许多人流落海外。冲突爆发导致难民数量增加，随后汇款可能会呈现上升趋势。许多汇款占GDP的比例很高的国家，实际上就是正在发生或者已经发生武装冲突的国家（如海地）。与自然灾害一样，武装冲突也可能对家庭福利产生不利影响，破坏或减少其收入来源和资产。

一般情况下，移民来源国发生冲突之后，移民汇款会增加。例如，由于连年战乱，巴勒斯坦地区经济一片萧条，但很多在国外打工的巴勒斯坦人将外汇源源不断地寄回家，因此就不难理解在战云笼罩的加沙、拉姆安拉，仍建有大片巴勒斯坦人的豪宅。内战期间移民汇款源源不断流入科特迪瓦；国内爆发武装冲突后塞拉利昂的移民汇款也增加了；移民汇款为黎巴嫩内战中遭受伤害的人们提供了必要的支援。[④]

图3-1是移民汇款占个人消费的比例在金融危机（阿尔巴尼亚，2004年）、自然灾害（海地、洪都拉斯、孟加拉国，2005年）、国内冲突（阿尔巴尼亚，2004年）前后各两年时间内的变化。由此可以明显看出在发生金融危机、自然灾害或国内冲突之后移民汇款的变化趋势。

[①] Mina Mashayekhi, *Impact of Remittances on Poverty in Developing Countries*, in United Nations Conference on Trade and Development, 2011, p.10.

[②] Halliday, Timothy, "Migration, Risk and Liquidity Constraints in El Salvador", *Economic Development and Cultural Change*, Vol.54, No.4, 2006, pp.893-925.

[③] World Bank, *Global Economic Prospects 2006: Economic Implications of Migration and Remittances*, 2006.

[④] Agunias, Dovelyn Rannveig, *Remittances and Development: Trends, Impacts and Policy Options*, Migration Policy Institute, 2006.

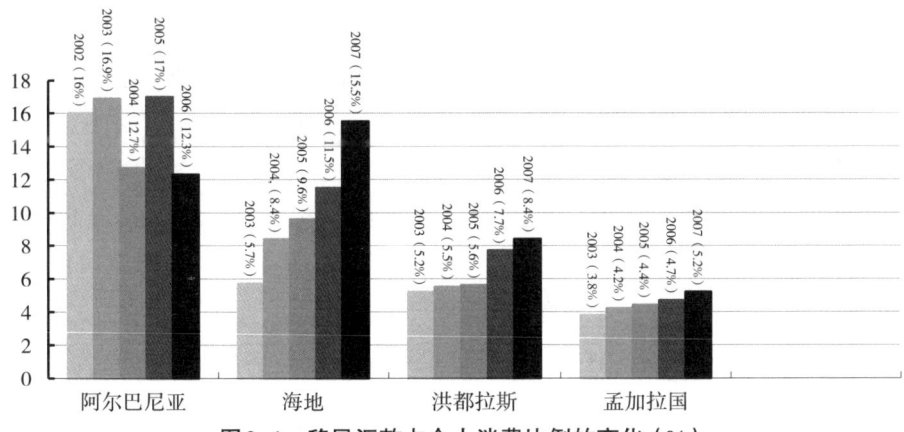

图3-1 移民汇款占个人消费比例的变化（%）

资料来源：World Bank, *Global Economic Prospects 2006: Economic Implications of Remittances and Migration*, 2006.

然而，并不是所有国家的移民汇款在该国发生自然灾害后就一定会增加。

有研究显示，一些国家在自然灾害发生后并没有出现移民汇款迅速增加的现象。如孟加拉国（1998年）、中国（1999年）、萨尔瓦多（1986年）、圭亚那（2004年）、洪都拉斯（1998年）、印度（1992年）和牙买加（1989、2004年）等。[1]上述现象是由于自然灾害（如地震、飓风、洪水、山体滑坡等）的突发性特点导致当地政府统计上的滞后造成的。

非洲特别容易受到自然灾害的危害。近几十年来，其移民汇款一直是帮助众多移民家庭面对灾难时走出困境的重要资源。在SSA地区，干旱是最主要的自然灾害，而移民海外则是当地民众躲避或减轻干旱影响的生存策略。SSA地区发生干旱时，移民出境人数会突然增加，但短期内移民汇款不会显著增加。[2]

有时国内冲突或自然灾害可能会减少汇款流入。导致这种情况发生的原因如下：国内冲突或自然灾害损害银行和其他用于汇款的基础设施；银行被毁坏或者受到武装管制；爆发冲突国家的政府与海外侨民在政治上对立，等等。

上述情况表明，将国外资金汇往爆发冲突或遭受灾难的国家并不容易。因此，在发生冲突或遭受灾难的情况下，通过正规渠道的移民汇款很可能会下降减少，至少不会显著增长，而与此同时非正规汇款则很可能会增加。

---

[1] Mohapatra, Sanket, George Joseph, Dilip Ratha, "Remittances and Natural Disasters: Ex-post Response and Contribution to Ex-ante Preparedness", *World Bank Policy Research Working Paper No. 4972*, 2009.
[2] World Bank, *Global Economic Prospects 2006: Economic Implications of Migration and Remittances*, 2006.

四、提升收款国国家信用

移民汇款还能够提升收款国的国家信用，从而影响该国在国际资本市场融资的能力，即收款国可以借助汇款来扩大获得资金的渠道及降低借贷成本。

移民汇款可以作为提升国家信用评级的一项重要条件。可观的移民汇款可以使贷款机构，如世界银行或国际货币基金组织（International Monetary Fund，简称IMF），以及私人银行，等等，对收款国的偿还能力增加信心，愿意以较低利率给予更多贷款。其一，移民汇款能增强国家的还债能力，提升国家信用；其二，如果将移民汇款因素计入其中，债务与产品和服务出口的比例（负债指数）就会下降，国家信用等级就会随之显著提升，如海地、黎巴嫩、乌干达的国际信用度分别提升了两个级别，同时导致主权利差分别减少334、130、161个基点（见表3-9）；其三，远期流量应收款的证券化结构使证券的评级要高于国家信贷评级。在萨尔瓦多，以移民汇款为基础发行的证券被评定为投资级，比主权评定的次投资级要高2—4个级别。而巴西的此类证券在评级中的利差要比巴西国家主权利差减少了700多个基点。世界银行和IMF联合组织的低收入国家债务可持续性框架，明确表示要更多地考虑移民汇款在评估国家偿还外部债务能力和对私人债权人的非让步性借款能力。Ratha和Mohapatra的影子评级模型将移民汇款用于信用分析，结果表明移民收款国的国际信用将因移民汇款而提高1—3个级别。[①]

表3-9 部分国家移民汇款对国际信用评级的影响

国　家	移民汇款占GDP比例	不计入移民汇款评级	计入移民汇款评级	减少利差基点
海　地	28%	CCC	B-	334个
黎巴嫩	14%	B-	B+	130个
乌干达	5%	B-	B	161个

资料来源：World Bank, *Global Economic Prospects 2006*：*Economic Implications of Remittances and Migration*, 2006, p.102.

远期移民汇款应收款项还可以用于抵押，以提升收款国次主权借款人（如私人企业、银行等）的信用评级。以移民汇款为基础的证券化交易始于1994年的墨西哥。此后许多国家都纷纷效仿，对未来外汇收入实行证券化处理。通过移民汇

[①] Ratha, Dilip, Prabal De and Sanket Mohapatra, "Shadow Sovereign Ratings for Unrated Developing Countries," *World Bank Policy Research Working Paper No. 4269*, 2007.

款证券化途径，1994—2000年，墨西哥、萨尔瓦多、土耳其在国际市场上的融资额达23亿美元之多。2001年，巴西银行以海外移民的日元汇款作为抵押品发行了3亿美元的债券。此后，此类交易涉及的国家数量逐渐增加，规模迅速扩大。其中2001—2004年，仅巴西、土耳其、萨尔瓦多、哈萨克斯坦、墨西哥、秘鲁6国就通过多元化支付证券化途径融资104亿美元。[1]有专家对远期移民汇款的证券化潜力进行了初步估算，估计收款国至少每年可以在国际资本市场上融资90亿美元。[2]在主权风险恶化之时，这种类型的证券化策略是发展中国家进入国际市场的有效通道。例如，2010年4月以来，希腊便无法通过国际市场获取新的资金。2010年5月，在欧盟和IMF的共同帮助下，希腊政府避免陷入破产境地。2011年，希腊财政部发行了3—10年期约30亿美元的债券，发行利率低于5%，发行目标群体为侨居美国、加拿大、澳大利亚的希腊人。[3]

需要指出的是，要充分发挥移民汇款对提升国家信用、增强经济安全的作用，首先要保证移民汇款经由正规渠道转移。目前情况还不太乐观，在非洲、LAC、南亚等地区，通过非正规渠道的移民汇款还大量存在。例如，流入孟加拉国的移民汇款只有不到一半通过正规渠道，而乌干达更严重，多达80%的移民汇款通过非正规渠道流入。（见表3-10）经由正规渠道的移民汇款才可以提升国家信用评级，从而降低从国际信贷市场融资的成本。如果能有一半的移民汇款通过正规银行渠道转移，收款国每年就可以通过移民汇款证券化途径以5:1的"超额担保比例"（指发行的担保债券面值是担保抵押品价值的5倍）获得70亿美元资金。[4]

表3-10 部分国家移民汇款渠道对比

（单位：%）

国　家	正规渠道（官方）	非正规渠道（非官方）
多米尼加	96	4
萨尔瓦多	85	15
孟加拉国	46	54
乌干达	20	80

资料来源：Caroline Freund and Nikola Spatafora, *Remittances: Costs, Determinants, and Informality,* World Bank, 2005.

---

[1] World Bank, *Global Economic Prospects 2006: Economic Implications of Migration and Remittances*, 2006.
[2] World Bank, *Global Economic Prospects 2006: Economic Implications of Migration and Remittances*, 2006.
[3]《希腊计划向在美侨民发行约30亿美元债券》，黄金网，http://www.cnfol.com，发布时间：2011年3月9日。
[4] World Bank, *Global Economic Prospects 2006: Economic Implications of Migration and Remittances*, 2006.

第二节 减贫

一、移民汇款与收款国减贫

从理论上看，移民汇款一般都会有助于减少贫困，因为移民汇款直接由移民汇到家人或朋友手中，减贫效果十分直接、明显。移民汇款的具体使用途径多种多样，通常是通过满足基本生活需要和改善住房达到减贫目的，移民汇款通过提高移民家庭收入和消费水平从而直接减少贫困，具有直接减贫的作用。Ghosh指出，"住房、食物开支的增加，生活水平的不断提高，以及健康和卫生知识水平的改善，往往会导致生产力水平的提高和人力资本的发展"，汇款通过增加家庭预算从而达到减贫效果。[①]Richard Adams & John Page对74个中低收入发展中国家的研究发现，汇款对减贫的影响更显著。其结论认为：平均而言，移民汇款占国家GDP的比例每增长10%，可能会导致贫困人口减少1.6%。[②]

二、减贫作用存在差异

（一）地区差异

移民汇款对减贫的影响表现出强烈的地区差异性。在拉丁美洲，移民汇款减贫效果并不明显，而在非洲其减贫效果却要显著得多。1990—2005年，非洲的移民汇款占GDP的比例每上升10%，贫困人口比例就会减少2.9%。移民汇款对减贫的影响在南亚也非常显著。据2006年世界银行《全球经济前景报告》统计，移民汇款使孟加拉国的贫困减少6%，尼泊尔移民汇款使其贫困减少11%。[③]

（二）初始贫困状况的差异

如果收款国贫困率本身较高，那么移民汇款的减贫效果就比较显著；随着贫困率的降低，移民汇款的减贫效果就愈加不明显。例如，菲律宾的城市贫困和农村贫困存在很大差别，汇款减贫效果就不一样。1985—2000年，城市贫困率由

[①] Ghosh, Bimal, *Myth and Rhetoric and Realities*: Migrants' Remittances and Development, The Hague Process on Refugees and Migration, 2006.
[②] Adams R.H.Jr.and Page J. "Do International Migration and Remittances Reduce Poverty in Developing Countries?", *World Development*, Vol.33, No.10, 2005, pp.1645-1669.
[③] World Bank, *Global Economic Prospects 2006: Economic Implications of Migration and Remittances*, 2006.

33%减少到了20%，而同时农村贫困率由51%减少到了47%。①人口的高增长致使贫困人口绝对数量并没有减少。这一时期城市地区贫困人口绝对数量的增加少于农村。因为农村地区农业收入所占比例大，所以1991—2000年的数据显示多数地区的绝对贫困都减少了。同样是在菲律宾，移民汇款虽然有助于绝对贫困减少，但是促进了相对贫困增加。

（三）流向不同则其影响不同

移民汇款流入不同收入水平的家庭或地区，对贫困的影响大相径庭。如果移民汇款主要流向中高收入家庭，则该地区穷者愈穷、富者愈富，出现"马太效应"，不利于减贫。移民前的收入和教育水平也同样重要。由于移民出国往往需要一大笔钱，还要有一定的社会关系和学历，许多贫困家庭往往望而却步。一般来说，能够顺利出国且有能力汇钱回国的人通常要具备一定技能。相比较而言，由于经济能力和受教育程度较差，贫困家庭在语言沟通能力、国外生存能力等方面都更弱一些。

（四）移民阶段不同则其影响也不同

在移民初期，往往富裕家庭才有能力出国，因而移民汇款往往会扩大该地区的贫富差距，不利于减贫。②但从长期看，随着移民活动逐渐成熟，移民网络能够提供移民信息和帮助，促使更多的贫困人群移民海外，来自他们的移民汇款逐渐增加，从而促使该地区减少贫困，缩小收入差距。此外，移民汇款对贫困的影响取决于收款家庭初始收入的不平等程度。不同的贫困概念和贫困标准对这类评价影响也很大。

影响移民汇款减贫的因素还有很多，如移民来源国的政策引导、宏观环境等，限于篇幅，此处不一一展开讨论。

三、减贫作用有限

（一）学界有一种高估移民汇款减贫效应的倾向

移民汇款这种"私人外援"直接流向了真正需要的人的手里，在移民来源国也不需要经过官方机构，几乎不可能落入腐败官员的口袋。③除了汇款外，发展中

---

① John Page and Jr. Richard H. Adams, "International Migration, Remittances and Poverty in Developing Countries," *World Bank Policy Research Working Paper No. 3179*, 2003.
② J.Edward Taylor, "International Migration and Economic Development," International Symposium on International Migration and Development, Population Division, Department of Economic and Social Affairs, United Nations Secretariat, 2006.
③ Kapur, D., "Remittances: The New Development Mantra?", *G-24 Discussion Paper No.29*, United Nations Conference on Trade and Development, Geneva, 2004.

国家可能再也没有其他"自下而上"重新分配和改善福利的途径，移民汇款是贫困的收款地区的安全网。①这个逻辑虽然有一定道理，但是明显存在对移民汇款减贫效应的盲目乐观。事实上，2001年国际移民约占世界人口的3%，移民汇款只占所有发展中国家GDP的1.3%。②上述数字足以将"移民汇款独自就可以催生（收款国）经济腾飞"的论点放在更现实的角度来予以论证。

从理论上分析，移民汇款通过改善收入水平影响贫困的作用只是暂时性的，不可盲目夸大。短期而言，移民款可能有助于发展中国家减贫、缩小收入差距，但将移民汇款作为扶贫的长期资金来源是不恰当的。一般而言，移民汇款对减贫只是起到了"输血"的作用，未从根本上解决贫困问题，导致贫困容易反弹。在其他条件不变的情况下，一旦移民汇款减少，人们会迅速返贫。

（二）移民汇款不必然有助于扶贫

与移民相关的成本和风险相对较高，一般而言，不是最贫困的人才选择出国移民，因而很多国家的国际移民多数都不是来自贫困家庭，大多数汇款也没有流向最穷的群体。但需要注意的是，在移民家乡，移民汇款的支出对工资、物价、就业产生一定影响，也会对非移民的贫困家庭产生间接影响（正面或负面影响）。因此，移民汇款与移民来源国减贫之间存在间接影响，这是移民汇款对非移民贫困家庭产生的溢出效应。③这种有限的影响是由于移民汇款大量集中在非贫困家庭的缘故。

（三）移民汇款不是减贫的根本途径

移民汇款是私人性质的。尽管移民汇款可能对收款国的减贫做出了显著贡献，但是让其替代国家经济社会发展战略和减贫战略从而作为减贫的主要途径显然不妥。因为移民汇款是通过直接增加收入，而不是通过制度、机制改革达到减贫效果的，并没有消除导致贫困的根本原因，其减贫作用相对比较脆弱。如果移民汇款能更多地通过其他间接方式，变"输血"为"造血"，促进当地经济结构的转变，其缩小收入差距、减少贫困的效果就更显著、更持久。因此，要从根本上解决贫困问题，各国需要在结构改革、金融改革等方面更加努力，充分发挥移民汇款的间接减贫作用。

---

①Jones R.C., "Remittances and Inequality: A Question of Migration Stage and Geographical Scale", *Economic Geography*, Vol.74, No.1, 1998, pp.8-25.

②Ratha D. "Workers' Remittances: An Important and Stable Source of External Development Finance.", *Global Development Finance*, World Bank, 2003, pp.157-175.

③Acosta, Pablo A., Cesar Calderon, Humberto Lopez, and Pablo Fajnzylber, "What Is the Impact of International Remittances on Poverty and Inequality in Latin America?", *World Development*, Vol.36, No.1, 2008, pp.89-114.

从上面的分析可以看出:

第一,移民汇款的减贫作用受到诸多因素的影响。目前的研究较少注意到这一点。这些因素的差异性对减贫产生了重要影响。因此,更应关注移民汇款对贫困影响的比较分析,关注其区域异质性。由于不同国家、地区、历史时期,以及具体的贫困情况各不相同,其汇款的减贫效应也会存在差异。

第二,相关研究主要关注移民汇款的直接减贫作用。事实上,移民汇款还通过其他间接途径达到减贫效果,如通过促进经济增长、增加生产性投资、增加就业机会、增加人力资源投资等。目前,有些国家太过于依赖移民汇款,通过增加收款人的收入直接影响贫困,而没有充分意识到移民汇款可以通过间接渠道减缓收款国的贫困。

四、实证检验

(一) 前言

发展中国家的经济发展普遍都面临储蓄、外汇和投资短缺问题。巨额汇款资金流入对发展中国家的经济社会发展带来了显著影响。在某种程度上,移民汇款对资金短缺产生一定程度的弥补效应。由于移民汇款通常以满足母国家庭基本生活需要和改善住房为主要目标,直接流入收款国移民家庭,通过增加收入、改善生活水平从而实现减缓贫困的目标,具有直接减贫效应。同时,移民汇款往往用于消费或健康、教育等领域支出,有助于母国人力资本的改善,从而达到间接减贫效应。

目前国内对移民汇款减贫问题的关注不够,国际学术界对移民汇款是否具有减贫效应也未达成一致意见。一部分文献认为移民汇款显著降低了发展中国家的贫困水平。如 Adams 和 Page 对发展中国家移民汇款的研究发现:移民汇款与贫困之间显著负相关,移民汇款占 GDP 的比例每增长 10%,导致贫困减少 1.6%。[1] Anyanwu 和 Erhijakpor 利用 1990—2005 年 33 个国家的面板数据,检验了移民汇款对非洲国家减贫的影响,指出移民汇款显著减少了贫困。[2] Petreski 等从消费和制度环境的视角探讨移民汇款对减贫的影响。其研究发现,在良好的制度环境下,移民汇款对消费,特别是在健康和教育方面的投入,间接影响了贫

---

[1] Adams R.H.Jr.and Page J. "Do International Migration and Remittances Reduce Poverty in Developing Countries?", *World Development*, Vol.33, No.10, 2005, pp.1645-1669.

[2] Anyanwu, John C., and Andrew E. O. Erhijakpor, "Do International Remittances Affect Poverty in Africa?", *African Development Review*, Vol.22, No.1, 2010, pp. 51-91.

困。[1]Hassan在对亚洲、非洲、拉丁美洲国家进行研究的基础上明确指出，这些地区的移民汇款具有很强的减贫效应，政府应该将移民汇款视为重要的减贫手段。[2]

另一部分文献则认为移民汇款无助于减贫，甚至会产生负面影响。Chami等在分析了1970—1998年113个国家的移民汇款后指出：汇款与GDP增长负相关，移民汇款不利于减贫。[3]De Haas的调查也发现，由于投资环境不完善、移民汇款的波动性，以及移民政策等因素的限制，移民汇款并不一定有助于改善收款国居民的生活水平条件。[4]Azam和Gubert在家庭层面调查了非洲移民及其汇款的微观经济效应，认为移民汇款对减贫产生负面效应。[5]Ratha的研究着眼于移民汇款与贫困水平的相互作用，指出移民汇款能够减少贫困，但贫困程度越高则移民汇款收入越少，因而移民汇款对贫困影响也就越小。如贫困程度最高的SSA地区国际移民数量少，移民汇款规模小，对贫困的影响不显著。[6]Giuliano和Ruiz-Arranz通过考察移民汇款的用途，发现移民汇款主要用于移民家庭消费和子女教育，导致移民家庭与非移民家庭之间生活水平存在差距，收入不平等加剧，对减贫产生不利影响。[7]

综合分析上述文献，本研究认为：中低收入和中高收入国家的国际移民汇款可能存在差异，由此导致移民汇款影响减贫的渠道不同，移民汇款对减贫的最终效应也有可能存在差别。有鉴于此，本研究在已有研究文献的基础之上，首先考察1996—2016年66个发展中国家的移民汇款对贫困广度和贫困深度的影响，随后对37个中低收入国家和29个中高收入国家进行比较，并对估计结果进行稳健性检验。

（二）样本选择与数据来源

发展中国家目前仍然普遍存在贫困现象，贫困数据相对比较丰富，时间序列

---

[1] Petreski, M., Petreski, B., & Tumanoska, D. , "Remittances as a shield to vulnerable households in macedonia: the case when the instrument is not strictly exogenous," *International Migration*, Vol.55, No.1, 2017, pp.20-36.

[2] Hassan G. M., Chowdhury M. & Shakur, S. "Remittances, Human Capital and Poverty: a System Approach," *Journal of Developing Areas*, Vol.51, No.1, 2017, pp.177-192.

[3] Ralph Chami, Connel Fullenkamp and Samir Jahjah, "Are Immigrant Remittance Flows a Source of Capital for Development?", *IMF Staff Papers*, Vol.52, No.1, 2005, pp.55-81.

[4] Hein De Haas, H. "International Migration, Remittances and Development: Myths and Facts", *Third World Quarterly*, Vol.26, No.8, 2005, pp.1269-1284.

[5] Jean-Paul Azam and Flore Gubert, *Migrant Remittances and Economic Development in Africa: A Review of Evidence*, Paris: University of Toulouse and Institut Universitaire de France, 2005.

[6] Ratha, D., "The Impact of remittances on economic growth and poverty reduction", *Policy Brief No.8*, Migration Policy Institute, 2013.

[7] Giuliano, P., & Ruiz-Arranz, M. "Remittances, financial development, and growth", *Journal of Development Economics*, Vol.90, No.1, 2009, pp.144-152.

数据也比较完整，故可供选择的国家样本较多。本研究根据数据可获得性筛选出包括中国、肯尼亚、巴西、俄罗斯等66个发展中国家1991—2016年的数据作为样本。世界银行按人均国民收入对世界各国的发展水平进行分组，即高收入、中等偏上收入、中等偏下收入、低收入，各收入组别上下限值的单位均为现价美元。按照这个分组标准，本研究将66个发展中国家分为中低收入国家和中高收入国家两个样本组。前者包括低收入国家和中等偏下收入国家，共29个；后者包括中等偏上收入国家和高收入国家，共37个。分组回归能够进一步对不同收入水平国家和地区移民汇款的减贫效应进行比较。

本研究将因变量设为贫困广度（贫困人口比例）和贫困深度（贫困差距）。贫困广度用每人每天生活费低于1.90美元（2011年购买力平价）的人口比例表示。贫困人口比例趋低就表示贫困状况好转；趋高则相反，表示贫困状况恶化。贫困深度用每天生活费低于1.90美元（2011年购买力平价）的贫困差距表示。贫困差距缩小表明一国之贫困程度得到缓解；反之，则表明一国之贫困程度加深。

1. **解释变量**

核心解释变量是移民汇款和经济发展。移民汇款是IMF《国际收支手册》第6版中所定义的个人转移及职工报酬两项之和。移民汇款变量分别用移民汇款占GDP的比例（移民汇款1，REMP）和移民汇款总额（移民汇款2，REMT）代表。移民汇款的增加可能有助于其家庭成员获得额外收入并提高生活水平，预计移民汇款有助于减贫，两项移民汇款指标的估计系数均为负值。经济发展变量用GDP增长率代表。经济发展水平的改善意味着贫困人口获得更多收入从而达到减贫的效果，其估计系数为负值。

2. **控制变量**

根据相关文献，控制变量包括金融发展、人口增长、就业、城镇化、FDI、教育发展、就业、通胀等，分别用私人信贷、人口增长率、15岁（含）以上总就业人口百分比、城镇人口占总人口比例、FDI净值占GDP的百分比、公共教育支出、年通胀率代表（见表3-11）。预计金融发展、就业、城镇化、FDI、教育发展等控制变量都有利于减贫，估计系数都应该为负值。人口增长和通胀不利于减贫，其估计系数预计为正值。所使用的所有数据都来自世界银行发布的世界发展指标World Development Indicator, 2019。[①]

[①] World Bank Open Data, *Free and Open Access to Global Development Data*, https://data.worldbank.org.

表 3-11 数据来源与变量说明

变量	说 明
贫困广度（PV）	贫困人口占总人口的百分比，是按2011年国际购买力平价（PPP）衡量的每天消费支出低于1.90美元的人口占总人口的比例（%）
贫困深度（PVG）	按2011年国际购买力平价（PPP）衡量的每天消费支出低于1.90美元这一贫困线衡量的贫困差距，用百分比（%）来表示
移民汇款1（REMP）	已收劳工汇款和职工报酬占GDP的比例（%）
移民汇款2（REMT）	已收劳工汇款和职工报酬总额，以现价美元计
经济发展水平（GDPG）	GDP年增长率（%）
金融发展（FD）	私人部门的国内信贷，即金融公司向私营部门提供的金融资源占GDP的百分比（%）
人口增长（POPG）	年度人口增长百分比（%）
就业（EMP）	15岁（含）以上总就业人口比例（模拟劳工组织估计)(%)
城镇化（URB）	城镇人口占总人口的比例（%）
外国直接投资（FDI）	FDI净值占GDP的百分比（%）
教育发展（EDU）	特定财年，公共教育支出总额（经常性支出和资本性支出）占政府各部门支出总额的百分比（%）
通胀（INFL）	按消费者价格指数衡量的年通胀率（%）

（三）实证检验与结果分析

1. 特征描述与计量方法

数据的统计特征如表3-12所示。1996—2016年66个发展中国家的贫困广度均值为12.382%，最小值为0，最大值达到了83.10%，标准差为16.223；而贫困深度的均值为4.3674%，最小值为0，最大值为48.40%，标准差为6.8011。初步的统计数据表明，贫困广度的离散程度明显大于贫困深度。也就是说，样本国家在人口贫困的广度方面差别较大，而在贫困的深度方面差别较小。移民汇款占GDP比例的均值为4.8342%，其最大值和最小值分别为45.456%和0.0155%，标准差为7.3671。这一数据说明样本国家移民汇款的差别相对较大。经济发展水平均值为3.3416%，最大值为25.114%，最小值为-14.42%，说明样本国家之间经济发展水平相差非常悬殊。FDI、人口增长、就业、城镇化、通胀等5个变量在样本国家之间或同一样本国家的不同时期也存在一定差异。

表3-12 主要变量的描述性统计

（单位：%）

变量	平均值	最大值	最小值	标准误差	观察值
POVW	12.382	83.100	0.0000	16.223	396
POVG	4.3674	48.400	0.0000	6.8011	396
REMP	4.8342	45.456	0.0155	7.3671	396
REMT	25.842	624.990	0.0072	53.131	396
FD	40.864	158.385	3.8290	30.930	396
GDPG	3.3416	25.114	−14.420	3.7252	396
POPG	1.1041	5.5391	−2.2584	1.1407	396
EMP	58.908	87.817	36.696	9.7603	396
URB	56.830	87.360	11.482	18.038	396
FDI	4.7564	55.075	−1.8556	6.2699	396
EDU	15.699	37.520	4.9573	4.1862	396
INFL	8.0058	96.094	−1.4014	9.6326	396

数据来源：笔者根据世界银行WDI数据库（2019年3月21日更新）计算而得。

表3-13显示了各变量间的相关系数。相关系数较小，表明变量之间不存在显著的共线性问题。除了教育发展外，其他各变量的估计系数与预期完全一致。其一，表3-13直观地展示了移民汇款、经济发展水平与贫困之间的负相关。同时，金融发展、城镇化、FDI这几个变量与贫困水平也是负相关。从统计角度看，这说明一国的移民汇款、经济发展、金融发展、城镇化、FDI有利于减少贫困。其二，人口增长和通胀与贫困变量正相关，说明人口增长越快、通胀越高，越不利于减贫。其三，教育发展与贫困正相关，与本研究的预测不一致。这说明，可能由于受到其他因素的影响，教育发展没有产生减贫效应。下面将通过实证分析进一步加以检验。

表3-13　主要变量间的相关系数

变量	POVW	POVG	REMP	REMT	FD1	GDPG	POPG	EMP	URB	FDI	EDU	INFL
POVW	1											
POVG	0.9478	1										
REMP	−0.1262	−0.1336	1									
REMT	−0.0946	−0.1418	−0.0013	1								
FD	−0.3230	−0.2655	−0.1654	0.0298	1							
GDPG	−0.1139	−0.1602	0.0165	−0.0141	−0.0880	1						
POPG	0.5184	0.5014	−0.1551	−0.0210	−0.1384	−0.2421	1					
EMP	0.4002	0.4243	−0.2788	−0.0580	−0.0726	−0.0236	0.3981	1				
URB	−0.6139	−0.5043	−0.2565	0.0082	0.2034	−0.01687	−0.3623	−0.2152	1			
FDI	−0.0953	−0.0760	0.0872	−0.1244	−0.0190	0.3669	−0.0628	−0.0287	0.0019	1		
EDU	−0.0117	0.0094	0.0641	−0.0284	0.2142	−0.1389	0.2862	0.1269	−0.0529	−0.0364	1	
INFL	0.0677	0.0752	0.0133	−0.0380	−0.1926	−0.0464	0.0449	−0.0358	−0.0349	−0.0431	−0.2007	1

数据来源：笔者根据世界银行WDI数据库（2019年3月21日更新）计算而得。

本研究借鉴Adams和Page的做法，[①] 使用增长—贫困模型研究移民汇款对发展中国家贫困的影响。本研究采用的面板数据模型如下：

$$POVW_{it}=\alpha_0+\alpha_1 REM_{it}+\alpha_2 GDP_{it}+\alpha_3 X_{it}+\varepsilon_{it} \quad 等式（1）$$

$$POVG_{it}=\beta_0+\beta_1 REM_{it}+\beta_2 GDP_{it}+\beta_3 X_{it}+\varepsilon_{it} \quad 等式（2）$$

等式（1）中，因变量POVW代表贫困广度，REM代表移民汇款占GDP的比例，GDP代表GDP增长率，表示一国的经济发展水平。考虑到还有其他因素影响移民汇款的减贫效应，因此要加入控制变量X。本研究将人口增长、就业、城镇化、FDI、教育水平、通胀等控制变量纳入面板模型中。α_1、α_2、α_3是要估计的参数，ε为随机误差项。下标i表示国家，下标t表示时间。

等式（2）中，因变量POVG为贫困深度，其他变量与等式（1）同，β_1、β_2、β_3表示各变量要估计的参数，ε为随机误差项。由于本研究使用的是非平衡面板数据，考虑到国家与国家之间存在异质性可能会影响估计结果，为保障回归结果稳健，本研究通过Hausman检验对面板数据的固定效应模型和随机效应模型进行筛选，发现面板数据更适合进行固定效应模型（FE）分析。此外，为解决模型中存

[①] Adams R. H. Jr. and Page J. "Do International Migration and Remittances Reduce Poverty in Developing Countries?", *World Development*, Vol.33, No.10, 2005, pp.1645-1669.

在的内生性问题，本研究进而采用两阶段最小二乘法（2SLS）进行回归估计，其中采用工具变量为核心解释变量的滞后项。

2. 总样本回归分析

本研究主要关注移民汇款的估算结果。表3-14显示了分别运用FE和2SLS方法对总样本的回归结果。无论用哪种方法，无论是以哪一种贫困指标为因变量，移民汇款的估值系数都是负值，即发展中国家移民汇款具有显著的减贫效应。移民汇款是一种国际间的私人资金流动，能够直接流入移民家庭，贫困家庭因为移民汇款收入而直接导致贫困人口减少，从而达到了直接减贫的效果。移民汇款的具体开销方法多种多样，但通常是通过满足基本生活需要和改善住房的渠道达到减贫的目的，亦即移民汇款通过提高移民家庭收入和消费水平从而直接减少贫困，具有直接减贫效应。同时，移民汇款为储蓄和投资提供了重要的资金来源，通过支持贫困人口就业创业、推进贫困地区的技术提升和管理水品提高等渠道，促进贫困地区经济发展，从而创造出更多就业机会，形成滴滑效应，有效改善贫困人口的人均收入，继而间接达到减缓贫困的效果。这个结果表明，移民汇款可以成为发展中国家的有效减贫工具。表3-14显示，移民汇款对贫困广度的影响大于对贫困深度的影响，即有利于降低贫困人口比例，但对贫困差距的影响很弱。这主要是由于无力支付国际移民费用，深度贫困人口的海外汇款收入很少，其收入水平受移民汇款的影响很小。加之深度贫困人口所在地区往往金融基础设施落后，移民汇款的投资、消费都受到限制，移民汇款无法发挥其溢出效应。经济发展的回归系数最为显著，与贫困指标呈显著负相关，意味着经济越发达，收入水平越高，贫困就越少。经济发展是发展中国家减缓贫困的重要推动力。

其余控制变量，如金融发展、通胀、城镇化、FDI和教育发展等，对贫困广度和贫困深度均有显著的促进效应，说明一国的城镇化、FDI和公共教育投资的增加、金融发展水平的改善都有助于减贫。就业对贫困广度的影响通过了显著性检验，但对贫困深度的影响没有通过显著性检验。依据这个结果，增加就业能够直接提升收入水平，能够直接减少贫困人口比例。城镇化过程中吸引了大量贫困人口参与建设，带动了贫困人口迁徙至城镇工作生活，从而减少了贫困人口的比例。从间接影响来看，城镇聚集的大量人口扩大了消费需求市场，周边贫困人口通过销售各种本地农产品而改善收入水平。但就业对贫困深度却没有显著影响。这说明：一方面，处于深度贫困的人口就业能力比较弱；另一方面，在深度贫困地区，经济发展相对落后，就业机会相对有限。因此，政府今后的减贫战略要更加重视深度贫困，实行精准扶贫措施，有效增加深度贫困人口的就业机会，从而提高其收入水平。FDI对减贫产生正面效应，表明外资通过增加劳动力需求提高就业水平，从而提高贫困人口收入，对减贫具有促进作用。作为一种人力资本投资，教育支出是发展中国家减贫的重要手段，随着贫困人口受教育水平提高，其就业谋生能力增强，收入水平也会改善。回归结果显示：人口增长的减贫效应通过显著性检验，人口增长不利于减贫，符合理论预期。从这个意义上说，发展中国家适度控制人口增量有利于减贫事业。所有变量中唯有通胀与预期不一致，其估计系数符号为负值，意味着一定条件下保持一定的通胀率可以对减贫产生促进效应。

表3-14 总样本回归结果

回归方法	FE		2SLS	
变量	贫困广度（POVW）	贫困深度（POVG）	贫困广度（POVW）	贫困深度（POVG）
常数项	32.491***（52.607）	8.0992***（29.280）	47.040***（44.201）	28.866***（22.336）
移民汇款1（REMP）	-0.4318***（-41.527）	-0.1418***（-30.358）	-0.3816***（-27.454）	-0.3112***（-19.870）
经济发展（GDP）	-0.3254***（-17.535）	-0.2353***（-26.129）	-1.3664***（-22.942）	-2.6323***（-25.676）
金融发展（FD）	-0.0827***（-35.701）	-0.0330***（-31.037）	-0.1159***（-27.222）	-0.1363***（-24.281）
人口增长（POPG）	3.2284***（43.60919）	1.3143***（39.365）	0.4785*（4.5115）	2.3199***（15.935）
就业（EMP）	0.2287***（29.907）	0.1370*（39.844）	-0.0842***（-8.196943）	0.0044*（0.4382）
城镇化（URB）	-0.4505***（-106.077）	-0.1486***（-76.943）	-0.2945***（-44.343）	-0.1128***（-16.396）
外国直接投资（FDI）	-0.0793***（-7.3396）	-0.0109**（-2.1133）	0.1102***（5.3833）	0.4902***（19.767）

续表

回归方法	FE		2SLS	
教育发展（EDU）	-0.2975*** (-17.115)	-0.1217*** (-16.082)	-0.2900*** (-10.955)	-0.0980*** (-3.6409)
通胀（INFL）	-0.0134** (-1.8703)	-0.0095*** (-6.5436)	-0.1999*** (-13.197)	-0.2468*** (-14.818)
观测值	1704	1704	1680	1610
样本国	66	66	66	66

注：括号中显示的是T统计量，*、**、***分别表示10%、5%、1%的显著水平。

3．子样本回归分析

为进一步考察移民汇款对不同收入水平国家减贫影响的差异，本研究按照世界银行分组标准将66个发展中国家分为中低收入国家和中高收入国家两个子样本组。前者包括低收入国家和中等偏下收入国家，共37个；后者包括中等偏上收入国家和高收入国家，共29个。

本研究运用FE对子样本进行回归分析。由表3-15可以看出，移民汇款对减少中低收入国家的贫困发挥了重要作用，但对中高收入国家的减贫效应不显著。主要原因在于：一方面，由于国际移民主要来自中低收入国家，移民汇款行为主体为低收入和中等收入移民。他们移民海外的主要目标就是满足家庭的经济需要以摆脱贫困。经济越发达的国家其居民移民海外的需求也越低，海外移民人口相对就更少，因此汇款也相对较少。另一方面，中低收入国家居民收入水平相对更低，海外移民和移民汇款相对也更集中，同时贫困人口比例更大，深度贫困人数众多，因此移民汇款的边际减贫效应就更大。反之，相对于中低收入国家而言，中高收入国家海外移民和海外汇款相对更少，贫困人口也更少，贫困率和贫困深度也更低，移民汇款对贫困的边际效应相对也更弱。

就其他变量的估计结果而言，回归结果与表3-14一致。经济发展对中低收入国家的减贫效应明显高于中高收入国家；金融发展对中低收入国家的减贫效应明显高于中高收入国家；就业的增长对中低收入国家的减贫效应明显，但对中高收入国家的减贫没有显著影响。这表明，在经济比较发达的国家，就业减贫的边际效应相对较弱。城镇化、教育发展、FDI、通胀对两组不同收入国家的减贫效应没有明显差别。另外，人口增长不利于减贫，与表3-14的回归结果一致。

表3-15　子样本回归结果

国家类型	中低收入国家		中高收入国家	
回归方法	FE		FE	
变量	贫困广度（POVW）	贫困深度（POVG）	贫困广度（POVW）	贫困深度（POVG）
常数项	24.26722***（20.10045）	2.0375***（3.1576）	23.036***（20.55791）	7.5939***（19.401）
移民汇款1（REMP）	-0.5026**（-29.527）	-0.1373***（-15.396）	0.1458（3.5423）	0.0353（2.3697）
金融发展（FD）	-0.1574***（-18.626）	-0.0313***（-7.1158）	-0.0093***（-2.8065）	-0.0111***（-9.0280）
经济发展（GDP）	-0.6349***（-17.418）	-0.3363***（-15.418）	0.1411***（4.5262）	-0.0681***（-6.0554）
人口增长（POP）	1.9718***（9.9139）	1.0669**（10.3968）	2.5672***（22.65100）	0.9739***（23.844）
就业（EMP）	-0.5137***（31.799）	0.2690***（31.87559）	-0.0095（-0.7650）	0.0108（2.4776）
城镇化（URB）	-0.4585***（-37.122）	-0.1724***（-26.751）	-0.2020***（-25.099）	-0.0644***（-22.772）
外国直接投资（FDI）	-0.1520***（-8.6125）	-0.0301***（-3.0051）	-0.0025（-0.0887）	-0.0527***（5.100）
教育发展（EDU）	-0.3106***（-8.6992）	-0.0888***（-4.7012）	-0.3160***（-11.199）	-0.1205***（-12.103）
通胀（INFL）	-0.0118（-0.7155）	-0.0157***（-5.672）	-0.0156***（-2.7747）	-0.0072***（-3.5758）
观测值	950	908	752	752
样本国	37	37	29	29

注：括号中显示的是T统计量，*、**、***分别表示10%、5%、1%的显著水平。

（四）稳健性检验

为了确认上述模型的稳健性，有必要以移民汇款总额（REMT）为解释变量对上述模型进行稳健性检验。为了消除数据的异方差问题，对该变量数据进行对数处理。本研究分别对66个发展中国家、37个中低收入国家、29个中高收入国家样本的核心变量再次进行固定效应模型回归分析。如表3-16所示，虽然与前面估计的结果有一定差别，但都通过了显著性检验，系数的正负值也与前面结果一致，支持移民汇款有助于减贫的结论，证明前面的估计结果是稳健有效的。

表3-16　稳健性检验结果

国家类型	66个发展中国家		37个中低收入国家		29个中高收入国家	
回归方法	FE		FE		FE	
变量	贫困广度(POVW)	贫困深度(POVG)	贫困广度(POVW)	贫困深度(POVG)	贫困广度(POVW)	贫困深度(POVG)
常数项	17.940*** (158.85)	17.125*** (140.9)	28.573*** (111.88)	10.8720*** (89.657)	6.5635*** 34.662	3.6317*** (59.079)
移民汇款2 (REMT)	−0.0621*** (−35.376)	−0.0206*** (−32.666)	−0.0914*** (−24.337)	−0.0265*** −19.724	0.0240*** (11.308)	0.0135*** (−15.213)
经济发展 (GDP)	−0.4999*** (−25.192)	−0.2922*** (−31.821)	−0.6999*** (−15.092)	−0.3888*** (−16.339)	−0.4736*** (−1.0081)	−0.074*** (−7.1154)
控制变量	控制	控制	控制	控制	控制	控制
观测值	715	728	412	412	316	303
样本量	66	66	37	37	29	29

注：括号中显示的是T统计量，*、**、***分别表示10%、5%、1%的显著水平。

（五）结论与启示

本研究基于66个发展中国家1991—2016年的面板数据，考察了移民汇款的减贫效应，并对中低收入国家和中高收入国家进行了比较分析。结论显示：其一，移民汇款显著促进减贫，支持了移民汇款具有减贫效应的观点。其二，移民汇款对贫困广度的影响大于对贫困深度的影响，即有利于降低贫困人口比例，但对贫困差距的影响很弱。其三，移民汇款对中低收入国家的减贫效应更为显著。鉴于中低收入国家是收款国的主体，无论是汇款总量还是汇款在GDP中的占比，都远远超过了中高收入国家，汇款对其经济发展和减贫的效应都更显著。本研究在回归中考虑了模型可能存在的内生性问题，稳健性检验证明了结论的稳健可靠性。

移民汇款通过直接渠道和间接渠道产生减贫效应。移民汇款直接到达原籍国移民家庭手中，有效提高其收入水平，从而实现直接减贫效应。除了金融机构、汇率变动等因素外，移民汇款在转移过程中不会遭受额外的损失或挪用，也不会产生利息问题，因而成为中低收入国家的"安全网"。另外，从间接渠道看，移民汇款有助于经济增长，促进生产力水平的提升，提供更多就业机会，通过"就业与工资效应"拓展家庭收入来源。同时，并非所有贫困家庭都有能力移民海外，深度贫困家庭没有直接受惠于移民汇款。因此，移民汇款的减贫效应具有很大局限性。

第三节 收入分配

一、理论梳理

关于移民汇款分配效应的研究，集中在社会公正和收入平等，尚未涉及对家庭经济的影响。大多数关于移民汇款收入分配效应的研究使用基尼系数代表收入分配变量，实证的结果各不相同。一些学者，如Ahlburg[①]、Taylor和Wyatt[②]、Taylor[③]的研究证实了汤加和墨西哥的移民汇款对收入分配的均等化效应。例如，移民汇款促使汤加的基尼系数从0.37降到0.34。[④]相比之下，其他研究则表明移民汇款强化了不平等。造成这种情况的主要原因之一在于，富裕家庭才能够支付与国际移民有关的费用。因此，来自埃及的证据显示，尽管移民汇款有一定的减贫作用（因为相当数量的收款家庭为贫困家庭），同时可能导致收入不平等加剧。20世纪80年代，移民汇款使得菲律宾农村收入差距上涨了7.5%；来自巴基斯坦的家庭调查数据显示，富裕群体往往就是那些移民汇款受益最多的群体。[⑤]

Stark，Taylor & Yitzhaki专注于墨西哥两个村庄的农村收入分配，发现国际移民和收入分配的关系呈倒U字形。[⑥]他们认为：在移民的早期阶段，有关移民目的国的就业信息非常有限。在这个阶段，主要是较富裕的家庭送家庭成员移民出国。因此，较富裕家庭首先受益于移民汇款，导致收入差距很快扩大。在移民的中后期阶段，国际移民涉及各个收入阶层，贫困家庭也逐渐受益于移民活动，汇款对收入分配产生均衡效应，有利于缩小收入差距。

[①] Ahlburg D.A., "Migration, Remittances, and the Distribution of Income: Evidence from the Pacific," *Asian and Pacific Migration Journal*, Vol.4, No.1, 1995, pp.157-167.

[②] Taylor, J. Edward, and T. J. Wyatt, "The Shadow Value of Migrant Remittances, Income and Inequality in a Household-Farm Economy," *Journal of Development Studies*, Vol.32, No.6, 1996, pp. 899-912.

[③] Taylor JE., "The New Economics of Labor Migration and the Role of Remittances in the Migration Process," *International Migration*, Vol. 37, No.1, 1999, pp. 63-68.

[④] Taylor, J. Edward, and T. J. Wyatt, "The Shadow Value of Migrant Remittances, Income and Inequality in a Household-Farm Economy," *Journal of Development Studies*, Vol.32, No.6, 1996, pp. 899-912.

[⑤] Richard Adams, JR., "Remittances, Investment and Rural Asset Accumulation in Pakistan," *Economic Development and Cultural Change*, Vol.47, No.1, 1998, pp. 155-173.

[⑥] Stark O, Taylor JE, Yitzhaki S., "Migration, Remittances and Inequality: A Sensitivity Analysis Using the Extended Gini Index," *Journal of Development Economics*, 1988, Vol.28, No.3, pp. 309-322.

移民汇款是否导致收入差距缩小或扩大，目前还没有一致性的结论，主要有两个原因。其一，初始收入差距存在差异。其二，研究所使用的实证方法不同，如静态与动态的方法、有无内源性移民成本，以及有无考虑移民对国内收入来源的影响，等等。如果考虑到母国当地的工资变化，各种实证文献相互矛盾的结论或许可以协调一致。在初始收入差距较大的情况下，移民汇款对不平等的影响和母国当地工资的调整，往往会相互增强；而在初始不平等程度不太严重的情况下，则往往可以相互补偿。例如，墨西哥的不平等程度很高，不考虑工资调整的因素可能就会导致对移民汇款促进收入平等效果的低估。与此相反，南斯拉夫（现已解体）的收入差距较小，将工资调整的影响纳入考虑有可能完全扭转"移民汇款促进不平等"的结论。但如果没有实证研究加以证实，这一理论发现必须谨慎适用。

如前所述，因为国际劳工的移民活动都会产生一些前期费用，所以只有具备一定社会资源、一定财力和知识信息的家庭才能承担这笔费用。即国际移民过程本身需要较高的成本，因为一般来说贫困群体没有移民能力，所以第一代移民一般来自比较富裕殷实的家庭。只有具备一定的资金和社会关系网后，贫困家庭才可能移民。

移民汇款是收入转移的一种形式，本质上是私人资本在地区、国家间的流动，可能会导致收入分配机制发生某些变化。移民汇款使移民来源国急需的资金得到了补偿，对收入分配产生影响。那么移民汇款在不同社会阶层中的分配情况如何？对收入分配带来了什么影响？哪些因素影响了移民汇款对收入分配的作用？有文献认为移民和汇款对移民输出社区的收入不平等，以及周边地区与中心地区之间的收入不平等产生负面影响。[1]继而，不平等加剧会进一步刺激向外移民，开启移民的"累积因果"循环，进一步加剧不平等，推动移民活动。但本研究认为这种观点值得怀疑。虽然很多对地区和国家层面的研究都已发现了汇款加剧不平等的效应，但是也有人证明了不少国家的汇款实际上是缩小了收入差距。如在加纳，在家庭支出里纳入移民汇款，仅会导致收入不平等略有增加，但基尼系数基本保持相对稳定，在0.38—0.40。[2]因此，移民汇款对收入分配的影响受到多种因

---

[1] Lipton M. "Migration from the rural areas of poor countries: The impact on rural productivity and income distribution", *World Development*, Vol.8, No.1, 1980, pp.1-24; Papademetriou DG., "Illusions and Reality in International Migration: Migration and Development in post World War II Greece", *International Migration*, Vol.23, No.2, 1985, pp. 211-223.

[2] Adams R.H.Jr.and Page J. "Do International Migration and Remittances Reduce Poverty in Developing Countries?", *World Development*, Vol.33, No.10, 2005, pp. 1645-1669.

素的影响，不同类型、不同社区、不同时期的移民对移民输出国社区收入不平等的影响各有不同。

第一，不同移民群体的移民汇款倾向、发达国家移民政策等严重影响了移民汇款对收入分配产生的作用。例如，非技术和低技术移民的汇款倾向显著高于高技术移民。[①]低技术移民往往来自贫困家庭，而高技术移民则来自富裕家庭。一般而言，贫困家庭对移民汇款依赖性更大，移民汇款倾向较高；而高技术移民比较容易实现全家性移民，与来源国联系相对较少，移民汇款倾向较低。[②]因此，如果低技术移民比例较高，则移民汇款对缩小收入差距的作用就是积极的；相反，如果高技术移民所占比例越大，移民汇款的增加将扩大收入差距。某些发达国家移民政策更偏好高技术、高学历移民。这种政策上的导向性使移民汇款更容易集中在收入本来就较高的群体。这类移民汇款就有可能会扩大收入差距。

第二，不同移民阶段移民汇款影响收入分配的效果也不一样。在社区出现移民活动初期，移民成本可能会很高，因此移民大都来自比较富裕的家庭。其结果是，移民汇款会进一步拉大贫富差距。然而，移民成本趋于随时间而改变。在移民活动的发展过程中，移民成本往往会逐渐下降。通过建立和发展移民与家乡的社交网络，降低移民的风险和费用，以及移民反馈回来的信息，贫困家庭越来越容易移民出国。随着时间的推移，移民相关信息也逐渐扩散，本社区家庭之间的交流和来往增多，移民的不确定性和成本就会逐渐减少，导致贫困家庭移民的增加，从而就有可能对贫困和收入不平等产生有利影响。因此，作为这一扩散过程的结果，移民汇款最初对收入平等的负面影响可能会随时间的推移而减弱，甚至发生逆转。

在不同时间段，墨西哥移民汇款对收入的影响是不一样的。1982年，汇款曾对墨西哥的家庭收入产生了消极影响，但在1988年却产生了显著的积极效应。[③]这是因为，随着时间的推移，移民网络的形成和发展使得贫困家庭有条件和能力移民海外，从而也能获得汇款收入。移民汇款对家庭收入的影响取决于其作为贷款抵押的价值及其对于创业活动的投入程度。如LAC国家的汇款每增加1个百分点，私人投资机会增长0.6个百分点（指各自占GDP的比例）。[④]

[①] Riccardo Faini, *Migration, Remittances and Growth*, Unpublished paper, University of Brescia, 2002, pp. 1-15.
[②] Riccardo Faini, *Migration, Remittances and Growth*, Unpublished paper, University of Brescia, 2002, pp. 1-15.
[③] Taylor, J. Edward, and T. J. Wyatt., "The Shadow Value of Migrant Remittances, Income and Inequality in a Household-Farm Economy," *Journal of Development Studies*, Vol.32, No.6, 1996, pp. 899-912.
[④] Prachi Mishra, *Macroeconomic Impact of Remittances in the Caribbean*, Unpublished paper, Washington DC: IMF, 2005.

如前所述，在移民活动初期，移民汇款往往会扩大某一地区的贫富差距。这是因为最早出国的移民通常来自能够负担移民费用的富裕家庭。移民初期，富裕群体更容易出国，然后赚得足够的钱汇款，帮助家人出国……如此的循环往复使本地区的收入分配更加恶化。但这只是一种暂时现象，随着本地移民网络或移民链的形成和成熟，移民成本逐渐减少，贫困家庭也逐渐能够负担出国费用。[①]随着大量的贫困人口（包括妇女）有能力移民海外，更多贫困家庭有了移民汇款，将最终缩小本地区的收入差距。

第三，移民汇款流入不同的收入群体，其对收入分配的影响也不同。国际移民汇款对收入不平等的影响，取决于移民汇款相对于其他收入来源的数量规模，取决于收款家庭在收入分配中的地位。如果移民主要来自相对富裕的家庭，就意味着汇款可能加剧家乡社区收入差距；如果移民来自相对贫困家庭，则移民汇款可能缩小收入差距。移民先驱通常来自相对富裕的家庭，因为早期移民要面对高成本和高风险。虽然移民先驱们往往是相对富裕和受过教育的，但是情况并非总是如此。移民选择的初始模式随着目的地的不同（如国际与国内移民就不一样）、工作类型的不同（如低技术和高技术，合法移民或无证移民）、获得工作的途径不同（如正规的招聘途径或以家庭为基础的"自雇"途径）而出现差别。

当大部分汇款都流入了富裕家庭时，收入差距扩大了；当大量移民汇款流入贫困家庭时，收入差距则缩小了。移民汇款更多地流入贫困还是富裕家庭或群体，对收入差距的影响截然不同。

第一，如果移民汇款更多流入富裕家庭，就将导致收入差距的扩大。按照"依附理论"的假设，移民汇款的结果并不会改变贫困与富裕地区之间关系的"马太效应"（即富者愈富、贫者愈贫）。"核心与边缘区理论"的假设是，移民汇款的影响效应呈"涓流效应"，但并不会缩小区域差距。例如，在移民比例很高的埃及开罗农村地区，移民汇款对收入差距的影响是负面的，因为当地移民多为富裕农民，所以移民汇款的结果反而是扩大了收入差距。[②]应当引起注意的是，尽管移民汇款有助于减少贫困和失业，但随着时间推移却会恶化而非改善收入不平等现象。这是因为高收入家庭往往比贫困家庭获得了更多汇款收入。

[①] Christian Ebeke and Maëlan Le Goff., *Why Migrants Remittances Reduce Income Inequality in Some Countries and Not in Others?* The Centre d'Etudes et de Recherches sur le Développement International, CERDICNRS Université d'Auvergne, FRANCE, 2009.

[②] Adams R.H., "The Economic uses and Impact of International Remittances in Rural Egypt", *Economic Development and Cultural Change*, Vol.39, No.4, 1991, pp. 695-722.

第二，如果移民汇款更多地流入贫困家庭，就有可能缩小收入差距。Rodrigo 和 Jayatissa 对巴基斯坦移民汇款的研究就证明了这一点。[①]另外，Taylor 发现墨西哥移民汇款主要流入农村地区和贫困人群，缩小收入差距效果比较明显。[②]然而，即使同属拉丁美洲，不同国家移民汇款分配及其对收入分配和贫困的影响也有差别。如在萨尔瓦多、墨西哥、巴拉圭，移民汇款主要流入贫困人群；而在海地、秘鲁和尼加拉瓜则相反，富裕人群收款更多。[③]

此外，不同来源地的移民汇款对收入分配的影响也有差别。如在 SSA 国家，来自非洲以外的移民汇款扩大了收入差距，而来自非洲内部的移民汇款则缩小了收入差距。其主要原因在于：移民非洲以外路途遥远，移民费用高，只有富裕的家庭才有能力移民到这些地方，故这类移民汇款大多都流入了富裕家庭，扩大了收入差距。相反，非洲各个邻国间不仅距离相近，而且语言相同、族群相同或相近，历史上存在千丝万缕的联系，迁徙不需要花费多少成本，故邻国就成为贫困家庭移民目的地的首选。只是这些邻国通常比较贫困落后，汇款数量不大，影响有限。

移民汇款对收入分配的影响还受到另外几个因素的影响。一是移民来源国收入差距初始状况。如果某地区原本收入差距就很大，则短期内移民汇款会加大收入差距；如果情况相反，则移民汇款的增加会缩小收入差距。二是移民成本。通常是移民成本越高则贫困家庭移民的可能性就越低，从而流入贫困家庭的移民汇款自然就少，收入差距就会扩大。也就是说，移民成本越高，移民汇款扩大移民来源国收入差距的可能性就越大。有关汇款对不平等影响的差异，还源于地理和历史情况的差异。如果移民到高收入国家的距离较短，移民网络较为成熟，则移民成本就更低。此种情形下较贫困的家庭也有能力支付移民费用。反之则不然。

因此，本研认为，由于移民汇款对收入分配的影响受到多种因素的限制，其积极的正面作用需要政府提高金融发展水平及采取适当的政策措施加以引导。

[①] C.Rodrigo and R.A.Jayatissa, *Maximising Benefits from Labour Migration: Thailand, to the Gulf and Back. Studies in the Economic Impact of Asian Labour Migration*, New Delhi: ILO/ARTEP, 1989, pp. 255-303.

[②] Taylor JE., "The New Economics of Labor Migration and the Role of Remittances in the Migration Process," *International Migration*, Vol. 37, No.1, 1999, pp. 63-68.

[③] Pablo Acosta, Cesar Calderón, Pablo Fajnzylber and J. Humberto López, "Do Remittances Lower Poverty Levels in Latin America? Remittances and Development: Lessons from Latin America", Washington DC: World Bank, 2008, pp. 87-132.

二、实证检验

（一）引言

如前所述，由于往海外移民的花费不菲，往往只有家庭较为富裕的人才有能力移民海外，其移民汇款收入更多，加剧了收入不平等。Adams对埃及农村地区1,000户家庭调查发现，尽管移民汇款具有直接减轻贫困的效果，但也会加剧收入不平等。[1] Barham & Boucher也声称移民汇款加剧了尼加拉瓜3个沿海社区的收入不平等。[2] Chami等认为，成功地在国外资助家庭成员的是富人而不是穷人，移民汇款不利于缓解收入不平等。[3] Adams等[4]还在加纳的个案研究中发现移民汇款加剧收入不平等的效应。此外，John在对喀拉拉邦地区（Kerala）的研究中也发现，国际移民及其汇款不利于改善印度的收入不平等。[5] 尽管如此，也有部分研究认为移民汇款对收入分配的影响不显著。基于巴基斯坦农村的个案研究，Adams[6]认为移民汇款对收入不平等的影响不显著。Yang & Martinez对26,121户移民家庭样本的研究显示，移民汇款对收入不平等也未产生显著影响。[7] Garip基于泰国51个村庄5,449个家庭的调查数据，研究了移民汇款和移民对财富分配的影响，结果证实财富分配没有明显变化。[8] Beyene以城市住户为调查对象分析了埃塞俄比亚移民汇款对贫困与收入不平等的影响，结果表明移民汇款有助于减少贫困，但对收入不平等没有显著影响。[9]

---

[1] Adams R. H., "The Economic Uses and Impact of International Remittances in Rural Egypt", *Economic Development and Cultural Change*, Vol.39, No.4, 1991, pp. 695-722.

[2] Barham, B. and S. Boucher., "Migration, Remittances and Inequality: Estimating the Net Effects of Migration on Income Distribution", *Journal of Development Economics*, Vol.55, No.2, 1998, pp. 307-331.

[3] Ralph Chami, Connel Fullenkamp and Samir Jahjah, "Are Immigrant Remittance Flows a Source of Capital for Development?", IMF Staff Papers, Vol.52, No.1, 2005, pp. 55-81.

[4] Adams (Jr), R. H.A., Cuecuecha, and John Page, "The impact of remittances on poverty and inequality in Ghana", *Policy Research Working Paper*, World Bank, 2008, p.4732.

[5] John, R., "A Panel Data Analysis of Relationship between Migration and Inequality", *IIM Kozhikode Society & Management Review*, Vol.6, No.1, 2017, pp. 98-109.

[6] Adams, R., "The impact of migration and remittances on inequality in rural Pakistan", *Pakistan Development Review*, Vol.31, No.4, 1992, pp. 189-203.

[7] Yang, D. and C. Martinez., *Remittances and Poverty in Migrants' Home Areas: Evidence from the Philippines*, World Bank, 2006.

[8] Garip, F., "The Impact of Migration and Remittances on Wealth Accumulation and Distribution in Rural Thailand", *Demography*, Vol.51, No.2, 2014, pp. 673-698.

[9] Beyene, B. M. "The effects of international remittances on poverty and inequality in Ethiopia", *Journal of Development Studies*, Vol.50, No.10, 2014, pp. 1380-1396.

基于上述文献，提出研究假设1：移民汇款对收入分配的直接效应为负效应。

然而，移民汇款将资源从发达国家转移到发展中国家，可能有助于减少国家间的收入不平等现象。同时，移民汇款不仅直接流入移民家庭，而且还用于资助社会项目，贫困人口可能从中获益。① 除了对收入产生直接影响外，移民汇款还放宽了信贷约束。② 在莱索托，移民汇款不仅减少了贫困，而且实际上减少了收入不平等。尼加拉瓜也存在移民汇款改善收入不平等现象。③ McKenzie & Rapoport 对墨西哥的个案研究发现，移民汇款有利于改善收入不平等。④ 在萨尔瓦多，移民汇款有助于放松信贷约束，增加储蓄。⑤ 在 SSA 国家，移民汇款对减贫和改善收入不平等都具有显著的积极效应。⑥ 上述研究主要基于某个国家或乡村案例分析移民汇款与收入不平等之间的关系，缺乏对发展中国家的整体研究。

移民汇款通过放松信贷、增加储蓄等金融渠道对发展中国家产生影响。一方面，更发达的金融部门能更有效地与移民汇款和投资匹配，使经济更容易吸收冲击，从而减少波动。另一方面，金融市场和机构的拓展促进了移民汇款用途的多元化，有助于降低投资风险和经济波动性。

因此，提出研究假设2：移民汇款通过金融发展的调节作用改善发展中国家的收入不平等。

虽然近些年国内外经济学者开展了很多涉及移民汇款（或侨汇）的研究，但涉及移民汇款对收入不平等影响的研究相对缺乏，更少人关注金融发展在其中的作用。

针对上述研究缺口，本研究基于1981—2017年114个国家的非平衡面板数据，使用最小二乘法OLS、两阶段最小二乘法（2SLS）和广义矩估计法（GMM）考察移民汇款通过金融发展对收入不平等的影响。本研究的边际贡献主要在于：在分

---

① Taylor, J. Edward. "Remittances and inequality reconsidered: direct, indirect, and intertemporal effects", *Journal of Policy Modelling*, Vol.14, No.2, 1992, pp. 187-208.

② Taylor, J. Edward, and T. J. Wyatt., "The Shadow Value of Migrant Remittances, Income and Inequality in a Household-Farm Economy", *Journal of Development Studies*, Vol.32, No.6, 1996, pp. 899-912.

③ Barham, B. and S. Boucher., "Migration, Remittances and Inequality: Estimating the Net Effects of Migration on Income Distribution", *Journal of Development Economics*, Vol.55, No.2, 1998, pp. 307-331.

④ McKenzie, D. and H. Rapoport., "Network effects and the dynamics of migration and inequality: Theory and evidence from Mexico", *BREAD Working Paper*, Harvard University, 2004, p. 63.

⑤ Anzoategui, D., Demirgüç-Kunt, A., & Pería, M. S. M. "Remittances and financial inclusion: evidence from El Salvador", *World Development*, Vol.54, No.2, 2014, pp. 338-349.

⑥ Akobeng, E., "Out of inequality and poverty: Evidence for the effectiveness of remittances in Sub-Saharan Africa", *The Quarterly Review of Economics and Finance*, Vol.60, 2016, 207-223.

析移民汇款对收入不平等的影响时，引入移民汇款与金融发展之间的相互作用项。具体而言，就是通过将金融发展与移民汇款的相互作用项纳入模型，以此解决移民汇款对收入不平等的影响是否取决于金融发展程度的问题。

下文由以下几部分组成：研究设计；结果与讨论；稳健性检验；异质性效应检验；结论。

（二）研究设计

1. 模型设定

本研究基于库兹涅茨曲线[①]设定移民汇款影响收入不平等的计量经济学模型。这一方法已被许多实证研究所使用。模型设定如下：

$$GINI_{it}=\alpha_0+\alpha_1 PGDP_{it}+\alpha_2(PGDP_{it})^2+\alpha_3 X_{it}+\varepsilon_{it} \quad 等式（1）$$

i=国家1，2，3⋯⋯⋯⋯⋯⋯，114

t=1981，⋯⋯⋯⋯⋯⋯，2017

本研究沿用多数文献的基本做法，收入不平等以基尼系数来表示。基尼系数来自洛伦茨曲线，显示人口比例与收入所占份额之间的关系。基尼系数的最小值可以为零，意味着收入完全平等。基尼系数的最大值100%可能意味着收入完全不平等。$GINI_{it}$作为被解释变量。解释变量$PGDP_{it}$和$PGDP_{it}^2$以购买力衡量的人均实际GDP的自然对数来表示。纳入平方项$PGDP_{it}^2$以检验库兹涅茨曲线的有效性。本研究参考Papanek和Kyn[②]、Jha[③]、Clarke等[④]，以及余志利和高铭[⑤]等相关文献选取控制变量。X_{it}是影响收入不平等的控制变量矩阵，表示收入不平等也受到人力资本、人口增长、政府规模等控制变量的影响。ε_i代表误差项。库兹涅茨曲线表明：在经济发展过程开始的时候，尤其是在国民人均收入从最低上升到中等水平时，收入不平等的状况先趋于恶化，继而随着经济发展逐步改善，最后达到比较公平的收入分配状况，呈倒U形状。因此，α_1的预期系数大于零，而α_2的预期系数小于零。在等式（2）中，移民汇款Rem和金融发展FD是本研究的重点变量，表示如下：

$$GINI_{it}=\alpha_0+\alpha_1 PGDP_{it}+\alpha_2(PGDP_{it})^2+\alpha_3 Rem_{it}+\alpha_4 FD+\alpha_5 X_{it}+\varepsilon_{it} \quad 等式（2）$$

[①] Kuznets, S. "Economic growth and income inequality", *American Economic Review*, Vol.45, No.1, 1955, pp.1-28.

[②] Papanek, Gustav F., and O. Kyn., "The Effect on Income Distribution of Development, the Growth Rate, and Economic Strategy", *Journal of Development Economics*, Vol.23, No.1, 1986, pp. 55-65.

[③] Jha, Sailesh K., " The Kuznets Curve: A reassessment", *World Development*, Vol.24, No.4, 1996, pp. 773-780.

[④] Clarke, George R.G., Xu, Lixin Colin, Zou, Heng-fu., "Finance and Income Inequality: What Do the Data Tell Us?", *Southern Economic Journal*, Vol.72，No.3, 2006, pp. 578-596.

[⑤] 余志利、高铭：《改革开放40年中国收入不平等的经验研究》，《财经问题研究》2019年第6期。

根据文献，结果 $α_3$ 可能是正值，[①] 也可能是负值，[②] 预期 $α_4$ 为正值。考虑到使用交互项可以捕捉到调节机制，可以借鉴相关文献的做法，采用简化模型，直接在等式（2）中进一步加入金融发展与移民汇款的交互项来捕捉调节机制。[③]

$$GINI_{it}=α_0+α_1PGDP_{it}+α_2(PGDP_{it})^2+α_3Rem_{it}+α_4FD+α_5(Rem_{it}×FD_{it})+α_6X_{it}+ε_{it}$$

等式（3）

利用等式（3）可以考察移民汇款是否会通过金融渠道影响收入分配。预期移民汇款通过金融发展减缓收入不平等，因此 $α_4$ 的预期值为负。实证分析按照以下步骤进行：第一步，根据文献的常规做法，使用普通最小二乘法（OLS）估计方法进行基准实证分析，同时逐个加入控制变量进行灵敏度分析。为了检验移民汇款和金融发展之间的互补性，第二步是估计移民汇款和金融发展对收入不平等的影响。然而，OLS并没有解决内生性的问题，也没有解决由漏省变量产生的误差。为了解决这些问题，计量经济学方法选择两阶段最小二乘法（2SLS）和广义矩估计法（GMM）。第三步，为了检验实证结果的稳健性，将114个国家分成两个子样本，再次进行回归分析。第一个子样本是金融发展相对较高（金融发展指标高于平均值）的国家；第二个子样本是金融发展水平较低（金融发展指标低于平均值）的国家。第四步，为了进一步刻画这一影响的异质性特征，本节将所有国家按照经济发展水平进行分组，以分析移民汇款对不同经济发展水平国家存在的差异化影响。

2. 数据及来源

本研究数据覆盖1981—2017年114个发展中国家。基尼系数、实际人均GDP、移民汇款（占GDP的比例）、中学入学率（代表人力资本）、人口增长率、政府支出（占GDP的比例）、国际贸易（以出口和进口总额占GDP的比例计算）、通胀、私人信贷、M2占GDP的比例、金融发展的数据均来自世界银行的世界发展指标数据库（World Bank Indicators，WDI，2019）。表3-17展示了变量间的相关系数。结果表明：移民汇款、教育、通胀、贸易开放、政府开支、人均GDP与基尼系数之间存在显著的负相关，而金融发展和人口增长则呈正相关。为进一步探究移民汇款和金融发展对收入不平等的影响，接下来运用实证分析进行更深入的检验。

[①] Adams R.H.Jr.and Page J. "Do International Migration and Remittances Reduce Poverty in Developing Countries?", *World Development*, Vol.33, No.10, 2005, pp. 1645-1669.

[②] De, P. and Ratha, D., *Remittance Income and Household Welfare: Evidence from Sri Lanka Integrated Household Survey*, Washington, DC.: Development Research Group, World Bank, 2005. Acosta, Pablo A., César Calderón, Pablo Fajnzylber, and J. Eduberto López, "What Is the Impact of International Remittances on Poverty and Inequality in Latin America?", *World Development*, Vol.36, No.1, 2008, pp. 88-114.

[③] 郑新业、张阳阳、马本、张莉：《全球化与收入不平等：新机制与新证据》，《经济研究》2018年第8期。

表3-17 各变量的相关系数

变量	GINI	REM	PSDP	FD	EDU	POPG	INF	OPN	GOV
GINIi	1	−0.2481	−0.1239	0.0234	−0.2050	0.3217	−0.0151	−0.2123	−0.1196
REM	−0.2481	1	−0.2128	−0.2041	0.0584	−0.1361	−0.0484	0.2208	0.1349
PGDP	−0.1239	−0.2128	1	0.5498	0.3761	−0.1968	−0.1096	0.1761	0.0491
FD	0.0234	−0.2041	0.5498	1	0.3088	−0.1523	−0.1808	0.3571	0.1468
EDU	−0.2050	0.0584	0.3761	0.3088	1	−0.6074	−0.0787	0.2558	0.2723
POPG	0.3217	−0.1361	−0.1968	−0.1523	−0.6074	1	0.0505	−0.2229	−0.1873
INF	−0.01516	−0.0484	−0.1096	−0.1808	−0.0787	0.0505	1	−0.038	−0.1002
OPN	−0.212	0.2208	0.1761	0.3571	0.2558	−0.2229	−0.038	1	0.2832
GOV	−0.1196	0.1349	0.0491	0.1468	0.2723	−0.18733	−0.1002	0.2832	1

（三）结果与讨论

表3-18、表3-19、表3-20显示了总样本所有114个发展中国家移民汇款和收入不平等的回归结果。在逐步加入各个控制变量后，第（2）至第（6）栏的主要回归结果都未出现显著改变。为了对回归结果有个参照，在报告回归结果时也同时报告了OLS模型的结果作为对比。由表3-18、表3-19、表3-20可知，无论是运用OLS、2SLS还是GMM估计，各个主要变量的回归系数方向均一致。这在一定程度上验证了回归结果的稳健性。回归结果表明：经济发展与收入不平等之间的线性关系呈显著的正效应，而非线性关系却是显著的负效应，表3-17所有的回归结果中都存在库兹涅茨曲线。

表3-18的第（2）至（6）栏显示，移民汇款的回归系数都呈显著的正值，即移民汇款的增加不利于收入不平等。然而，移民汇款的收入不平等效应却在金融发展水平不同的国家存在差别。表3-18第6栏显示，移民汇款的系数为0.0665，交互项的系数为−0.008；表3-19第（6）栏显示，移民汇款的系数为0.0344，交互项的系数为−0.007；表3-20第（6）栏所示，移民汇款的系数为0.0344，交互项的系数为−0.007。可以看出，无论是运用OLS、2SLS还是GMM估计法，结果完全一致，即一旦在估算中考虑金融部门发展与移民汇款之间的互补性，移民汇款的"加剧收入不平等"效应就转变为"改善收入不平等"效应。由此看来，移民汇款对收入不平等的影响依赖于金融发展程度。这就意味着金融发展水平较高的国家

将使移民汇款的转移更加容易和廉价，[①]较低的交易成本将使较贫穷的家庭能够在迁移历史的早期阶段顺利收款，从而更有利于改善收入不平等。通胀和人口增长的边际影响在所有回归结果中都出现扩大收入不平等的效应。在所有回归结果中，政府支出的边际影响呈现的都是改善收入不平等的效应。

表3-18 发展中国家移民汇款与收入不平等：OLS

变量	(1)	(2)	(3)	(4)	(5)	(6)
PGDP	14.628*** (68.214)	16.584*** (73.758)	23.742*** (106.20)	27.524*** (110.18)	27.456*** (110.89)	29.989*** (118.07)
PGDP^2	−0.931*** (−67.674)	−1.0660*** (−74.298)	−1.4516*** (−101.77)	−1.6206*** (−103.59)	−1.6174*** (−104.32)	−1.7668*** (−111.51)
REM		0.1094* (40.042)	0.2885* (69.318)	0.2330** (52.193)	0.1881*** 41.095	0.0665** (8.2955)
FD			0.0142*** (15.757)	0.0097*** (9.7331)	0.0232*** (22.058)	0.0397*** (35.223)
INF			0.0066*** (35.894)	−0.0051*** (−3.3835)	−0.0009 (−0.6081)	0.0014 (0.9630)
POP			2.7843*** (121.2318)	2.0113*** (74.029)	1.9355*** (71.683)	1.9527*** (72.982)
GOV			−0.0292*** (−5.1860)	−0.0470*** (−7.3701)	−0.0008 (−0.1265)	0.0348*** 5.3935
EDU				−0.0817*** (−43.675)	−0.0795*** (−42.871)	−0.0875*** (−47.324)
OPN					−0.0683*** (−37.994)	−0.0742*** (−41.541)
REM*FD						−0.008* ***1 (−38.503)
常数	−14.568*** (−17.675)	20.915* ** (−24.027)	−56.010*** (−63.621)	−67.807*** (−68.692)	−66.396*** (−67.821)	−77.217*** (−76.461)
样本量	114	114	114	114	114	114

注：括号内为T统计量，*、**、***分别表示在10%、5%、1%的水平下显著。表3-19、表3-20、表3-21、表3-22、表3-23、表3-24、表3-25、表3-26、表3-28同。

[①] Freund, C., and Nikola S., "Remittances, Transaction Costs, and Informality", *Journal of Development Economics*, Vol.86, No.2, 2008, pp. 356-366.

在表3-19和表3-20中，使用2SLS和GMM的结果基本相同，即移民汇款的直接影响是扩大收入不平等，而通过金融发展的间接影响则是缩小收入不平等。在不考虑金融发展因素介入的情况下，移民汇款会加剧收入不平等，而移民汇款与金融发展的互乘项对改善收入不平等具有积极影响。这与前面的回归结果是一致的。据此，移民汇款对收入不平等的影响取决于收款国的金融发展水平。金融发展水平较高国家的贫困人群更有条件利用移民汇款增加带来的好处，即移民汇款更有助于改善这些国家的收入不平等。移民汇款改善收入不平等的效应主要通过两个渠道产生：一是移民汇款直接补贴贫困人口的家庭收入；二是以移民汇款作为抵押品从金融市场获得贷款，以间接帮助贫困人口。移民汇款的这些直接和间接影响，有助于贫困家庭缓解信贷紧张，从而缓解收入不平等。

表3-19　发展中国家移民汇款与收入不平等：2SLS

变量	（1）	（2）	（3）	（4）	（5）	（6）
PGDP	15.440*** （70.955）	17.577*** （76.713）	25.321*** （108.41）	29.531*** （107.71）	29.398*** （108.03）	31.757*** （112.36）
PGDP^2	−0.9790*** （−70.043）	−1.1234*** （−76.888）	−1.5151*** （−101.93）	−1.7401*** （−101.26）	−1.7374*** （−101.85）	−1.8767*** （−106.49）
REM		0.0978*** （35.211）	0.2590*** （57.848）	0.2209*** （44.257）	0.1862*** （36.486）	0.0344*** （3.6233）
FD			0.0092*** （9.6610）	0.0068*** （6.1692）	0.0203*** （17.193）	0.0352*** （27.530）
INF			0.0097*** （34.553）	−0.0929*** （−22.012）	−0.0882*** （−21.060）	−0.0889*** （−21.370）
POP			3.6780*** （118.77）	3.6200*** （75.287）	3.4893*** （72.669）	3.4462*** （72.251）
GOV			−0.0051 （−0.850）	−0.0470*** （−6.4720）	−0.0009*** （−0.1241）	0.0248*** （3.3648）
EDU				−0.0421*** （−17.860）	−0.0395*** （−16.884）	−0.0488*** （−20.811）
OPN					−30.621*** （−0.061）	−0.0680*** （−33.862）
REM*FD						−0.0070*** （−27.927）
常数	−17.964*** （−21.487）	−25.109*** （−28.283）	−65.890*** （−70.780）	−80.356*** （−73.620）	−78.588*** （−72.469）	−88.256*** （−78.112）
样本量	114	114	114	114	114	114

表3-20　发展中国家移民汇款与收入不平等：GMM

变量	(1)	(2)	(3)	(4)	(5)	(6)
PGDP	15.440*** （4.9947）	17.577*** （4.9861）	25.742*** （3.6601）	26.162*** （3.2774）	28.655*** （3.7292）	31.757*** （8.3314）
$PGDP^2$	−0.9790*** （−4.9669）	−1.1234*** （−4.9790）	−1.4023*** （−3.5214）	−1.6037*** （−3.4842）	−1.7377*** （−3.9052）	−1.8767*** （−7.8540）
REM		0.0978*** （0.9296）	0.0578*** （0.3780）	0.1268*** （0.6394）	0.0679*** （0.3649）	0.0344*** （0.1753）
FD			−0.0333** （−1.6335）	−0.0257* （−0.9845）	−0.0446*** （−1.3545）	0.0352 （1.5831）
INF			0.0035*** （2.5588）	−0.4840*** （−2.9641）	−0.5085*** （−3.1444）	−0.0889 （−1.4808）
POP			11.060*** （7.4317）	16.413*** （6.9105）	16.645*** （6.5600）	3.4462*** （3.6034）
GOV			0.1235 （0.4169）	−0.1475* （−0.3907）	−0.2064* （−0.5654）	0.0248 （0.1603）
EDU				0.3761*** （3.5789）	0.3693*** （3.4206）	−0.0488 （−0.9838）
OPN					0.0744 （1.2709）	−0.0680*** （−1.8570）
REM*FD						−0.0070*** （−1.3216）
常数	−17.964*** （−1.5331）	−25.109*** （−1.8976）	−82.776*** （−2.5887）	−102.422*** （−2.8543）	−114.13*** （−3.2198）	−88.256*** （−5.4520）
样本量	114	114	114	114	114	114

（四）稳健性检验

同时包括金融较发达和金融欠发达国家的总样本，可能掩盖移民汇款与收入不平等之间的真实关系。为了检验上述实证分析结果的稳健性，本研究运用OLS、2SLS、GMM估计法分别考察金融较发达（高于平均值）和欠发达国家（低于平均值）的子样本。表3-21、表3-22、表3-23提供了金融较发达国家子样本的OLS、2SLS、GMM回归结果。

表3-21 金融较发达国家移民汇款与收入不平等：OLS

变量	（1）	（2）	（3）	（4）	（5）
PGDP	31.154*** （52.900）	34.275*** （56.989）	29.135*** （50.355）	31.249*** （48.923）	33.291*** （51.993）
PGDP^2	−1.9133*** （−54.10）	−2.1308*** （−59.12）	−1.7578*** （−51.728）	−1.8326*** （−49.633）	−1.9181*** （−52.170）
REM		−0.4373*** （−36.446）	−0.2555*** （−23.191）	−0.1790*** （−14.885）	−0.1601*** （−13.421）
INF			0.0059*** （20.229）	−0.0790*** （−10.101）	−0.0955*** （−12.273）
POP			4.0747*** （71.867）	3.5337*** （54.817）	3.5394*** （55.554）
GOV			0.5639*** （35.627）	0.5316*** （28.617）	0.5366*** （29.224）
EDU				−0.0578*** （−12.792）	−0.0721*** （−15.918）
OPN					−0.0652*** （−19.056）
常数	−82.326*** （−33.779）	−91.547*** （−36.745）	−88.041*** （−36.914）	−94.742*** （−36.172）	−101.95*** （−38.972）
样本量	40	40	40	40	40

表3-22 金融较发达国家移民汇款与收入不平等：2SLS

变量	（1）	（2）	（3）	（4）	（5）
PGDP	32.608*** （54.464）	35.495*** （57.959）	29.663*** （49.772）	32.034*** （47.265）	34.266*** （49.825）
PGDP^2	−1.9938*** （−55.496）	−2.1986*** （−59.966）	−1.7855*** （−51.159）	−1.879*** （−47.783）	−1.9823*** （−49.967）
REM		−0.4440*** （−35.538）	−0.2639*** （−22.743）	−0.1316*** （−9.5298）	−0.1289*** （−9.4094）
INF			0.0084*** （19.284）	−0.0719*** （−4.7874）	−0.1187*** （−7.5966）
POP			4.1584*** （70.748）	4.1604*** （60.322）	4.1388*** （60.487）

续表

变量	(1)	(2)	(3)	(4)	(5)
GOV			0.5618*** (32.972)	0.5805*** (28.752)	0.5979*** (29.821)
EDU				−0.0345*** (−7.2212)	−0.0491*** (−10.211)
OPN					−0.0664*** (−17.610)
常数	−88.729*** (−35.790)	−96.906*** (−38.153)	−90.598*** (−36.848)	−101.47*** (−36.688)	−108.88*** (−39.149)
样本量	40	40	40	40	40

表3-23　金融较发达国家移民汇款与收入不平等：GMM

变量	(1)	(2)	(3)	(4)	(5)
PGDP	32.608*** (5.7927)	35.495*** (5.2370)	29.663*** (5.1523)	32.034*** (5.1772)	34.266*** (5.0281)
PGDP^2	−1.9938*** (−5.7811)	−2.1986*** (−5.2502)	−1.7855*** (−5.4665)	−1.8799*** (−5.5994)	−1.9823*** (−5.3540)
REM		−0.4440** (−2.9448)	−0.2639* (−1.5039)	−0.1316*** (−0.7075)	−0.1289** (−0.7365)
INF			0.0084*** (2.5220)	−0.0719 (−0.6385)	−0.1187 (−0.9091)
POP			4.1584*** (4.8591)	4.1604*** (3.9783)	4.1388*** (4.1776)
GOV			0.5618*** 2.3809	0.5805*** 2.1494	0.5979*** 2.2724
EDU				−0.0345 (−0.5543)	−0.0491 (−0.8021)
OPN					−0.0664*** (−1.6798)
常数	−88.729*** (−3.9214)	−96.906*** (−3.5892)	−90.598*** (−3.8288)	−101.47*** (−4.0516)	−108.88*** (−4.0364)
样本量	40	40	40	40	40

结果表明，移民汇款的估计系数为负值，在所有回归中都显著，意味着移民汇款对金融较发达国家产生改善收入不平等的效应。贸易开放和政府支出等其他控制变量的回归结果与表3-22的2SLS、表3-23的GMM的回归结果是一致的。

最后，表3-24、表3-25、表3-26显示了金融欠发达国家的回归结果。在这个子样本中，移民汇款系数将其符号从负值变为正值，在所有回归中都显著，意味着移民汇款对金融欠发达国家的收入不平等产生不利影响。同时移民汇款系数的绝对值相对于金融较发达国家更低，意味着移民汇款的不利影响较弱。加入更多控制变量并应用不同计量经济学技术后，回归结果仍然相同。

上述有关金融较发达国家和金融欠发达国家的实证结果，与上一部分的检验结果一致，证明实证分析结果是稳健有效的。

表3-24　金融欠发达国家移民汇款与收入不平等：OLS

变量	（1）	（2）	（3）	（4）	（5）
PGDP	−1.0733*** （−2.3028）	1.2130*** （2.4250）	13.222*** （25.27）	21.478*** （36.745）	22.578*** （38.830）
PGDP^2	0.0949*** （3.0113）	−0.0602*** （−1.791）	−0.8075*** （−23.001）	−1.2565*** （−32.009）	−1.3491*** （−34.474）
REM		0.0503*** （13.932）	0.2346*** （36.997）	0.1898*** （26.936）	0.1480*** （20.418）
INF			−0.0163*** （−10.803）	−0.0065*** （−3.6849）	−0.0042** （−2.4193）
POP			2.0342*** （59.046）	1.2758*** （30.249）	1.1484*** （27.207）
GOV			−0.4160*** （−49.014）	−0.3645*** （−38.895）	−0.2937*** （−29.808）
EDU				−0.1049*** （−34.731）	−0.0912*** （−29.799）
OPN					−0.0833*** （−21.540）
常数	43.420*** （25.666）	35.646*** （19.537）	−7.8965*** （−4.1033）	−36.553*** （−16.893）	−38.488*** （−17.935）
样本量	74	74	74	74	74

表3-25　金融欠发达国家移民汇款与收入不平等：2SLS

变量	(1)	(2)	(3)	(4)	(5)
PGDP	12.918*** (12.908)	21.382*** (21.844)	16.865*** (29.894)	27.183*** (39.525)	27.537*** (40.380)
PGDP^2	−0.6708*** (−10.509)	−1.3163*** (−21.008)	−0.9990*** (−26.354)	−1.6469*** (−35.558)	−1.6810*** (−36.553)
REM		0.4160*** (46.618)	0.1974*** (26.867)	0.2039*** (25.070)	0.1859*** (22.25)
INF			−0.0110*** (−3.1732)	−0.0414*** (−7.5288)	−0.0368*** (−6.7561)
POP			3.1839*** (56.160)	3.5942*** (28.345)	3.4048*** (25.664)
GOV			−0.3871*** (−41.220)	−0.4111*** (−35.589)	−0.3736*** (−29.824)
EDU				−0.0279*** (−5.0264)	−0.0244*** (−4.5013)
OPN					−0.0413*** (−8.1516)
常数	−20.738***	−43.592***	−26.466***	−64.381***	−64.228***
样本量	74	74	74	74	74

表3-26　金融欠发达国家移民汇款与收入不平等：GMM

PGDP	10.178 (0.8461)	34.963*** (2.7248)	22.303*** (1.7290)	45.82*** (1.9192)	49.815*** (1.957)
PGDP^2	−0.4401 (−0.5665)	−2.1859*** (−2.6125)	−1.3431*** (−1.6451)	−3.1665*** (−2.0188)	−3.3795*** (−2.006)
REM		0.5461*** (4.3968)	0.0308 (0.1641)	0.1366 (0.3795)	0.3413 (0.8266)
INF			0.0426*** (1.4023)	−0.0847 (−0.5350)	−0.1906 (−1.0240)
POP			10.143*** (5.3810)	17.092*** (4.1467)	20.448*** (3.5226)

续表

变量	（1）	（2）	（3）	（4）	（5）
GOV			−0.8754*** （−3.5516）	−1.5965*** （−3.1769）	−1.8342*** （−3.1779）
EDU				0.6467*** （2.6437）	0.680*** （2.5835）
OPN					0.2957 （1.3688）
常数	−13.463 （−0.2977）	−93.263** （−1.9514）	−46.246** （−0.8980）	−165.57* （−1.6563）	−194.82*** （−1.8135）
样本量	74	74	74	74	74

（五）异质性效应检验

为了分析移民汇款、金融发展对收入不平等的异质性影响，接下来将按照世界银行的分组标准，把114个发展中国家分为66个中低收入国家和48个中高收入国家两个样本组。前者包括低收入国家和中等偏下收入国家，后者包括中等偏上收入国家和高收入国家（见表3-27）。分组分析可以进一步考察移民汇款对不同收入水平国家收入不平等的影响的差异。

表3-27 收入划分组别和标准

收入组别	按人均国民总收入（现价美元）划分标准
低收入国家	低于1,005美元
中等偏下收入国家	1,005—3,955美元
中等偏上收入国家	3,956—12,235美元
高收入国家	高于12,235美元

在对114个国家样本进行划分后，分别利用两组样本估计模型，所得结果见表3-28。表3-28的结果是在考虑内生性问题的情况下所做的GMM估计。第（1）栏选取的样本为中低收入国家，选取的工具变量为滞后一期的移民汇款。移民汇款对基尼系数的直接效应均在1%的统计水平下显著为正值，即不考虑金融发展因素介入的情况下移民汇款加剧了收入不平等。而移民汇款与金融发展交互项的系

数却在1%的统计水平下显著为负值,即移民汇款通过金融发展的间接效应是缩小收入不平等。收款国的金融发展水平决定了移民汇款对收入不平等的影响。

表3-28　114个国家回归结果:GMM

变量	(1)	(2)
PGDP	0.101536*** (0.330608)	1.032583*** (4.093214)
PGDP^2	−0.004468*** (−0.198594)	−0.063931*** (−4.421765)
REM	0.000647** (0.233144)	0.000754** (0.090357)
FD	−0.001712** (−0.889157)	0.001357** (2.579337)
REM*FD	−0.000431*** (−0.360549)	−0.000551*** (−3.017199)
INF	已控制	已控制
POP	已控制	已控制
GOV	已控制	已控制
EDU	已控制	已控制
OPN	已控制	已控制
常数	3.240020** 3.142413	−0.390548*** (−0.352582)
样本量	66	48

表3-28第(2)栏给出了中高收入国家样本的估计结果,其结果与第(1)栏非常接近,再次证明了移民汇款对收入不平等的积极效应只有在金融因素的介入下才会显现。就交互项的回归结果来看,中高收入国家的回归系数与中低收入国家方向一致,只是系数值略大。这可能是因为相对于中低收入国家而言,中高收入国家拥有更发达的金融体系、更加完善的社会保障体系、更先进的教育、更稳定的社会环境等。由此可见,移民汇款通过金融发展的调节作用对发展中国家的基尼系数的影响存在异质性。换言之,在将样本划分为中低收入国家和中高收入国家后,虽然移民汇款与金融发展的交互项对不同国家样本的基尼系数的影响均

显著为负，但是对中高收入基尼系数的负向影响要比中低收入国家更强。即在更高收入国家，移民汇款通过金融发展对收入不平等产生的负面效应更为显著。同时，中低收入国家，其金融发展、基础设施、教育和社会环境等要素相对更差，或者是由于其他原因，其对于移民汇款的利用效率也会更低。这导致移民汇款通过金融发展对该国的收入不平等的减缓效应可能需要更长时间的消化和吸收。

（六）结论

本研究利用114个发展中国家1981—2017年的非平衡面板数据，基于库兹涅茨曲线设定移民汇款影响收入不平等的计量经济学模型，考察移民汇款对收入不平等的影响。结果显示，移民汇款与金融发展存在互补关系，只有在金融发展介入的情况下，移民汇款才会发挥其改善收入不平等的积极效应。因此，移民汇款收入不平等效应主要取决于收款国金融部门的发展水平。在金融更发达的国家，移民汇款有助于改善收入不平等。而在金融欠发达的国家，移民汇款却加剧了收入不平等。进一步的异质性效应检验发现，在收入水平不同的国家和地区，移民汇款对收入不平等的影响存在差异。在控制变量方面，人口增长、通胀、贸易开放对所有国家的收入不平等都产生了不利影响。政府开支、教育在减少收入不平等方面发挥了一定作用。

第四节　消费和投资

一、移民汇款对消费的影响

移民汇款的经济影响可以分为直接影响和间接影响。直接影响主要表现在收款家庭的消费支出，人力资本投资和创业投资的增加，住房条件的改善，等等。同时，通过这些消费和投资产生的乘数效应，对非收款家庭和当地社区经济产生间接影响。[1]

（一）移民汇款主要用于消费

移民汇款的最终用途问题，即移民汇款是进入消费、储蓄还是投资领域，是决定移民汇款与经济发展关系的重要因素。移民汇款的用途多种多样，包括

---

[1] Taylor JE., "The New Economics of Labor Migration and the Role of Remittances in the Migration Process," *International Migration*, Vol. 37, No.1, 1999, pp. 63-68.

食品、住房、耐用消费品、教育、非正式保险、健康,以及公共服务和公用设施。①虽然各国之间汇款使用有差异,但是收款家庭在使用汇款的优先顺序上有一些相似之处。如前所述,移民汇款往往基于利他动机。这可以解释为什么汇款主要用于家庭消费(如在墨西哥达到了86.4%),而只有少部分用于储蓄和投资。从移民汇款的使用分配来看,主要用于基本生活需求,如食物、房租、医疗、教育等。②LAC国家用于日常生活消费的移民汇款平均达60%—78%,其中墨西哥78%的移民汇款用于基本生活消费,厄瓜多尔61%的移民汇款也是这一用途。③移民汇款主要用于基本生活消费,表明收款家庭收入较低,其基本生活对移民汇款依赖性很大。

(二)移民汇款通过消费产生的间接影响

由于只有少部分移民汇款用于兴办中小企业、改善农业劳动效率等生产性投资,因此20世纪70年代和80年代初,学术界和政府一度对移民汇款能否促进经济发展。不少研究认为汇款被用于挥霍和非生产性使用,对经济发展没有产生积极作用。④这种观点似乎忽略了一个事实——除了直接进入"生产性投资"领域外,移民汇款还通过许多其他渠道进入投资,比如移民汇款储蓄转为贷款,消费刺激国内生产性投资,以及教育、医疗卫生等方面的人力资源投资,利用移民汇款从国外进口投资性产品和生产设备,等等。进入21世纪以来,有学者对移民汇款的用途被分为消费和投资的做法提出了质疑,认为移民汇款在医疗卫生和教育领域的"消费"应该被视为人力资源投资而非普通的消费;而贫困家庭消费水平的提高也应该被视为移民汇款减贫的作用体现,而非单纯的"消费"。⑤

这种间接作用最突出的就是移民汇款用于消费产生的乘数效应。在一定条件下,移民汇款大量涌入,通过消费促进需求、产出、储蓄和投资,移民汇款的"乘数效应"由此产生。

---

① Catalina Amuedo-Dorantes and Susan Pozo, "Worker's Remittances and the Real Exchange Rate: A Paradox of Gifts," *World Development*, Vol.32, No.8, 2004, pp. 1407-1417; Jean-Paul Azam and Flore Gubert, *Migrant Remittances and Economic Development in Africa: A Review of Evidence*, Paris: University of Toulouse and Institut Universitaire de France, 2005.
② World Bank, *Global Economic Prospects 2006: Economic Implications of Migration and Remittances*, 2006.
③ World Bank, *Global Economic Prospects 2006: Economic Implications of Migration and Remittances*, 2006.
④ Martin P.L., Taylor J.E.,1996. "The anatomy of a migration hump", in JEe Taylor, ed., *Development strategy, Employment, and Migration: Insights from Models*, Paris: OECD, Development Centre, 1996, pp. 43-62.
⑤ Nicholas Glytsos, "Dynamic Effects of Migrant Remittances on Growth:An Econometric Model with an Application to Mediterranean Countries", *Centre of Planning and Economic Research Discussion Paper No.74*, 2002.

1. 移民汇款用于消费产生的乘数效应

如前所述,移民寄送到本国的钱大都用于消费,所谓的"非生产"投资对非收款家庭所产生的间接影响容易被忽视。但实际上,移民汇款只要是在当地消费开支,就可以通过为非移民家庭提供劳工和收入而对经济发展产生积极的影响。移民家庭的汇款消费可能通过乘数效应导致非移民家庭收入增加。移民汇款投资于建筑活动可以为非移民带来可观的就业机会和收入增长。同理,这种推理也适用于许多其他方面的支出。可见,移民汇款给非移民带来的益处可以通过这种方式逐渐累积。移民汇款的这些支出可以提高消费水平,同时可以通过缓解当地生产资本约束促进当地投资。这样,移民汇款花在住房和消费支出方面就可能会对该地区(甚至全国)经济产生乘数效应。

假设这些汇款纯粹用于消费,如购买各种日常用品用具,则可以通过增加相应需求以推动制造业的发展和扩大。来自制造业部门需求的增加促进了生产的增加,继而又导致对劳动力需求的增加,增加了制造业部门剩余劳动力的再就业机会,从而提高了其收入水平。劳动力收入的增长,又将进一步促进制造业部门的发展。这个过程就会可持续地不断循环下去。

由于汇款直接汇入了具有较高消费倾向的移民家庭,这种消费对一个国家国民收入的增长效应是明显的。移民家庭对产能过剩行业生产的商品和服务方面的支出增加,亦为其他人创造了工作岗位和收入。而这些"其他人"的附加消费又反过来有益于另一些其他人。例如,孟加拉国发展研究所的一份研究报告显示,孟加拉国汇款对GNP的增值效应为3.3,对消费的增值效应为2.8,对投资的增值效应为0.4。[①]

2. 移民汇款用于投资产生的乘数效应

移民汇款用于人力资源投资和生产性投资,则其乘数效应可以持续更长时间。如果移民汇款被直接投资在家庭内的一些生产性活动中,如投资农业购买一些基本的投入或通过开公司开始创业活动,就会对家庭收入水平产生更加稳定和持久的影响,移民汇款的影响超出了移民家庭的范围。一般而言,移民寄送到母国的汇款不会全部被花掉,一部分存放在银行里。因此,移民汇款储蓄可以转化为非收款家庭贷款的来源,为小微企业家创业提供了融资来源。例如,美国的墨西哥移民每

[①] Nicholas Glytsos, "Dynamic Effects of Migrant Remittances on Growth:An Econometric Model with an Application to Mediterranean Countries", *Centre of Planning and Economic Research Discussion Paper No.74*, 2002.

汇出1美元，估计会促进墨西哥GDP增长2.90美元。[①]LAC国家移民汇款的乘数效应高达4美元，即每1美元的移民汇款在当地会产生4美元的商品和服务需求。[②]

移民汇款流入后的去向，是研究移民汇款对发展中国家经济增长影响的重要环节。很多学者认为移民汇款流入发展中国家后主要的去向是消费、储蓄、投资这三个领域。大部分汇款都流向了消费领域，如食物、房租、医疗、教育等。虽然只有少量移民汇款用于创业和改善农业生产率等生产性投资中，但是移民汇款进入投资除了"生产性投资"这一直接途径外，还可以通过其他间接途径进入投资，如移民汇款通过储蓄转为一些生产性投资，通过消费的形式刺激国内生产性投资，以及教育、医疗卫生等方面的人力资源投资，利用移民汇款从国外进口投资性产品和生产设备。而在这些间接途径中，移民汇款在流通中的"乘数效应"对收款国经济增长起到了重要作用。Glytsos利用量化模型估计了移民汇款对消费、投资、产出、进口产生的效应大小，发现移民汇款对收入指标产生的乘数效应为2.3（投资的乘数效应为0.6）。[③]Nsiah等对21个拉丁美洲国家进行研究，结果显示每增加1单位移民汇款，会带来收款国国内人均收入0.3%的增长。[④]

移民汇款的乘数效应对经济增长的影响并不都是积极的，某些情况下也会产生消极作用。移民汇款的乘数效应仅仅是汇款影响经济增长的一种潜在功能。而这一功能的发挥取决于国内各种可能的影响因素。发展中国家由于自身生产水平的限制，很多生活用品需要通过进口来满足国内需求。在这种情形下，移民汇款乘数效应的发挥则会大打折扣，反而会促进对进口产品的需求，加大贸易逆差规模，不利于经济发展。如在阿尔及利亚，很大一部分移民汇款都用于购买进口产品。[⑤]另外，对于农村地区而言，购买消费品大都通过小商贩，没有经过税收环节，乘数效应也不明显。虽然移民汇款会促进收款国国内消费，但是消费的急剧扩大往往会对经济发展产生负面影响。

[①] Irma Adelman and J. Edward Taylor, "Is Structural Adjustment with a Human Face Possible? The Case of Mexico", *Journal of Development Studies*, Vol.26, No.3, 1990, pp. 387-407.

[②] Douglas. S. Massey and Emilio A. Parrado, "International Migration and Business Formation in Mexico", *Social Science Quarterly*, Vol.79, No.1, 1998, pp. 1-20.

[③] Glytsos N.P., "The Contribution of Remittances to Growth: A Dynamic Approach and Empirical Analysis", *Journal of Economic Studies*, Vol.32, No.6, 2005, pp. 468-496.

[④] Christian Nsiah & Bichaka Fayissa, "Remittances and economic growth in Africa, Asia, and Latin American-Caribbean countries: a panel unit root and panel cointegration analysis", *Journal of Economics and Finance,* Vol. 37, No.3, 2013, pp. 424-441.

[⑤] I Gedeshi, H Mara and Preni Xh, *The Encouragement of Social-economic Development in Relation to the Growth of the Role of the Remittances*, Centre for Economic and Social Studies (CESS), 2003.

二、移民汇款对投资的影响

（一）主要观点

1. 怀疑论

部分学者对国际移民汇款与经济发展的正向关系提出质疑。最常见的原因是：他们认为移民或其家人很少把汇款投资于生产性企业，却把汇款花在消费或非生产性投资上面。他们认为，移民汇款不利于、甚至可能会阻碍经济发展。在他们看来，在诸如教育、卫生、食品、药品方面的支出，以及在住房、教育、卫生、娱乐设施等社区项目的支出都不是"投资"，这些方面的改善不是"发展"。事实果真如此吗？除了忽略消费开支和"非生产投资"具有促进经济增长及就业的间接影响外，怀疑论也往往受到所谓"生产性投资"和"发展"定义（即究竟什么是生产性投资？什么是发展？）的限制和束缚。移民汇款在诸如教育、卫生、食品、药品方面的支出，在住房、教育、卫生、娱乐设施等社区项目的投资，虽然都不是所谓"生产性投资"，但是都对改善人们的福利和生活水平做出了重要贡献。根据阿玛蒂亚·森的观点，从发展能力的角度看，上述福利改善和生活水平改善都应被视为"发展"的内容。[1]此外，移民的支出清单上，住房普遍都排在仅次于消费的位置，移民也一直因为这种消费偏好而受到指责。建筑活动可能对当地和地区经济产生积极影响。反对这种观点的学者提出的一个基本论据就是购买住房只是追求更好的居住条件，是人类福祉的基本内容，而非投资行为，与发展没有关系。[2]

上述对移民的"非生产性"或"非理性"消费行为的批评，表明人们无法理解在移民来源国存在的种种社会、经济、法律和政治方面不利的投资障碍。在环境不安全的背景下，将汇款花费在相对安全的资产（如房屋）上面，更多是收款家庭出于安全、多样化财务策略的考虑。Adams在对埃及农村地区使用移民汇款的影响的研究中认为，从个人角度来看，住房支出就应被归类为投资，"因为新置住房和改善住房未来都可能会给个人带来经济回报"。他认为，考虑到整个埃及土地价格的飙升、通胀率奇高或者其他投资回报降低（甚至是亏损），从个体农民的角度来看，购置土地恰恰是很好的投资项目。[3]Hein de Haas对摩洛哥的研究发现，

---

[1] 阿玛蒂亚·森：《以自由看待发展》，任赜、于真译，中国人民大学出版社，2012年。
[2] 阿玛蒂亚·森：《以自由看待发展》，任赜、于真译，中国人民大学出版社，2012年。
[3] Adams R. H., "The Economic Uses and Impact of International Remittances in Rural Egypt", *Economic Development and Cultural Change*, Vol.39, No.4, 1991, pp. 695-722.

移民将房屋产权投资作为重要的生活保障途径。[①]与FDI和FII一样，无论是在微观还是在宏观层面，移民汇款都可能成为移民来源国发展资金的重要来源，只是运作机制不同。移民汇款不仅能部分弥补国际移民所造成的人力资本损失，而且还通过提供直接或间接途径促进资本形成。

因此，就上面的讨论而言，消费和投资之间的区别往往模糊不清。为了能获得较高回报同时又有较低风险，在移民母国投资土地、住房、教育、交通、珠宝首饰等是更理性的投资行为。相对而言，农业或工业领域的"生产性"投资风险就高得多。两相权衡，移民及其家人往往选择前者。

2. 肯定论

国际移民可能会增加汇款国对收款国的投资流动，因为这些移民拥有母国直接投资的信息及相关的投资法规等重要信息，有助于寻找投资机会。语言优势和相似的文化背景，可以大大促进投资的盈利能力。另外，投资者可以利用移民的专业知识提高盈利能力。跨国公司或外国公司在海外投资设厂的主要障碍是不确定性和对新市场缺乏信息。移民可能比其他投资者更愿意承受在母国投资的风险。情感、责任感、社交网络意识、侨民组织力量和回国参访是移民投资的重要决定因素。虽然大多数汇款投资仍然局限在移民家乡，[②]但也有不少移民倾向于到更远的区域（城市地区）投资。例如大量的海外华人祖籍福建、广东，但他们的投资并不仅限于这两个地方，已经扩展到了全中国大部分省市，甚至国外。当移民家乡基础设施很差、缺乏资源或者投资机会时，移民汇款的投资就会流向其他投资条件更有优势的地方。

3. 投资论

移民汇款有两种不同的流动形式：一种是资本流动，另一种是收入转移。汇款不只是补偿性的流动，同样具有其他的商业动机（利己动机）。因此，可以考虑这样两种情况：一是移民汇款的决策取决于国内投资项目的收益程度。如果收益高，收款者会利用移民汇款做更多的投资，随着投资规模的逐渐扩大，企业经营者的管理才能也会逐步提升。二是移民汇款仅仅是出于利他动机，汇款就是为了维持国内家庭成员的生活支出。以上所提到的移民汇款的两种不同动机都引致了相近的研究结果，即移民汇款并不仅仅是通过简单的收入转移促进了收款国的消

[①] Hein De Haas, H. "International Migration, Remittances and Development: Myths and Facts", *Third World Quarterly*, Vol.26, No.8, 2005, pp. 1269-1284.

[②] Hein De Haas H., "Migration, Remittances and Regional Development in Southern Morocco", *Geoforum*, Vol.37, No.4, 2006, pp. 565-580.

费，同样通过投资渠道为收款国经济发展提供金融支持。在这种情形下，随着营利动机的增加，移民会通过汇款渠道对母国进行更多的投资。事实上，在大约2/3的发展中国家，移民汇款大多都是逐利的。逐利性汇款在母国经济环境改善时就会增加。[1]在金融业不能满足当地企业家信贷需求的国家，尤其需要移民汇款这种外部资金以弥补投资的不足。许多移民在母国投资小微企业、房地产或其他产业，期待在未来会有更好的回报。

在移民活动初期，由于适龄劳动力的流失，移民活动对家乡经济和家庭生产的短期影响往往是负面的。移民在东道国安定下来并找到了相对稳定的工作后，特别是在母国家人生活最基本需求（如食品、医疗、服装、小学教育、基本生活设施、偿还债务等）得到满足之后，才有余力进行投资。

但随着时间的流逝最终会产生积极作用。只有在移民活动出现的后期阶段，移民才会投资于企业，如农业、房地产、商业等。投资的程度将取决于母国的投资环境。也只有在后期阶段，家庭和社区才有机会及时重新调整当地的（农业和非农业）生产系统（包括劳动力分配、家庭内部分工），以适应当地劳动力出国后面临的新情况。在移民汇款持续过程中，汇款的支出和投资会发生变化。有学者基于从摩洛哥南部采集的家庭数据，发现了汇款影响发生的时间顺序，其中房产投资开始出现在移民周期的较早时期，在移民初期的5—14年后达到峰值，然后稳定在较高的水平上。移民对农业的投资大部分都出现在该地区移民活动出现的15—24年后，而对非农业的私人企业投资则在移民25—29年后达到峰值。[2]

（二）对母国经济的主要影响

1. 增加贷款投资

移民母国的低收入家庭贷款很困难，移民汇款的影子价值对他们抵御风险和缓解流动约束尤其重要。[3]移民汇款的稳定性可以使其母国家庭信用更高，更容易获得正规金融机构的贷款。当移民家庭受到不利的经济打击时，汇款收入往往增加。这对于缓解贷款限制起到了立竿见影的效果。源源不断的汇款收入增加了贷款人的信心，使他们相信无论发生怎样糟糕的事情都会有汇款收入作为保障。贷

---

[1] Christian Nsiah & Bichaka Fayissa, "Remittances and economic growth in Africa, Asia, and Latin American-Caribbean Countries: A Panel Unit Root and Panel Cointegration Analysis", *Journal of Economics and Finance*, Vol. 37, No.3, 2013, pp. 424–441.

[2] Hein De Haas H., *Migration and Development in Southern Morocco: The Disparate Socio-Economic Impacts of Out-Migration on the Todgha Oasis Valley*, Unpublished PhD Thesis, Radboud University Nijmegen, 2003.

[3] Taylor, J. Edward, and T. J. Wyatt., "The Shadow Value of Migrant Remittances, Income and Inequality in a Household-Farm Economy," *Journal of Development Studies*, Vol.32, No.6, 1996, pp. 899-912.

款的增加无疑会极大促进更多移民汇款流入投资领域。如萨尔瓦多与美国一家非盈利性组织（Techno Serve）共同实施了一项试点计划（2008—2009年），以帮助小微型企业家利用移民汇款获得信贷发展当地企业，包括酒店和餐馆等。由于政府为收款人积极提供储蓄账户和其他金融产品，塞内加尔超过20%的收款家庭获得了银行贷款。①

2. 中小企业的重要资金来源

许多国家的金融机构不太关注中小企业的发展，或者提供的金融支持十分有限。移民汇款恰好弥补了这些方面的不足。例如，在加纳和危地马拉，大约1/3的汇款用于开办小微企业和新建房屋。②摩洛哥的移民汇款往往投资中小企业，用于购买小货车、出租车，投资咖啡店、旅行社、饭馆、酒店等。③墨西哥出国移民最多的6个州21%的中小型企业投资来自移民汇款。④约有一半的土耳其移民都在其母国投资兴办企业，其启动资本基本上都来自移民汇款。⑤南太平洋岛国的移民汇款也有相当一部分用于国内投资。⑥墨西哥城市地区6,000个微型企业的投资约有1/5来自汇款。⑦移民汇款是投资农业或在农村创办企业的主要资金来源。在巴基斯坦农村地区，移民汇款增加了对农业的投资倾向。⑧在菲律宾，受益于汇率变化的收款家庭更倾向于自己创业。⑨

只是在这些移民母国，移民汇款进入投资领域还存在不少障碍。收款国政府应该采取措施吸引移民汇款进入生产性投资领域。"只要出现机会，移民汇款就会

---

①Douglas. S. Massey and Emilio A. Parrado, "International Migration and Business Formation in Mexico", *Social Science Quarterly*, Vol.79, No.1, 1998, pp. 1-20.

②M. Sayed Abou Elseoud, "Do Workers' Remittances Matter for the Egyptian Economy?", *International Journal of Applied Operational Research*, Vol.4, No.1, 2014, pp. 1-26.

③M. A. Leichtman, "Transforming Brain Drain into Capital Gain: Morocco's Changing Relationship with Migration and Remittances," *Journal of North African Studies*, Vol.7, No.1, 2002, pp. 109-137.

④Douglas. S. Massey and Emilio A. Parrado, "International Migration and Business Formation in Mexico", *Social Science Quarterly*, Vol.79, No.1, 1998, pp. 1-20.

⑤Christian Dustmann, and Oliver Kirchkamp, "The Optimal Migration Duration and Activity Choice after Remigration", *Journal of Development Economics*, Vol. 67, No.2, 2002, pp. 351-372.

⑥Richard P.C.Brown, "Estimating Remittance Functions for Pacific Island Migrants", *World Development*, Vol. 25, No.4, 1997, pp. 613-626.

⑦Taylor, J. Edward, and T. J. Wyatt., "The Shadow Value of Migrant Remittances, Income and Inequality in a Household-Farm Economy," *Journal of Development Studies*, Vol.32, No.6, 1996, pp. 899-912.

⑧Taylor, J. Edward, and T. J. Wyatt., "The Shadow Value of Migrant Remittances, Income and Inequality in a Household-Farm Economy," *Journal of Development Studies*, Vol.32, No.6, 1996, pp. 899-912.

⑨Taylor, J. Edward, and T. J. Wyatt., "The Shadow Value of Migrant Remittances, Income and Inequality in a Household-Farm Economy," *Journal of Development Studies*, Vol.32, No.6, 1996, pp. 899-912.

用于投资，投资对于移民汇款具有吸引力。即使移民本人具备投资和管理能力，如果投资环境不好，移民不会选择投资国内，而宁愿选择其他更安全的地方。"[1]鼓励移民汇款投资的措施需要与有益于经济增长和提升竞争力的宏观经济政策结合起来。良好的投资环境将使移民汇款更多地进入实体经济和人力资源投资。

3. 弥补人力资源投资不足

移民汇款影响母国人力资本形成的途径有许多种，不同的途径可能会因不同的家庭背景和经济环境产生不同的激励效果。当移民汇款能够补偿因移民带来的收入损失的时候，移民汇款的增加会提高家庭成员对教育的投资。在巴基斯坦农村，短期跨国流动与总入学率，尤其是女性入学率的提升显著正相关。由于入学成本和接受教育的机会成本相对较高，移民汇款可以减缓母国留守子女接受教育时面临的预算约束。收款人对教育的投资决定同样取决于其对教育水平与对移民回报相关关系的预期。如果移民具有正向选择，即移民的教育水平越高则移民成功的概率越大，移民汇款增加，从而解决"流动性约束"问题，对人力资本的形成产生积极影响。然而，如果家庭中非技术成员移民海外后生存困难，从而产生错误预期，认为教育程度与移民回报没有关系，那么这种情形下移民汇款将不仅不能促进人力资本的形成，而且还会阻碍教育发展。

移民汇款用于支付学生的学费，促进了家乡儿童入学率的提高。对墨西哥的研究表明，收款家庭比例每增加5%，儿童入学率就会增加3%以上，文盲就会减少34%。[2]Ratha发现萨尔瓦多和斯里兰卡家庭有移民汇款的学生辍学率很低，聘请家庭教师的也更多。在遭受经济衰退或其他灾难后，发展中国家的非收款家庭收入减少，子女无法继续读书；而收款家庭的子女则能继续学业。Yang对亚洲金融危机前后菲律宾家庭开支情况进行了分析，结果发现菲律宾移民在子女教育方面的开支增长很快，移民汇款对于提高儿童入学率起到了重要的积极作用。[3]随着收款家庭比例的增加，菲律宾6—14岁子女的入学率就明显增长。[4]移民汇款流入贫

---

[1] Richard P.C. Brown, "Migrants' Remitances, Savings and Investment in the South Pacific," *International Labour Review*, Vol.133, No.3, 1994, pp. 183-189.
[2] Catalina Amuedo-Dorantes and Susan Pozo, "Worker's Remittances and the Real Exchange Rate: A Paradox of Gifts," *World Development*, Vol.32, No.8, 2004, pp. 1407-1417.
[3] Yang, Dean, "Coping With Disaster: The Impact of Hurricanes on International Financial Flows, 1970–2002," *The B.E.Journal of Economic Analysis and Policy*, Vol.8, No.1, 2008, pp. 1-38.
[4] Ernesto, Lopez-Cordova and Alexandra Olmedo, "International Remittances and Development: Existing Evidence, Policies, and Recommendations", *Occasional Series Paper No.41*, Institute for the Integration of Latin America and the Caribbean, 2006.

困家庭的比例越高，当地女孩接受教育的比例增加就越快。

移民汇款有利于发展中国家健康状况的改善。相比其他收入，墨西哥移民汇款的增加更能促进家庭医疗卫生支出的增加。同时，随着移民汇款家庭比例的提高，墨西哥婴儿死亡率下降。[1]斯里兰卡收款家庭出生的婴儿体重大于普通家庭。[2]

如上所述，移民汇款对人力资源投资和中小企业投资都具有一定促进作用。但这种作用要结合一定的历史条件来综合考察才能得出更清晰的认识。部分发展中国家政府长期缺乏对人力资本投资和中小企业投资的支持，移民汇款适时部分地弥补了这方面不足。当然不宜过分强调移民汇款的这种替代功能，发展中国家的人力资源投资和中小企业投资不能过于依赖移民汇款。

4. 移民汇款促进房地产业发展

移民汇款对发展中国家房地产业发展具有重要的促进作用。在缺乏其他保值资产的地区，人们往往用汇款投资住房和购买土地，相当部分移民汇款都用于购置房产。在侨户和侨乡收入水平普遍提高、基本生活消费得到一定满足的情况下，进入房地产投资，甚至生产性投资领域的移民汇款就逐渐增加。如危地马拉收款家庭主要将汇款用于住房投资，巴基斯坦农村的移民汇款相当部分用于投资房地产，摩洛哥里夫（Rif）地区71%的移民家庭都用移民汇款来购买土地建房或用于旧房翻新。去美国打工一年的人回乡购房的可能性将增加1.2倍。[3]大量移民汇款进入房地产，不仅带动了与此相关的多种行业蓬勃发展，如塑胶、五金、家具、水电、照明、家电等，还促进了就业的迅速增长。因此，移民汇款进入房地产同样能发挥其"乘数效应"，促进经济发展。

5. 增加储蓄，促进投资

如上所述，移民汇款对增加可支配收入有直接影响，通常会增加储蓄。可支配收入随着汇款而增加，储蓄也随之增加，金融机构可以将移民家庭的小额储蓄转化为生产性投资。因此，在家庭层面，汇款有助于形成流动资产和固定资产。

移民汇款增加了居民储蓄，带动了投资。收款家庭的储蓄率普遍高于非收款

---

[1] Nicole Hildebrandt and David J.McKenzie, "The Effects of Migration on Child Health in Mexico", *Economia*, Vol.6, No.1, 2005, pp. 257-289.

[2] Hein De Haas, H. "International Migration, Remittances and Development: Myths and Facts", *Third World Quarterly*, Vol.26, No.8, 2005, pp. 1269-1284.

[3] Sarah Collinson, *The Politics of Migration in Euro-Maghreb Relations*, Middle East Programme, London: The Royal Institute of International Affairs, 1996, pp. 35-39.

家庭，且移民汇款的储蓄比例也高于其他收入。[1]20世纪80年代末、90年代初，巴基斯坦海外移民汇款储蓄倾向明显高于国内汇款（从城市向农村的汇款）或租金收入。

如果将进入房地产和教育、医疗卫生领域的移民汇款计入消费而不是投资，进入生产性投资的移民汇款最多在10%左右。LAC地区以投资为目的的移民汇款比例不到5%，而收款人用移民汇款投资的比例相对更高一点，可能在10%左右。[2]但如果将上述几类"消费"也作为"投资"来考察，则移民汇款转化为投资的比例将上升，储蓄就成为了移民汇款进入投资的重要渠道。

（三）移民汇款、金融发展与收款国国内投资——基于发展中国家面板数据的的实证分析

1. 引言

一般而言，移民汇款的宏观经济影响在很大程度上取决于其性质是补偿性转移还是资本流动，因此移民汇款是"挤入"还是"挤出"了国内投资是移民汇款是否促进经济增长的关键性问题（Chowdhury，2016）[3]。在前一种情况下，基于移民关心其亲属福祉的假设，移民汇款的利他动机占主导地位。然而，在后一种情况下，移民自身利益占主导地位，因此保留对资产的某种所有权。在上述两种情况下，收款国经济对移民汇款增加的反应可能是消极的，也可能是积极的。关于移民汇款对国内投资的影响，许多学者认为，移民汇款可能通过增加储蓄、稳定宏观经济，平滑消费从而对移民国家的投资产生正向影响（Chowdhury，2016）[4]，但也有不少学者认为，移民汇款主要用于生活消费而非生产性投资，因而可能不会促进国内投资的增加（Mallick，2012）[5]。总的来说，目前文献关于移民汇款对国内投资的影响尚无定论。近50年来，发展中国家移民汇款的急剧增加引起了学界关注，有必要基于发展中国家的面板数据通过实证研究以进一步考察移民汇款对收款国国内投资的影响。

---

[1] Kapur, D., "Remittances: The New Development Mantra?", *G-24 Discussion Paper No.29*, United Nations Conference on Trade and Development, Geneva, 2004.

[2] World Bank, *Migration and Development Brief 12*, 2011, http://siteresources.worldbank.org.

[3] Chowdhury, M. B. "Financial development, remittances and economic growth: Evidence using a dynamic panel estimation", *Margin: The Journal of Applied Economic Research*, 2016, 10(7), 35-54.

[4] Chowdhury, M. B. "Remittances Flow and Financial Development in Bangladesh", *Economic Modelling*, 2011, 28(6), 2600-2608.

[5] Mallick, H. "Inflow of Remittances and Private Investment in India", *The Singapore Economic Review*, 2012, 57(1), 1-22.

本研究对现有文献的边际贡献如下：首先，以实证方法关注移民汇款对收款国国内投资的影响。其次，实证发现移民汇款与国内投资之间存在的负相关关系，揭示了移民汇款对国内投资的"挤出效应"。第三，发现改善金融发展对移民汇款与国内投资之间的"挤出效应"具有显著的抑制效应，移民汇款对国内投资的影响取决于金融发展水平。结论具有重要的政策启示。

2. 文献回顾和研究假设

大量既往研究肯定了移民汇款对国内投资的积极作用。在其看来，移民汇款往往是出于对家庭的责任和义务的利他动机，收款人通常是移民的父母、兄弟姐妹及子女。移民汇款能迅速、直接渗透到社会底层（包括最贫困的收款家庭），用以购买食品、医疗保健和投资住房和教育等，几乎涵盖所有最基本的需求，同时还能转化为投资，有助于促进就业和创业。随着大量汇款投资于教育和健康领域，移民汇款对收款国的教育发展、健康改善、就业创业、贫困减缓等各方面都做出了重要贡献。移民汇款不仅部分弥补了因为移民而产生的人力资本损失，而且通过提供投资来源直接促进资本形成，从而促进经济发展（Gupta，2009）[1]。移民是其母国家庭为克服市场失灵（如不完善的信贷和保险市场等）、缓解投资限制以及减缓贫困的一种家庭财务安全策略（Taylor，1999）[2]。持这种观点的学者发现，与移民前相比，移民后的移民家庭因为汇款而增加了家庭收入，在教育、健康及创业等方面的支出显著增加（Woodruff et al.，2007）[3]。在他们看来，移民汇款是移民家庭非正式资产积累和自我保险机制，可以在金融和保险市场落后的情况下发挥财务保险作用。移民母国家庭往往是中低收入家庭，贷款很困难，移民汇款对他们抵御风险和缓解流动约束尤其重要（Taylor & Wyatt，1996[4]；张洁等，2022[5]）。移民汇款的稳定性可以改善母国家庭信用，使其更轻松获得正规金融机构的贷款。当移民家庭受到不利的经济冲击时，移民汇款收入往往趋于增加，对缓解贷款限制起到了立竿见影的效果。源源不断的移民汇款增加了贷款人的信心，使他

---

[1] Gupta, Sanjeev, Catherine A. Pattillo, and Smita Wagh, "Impact of Remittances on Poverty and Financial Development in Sub-Saharan Africa", *World Development*, 2009, 37(1): 104-115.

[2] Taylor JE., "The New Economics of Labor Migration and the Role of Remittances in the Migration Process", *International Migration*, 1999, 37(1): 63-68.

[3] Woodruff, Christopher, and Rene Zenteno, "Migration Networks and Microenterprises in Mexico", *Journal of Development Economics*, 2007, 82(2): 509-528.

[4] Taylor, J. Edward, and T. J. Wyatt. "The Shadow Value of Migrant Remittances, Income and Inequality in a Household-Farm Economy", *Journal of Development Studies*, 1996, 32(6): 899-912.

[5] 张洁、林勇：《国际汇款、金融发展、制度环境与经济增长》，《重庆理工大学学报：社会科学》2022年第6期，第98-109页。

们相信无论发生怎样糟糕的情况都会有移民汇款收入作为保障。Mundaca（2009）[1]认为，移民汇款改善了收款国的金融发展，有助于国内企业动员必要的信贷来进行投资。Chowdhury（2011）[2]研究发现，移民汇款推动了金融部门扩张，提高银行体系效率，从而导致国内公司的信贷环境改善，提高了经济竞争力或改善东道国与收款国之间的金融联系，进而有助于促进国内投资。移民汇款往往会减少家庭的信贷约束，从而提高金融部门的深度。与非收款家庭相比，收款家庭的储蓄率和投资率普遍更高（Adams & PaGOV，2005[3]；林勇，2017[4]）。Combes & Ebeke（2011）[5]发现移民汇款比其他类型资金的流入更具反周期作用，在经济困难时期是更稳定的外汇来源。Gupta等（2009）[6]则指出，移民汇款可能主要用于消费，其中很大一部分用于改善生活、教育和健康。由移民汇款而增加的消费或者"非生产性"投资（如房地产）可能会产生乘数效应，通过其溢出效应促进更多的资本积累。

但另一方面，越来越多的研究认为，移民汇款会对收入分配、家庭劳动力供应和储蓄率产生不利影响，从而对接受国经济产生负面影响。移民汇款刺激不了经济增长，部分原因在于汇款普遍没有转为投资，而是为家庭成员提供购买生活必需品的资金（Bettin & Zazzaro）[7]。Chami等（2009）[8]指出，与任何其他资源流入类似，持续增加的移民汇款水平往往与"荷兰病"效应及炫耀性消费而非生产性投资的增加有关。但是，发展中国家的特点是金融制度相对不发达、信贷受到限制和利率趋高，因此，有研究认为，移民汇款对国内投资产生负向影响或没有产生显著影响。例如，世界银行的一项研究（World Bank，2006）[9]发现津巴布韦

---

[1] Mundaca, D. "Remittances, financial markets development and economic growth: The case of Latin America and the Caribbean", *Review of Development Economics*, 2009, 13(2), 288-303.

[2] Chowdhury, M. B. "Remittances Flow and Financial Development in Bangladesh", *Economic Modelling*, 2011, 28(6): 2600-2608.

[3] Adams Jr, R. H. & Page, J. "Do international migration and remittances reduce poverty in developing countries?", *World Development*, 2005, 33(10): 1645-1669.

[4] 林勇：《移民汇款对经济增长促进作用的实证检验》，《亚太经济》2017年第5期。

[5] Combes, J. L. & Ebeke, C. "Remittances and household consumption instability in developing countries", *World Development*, 2011, 39(7), 1076-1089.

[6] Gupta, S. Pattillo, C. A. & Wagh, S. "Effect of remittances on poverty and financial development in Sub-Saharan Africa", *World Development*, 2009, 37(1), 104-115.

[7] Bettin, G., and Zazzaro. A. *Remittances and Financial Development: Substitutes or Complements in Economic Growth?*, MOFIR Working Paper 28. Money & Finance Research Group, 2009.

[8] Chami, R. Hakura, D. & Montiel, P. Remittances: an automatic output stabilizer?[R]. IMF Working Papers, 2009: 1-31.

[9] World Bank. Global Economic Prospects 2006: Economic Implications of Migration and Remittances, World Bank, 2006.

的移民汇款主要用于家庭消费，只有很小一部分用于本国的可持续投资。Mallick（2012）[1]基于印度1966年至2005年的数据，使用自回归分布滞后（ARDL）协整方法研究了移民汇款与私人投资之间的关系，结果发现移民汇款的很大一部分可用于私人消费，对私人投资具有负面影响。Ahamada & Coulibaly（2013）[2]也认同这一观点，认为移民汇款被广泛用于消费而不是为诸如实物资本和人力资本发展等投资提供资金，移民汇款可能会阻碍国内投资。Tung等（2018）[3]基于1980年至2015年间19个亚太国家的面板数据，运用固定效应和2SLS回归方法研究了移民汇款对国内投资的影响，结果显示，移民汇款对国内投资产生了负面影响。Buckley & Hofmann（2012）[4]发现塔吉克斯坦的移民汇款不支持国内投资。Chowdhury（2016）[5]使用动态面板估计方法对1979年至2011年间33个发展中国家的研究发现，金融发展既不能替代移民汇款，也不能对其起到补充作用。在金融系统发展较为落后的移民汇款接收国中，移民汇款对经济增长产生了负面影响。这一结果也表明，移民汇款相当部分都流入了发展中国家的家庭消费进而影响了国内生产总值，并通过对总需求的乘数效应影响经济增长。

基于上述文献回顾，提出以下研究假设：

假设1：移民汇款对收款国国内投资具有"挤出效应"。

金融发展是促进国内投资进而促进经济增长的重要因素（汪可等，2019）[6]。国内金融体系越发达，就越能调动储蓄、筛选和监控投资项目，从而促进更高的经济增长。在充足的信贷支持下，技术才能得以突破，而新技术出现不仅可以扩大国内市场，而且可以开拓出口市场（Alfaro等，2004）[7]。一旦东道国的金融市场获得更好发展，外资企业的技术扩散过程可能会更有效率。因此，金融发展被视

---

[1] Mallick, H. "Inflow of Remittances and Private Investment in India", *The Singapore Economic Review*, 2012, 57(1), 1-22.

[2] Ahamada, I., & Coulibaly, D. "Remittances and Growth in Sub-Saharan African Countries: Evidence from a Panel Causality Test", *Journal of International Development*, 2013, 25(3), 310-324.

[3] Tung, L. T. "The impact of remittances on domestic investment in developing countries: Fresh evidence from the Asia-pacific region", *Organizations and Markets in Emerging Economies*, 2018(9): 193-211.

[4] Buckley, C., & Hofmann, E. T. Are Remittances an Effective Mechanism for Development? Evidence from Tajikistan, 1999-2007[J]. The Journal of Development Studies, 2012, 48(8)1121-1138.

[5] Chowdhury, M. B. "Financial development, remittances and economic growth: Evidence using a dynamic panel estimation", *Margin: The Journal of Applied Economic Research*, 2016, 10(1), 35-54.

[6] 汪可、吴青、聂秀华：《我国新金融发展与经济增长的互动关系研究》，《西安财经学院学报》2019年第32(2)期，第37-44页。

[7] Alfaro, L., Chanda, A., Sebnem, K.O., and Sayek, S. "FDI and economic growth: the role of local financial markets", *Journal of International Economics*, 2004, 64(1): 89-112.

为国内投资的促进因素。同时，更完善的金融环境有助于国际汇款通过正规渠道流动，更易于进入商业银行、投资机构等金融机构，其利用效率更能得到保证，有助于提高国际汇款的国内投资率，从而提高经济增长率（Holzmaan和Munz，2004）[1]。在银行系统发达的国家，移民汇款可以补充银行信贷，也可以作为获得信贷的抵押品，减少浪费在非生产性消费中的汇款数量（Chami等，2005）[2]。Mundaca（2009）[3]利用1970年至2002年间25个拉丁美洲和加勒比国家的面板数据表明，在金融体系发达的国家，移民汇款促进了经济增长，移民汇款和金融发展在促进经济增长方面存在互补关系。Aggarwal等（2011）[4]使用1975年至2007年间109个发展中国家的面板数据，研究发现移民汇款与金融部门发展之间存在显著的正向关系。同样，Bettin和Zazzaro（2012）[5]利用1991年至2005年间66个发展中国家的面板数据表明，高效的银行体系补充了移民汇款对GDP经济增长的正向影响。基于1980年至2009年间36个非洲国家面板数据的研究，Nyamongoa等（2012）[6]指出在促进国内投资的影响过程中，移民汇款是对金融发展的有效补充。

基于以上分析，提出以下有待检验的研究假设：

假设2：金融发展是促进国内投资的重要因素。

假设3：金融发展对移民汇款的国内投资的"挤出效应"产生显著的抑制性调节效应。

3. 研究设计

（1）模型设定和变量说明

将移民汇款变量添加到投资函数中以检验移民汇款对国内投资的影响。基准模型构建如下：

---

[1] Holzman, R. and R. Munz. Challenges and opportunities of international migration for the EU, its member states, neighboring countries, and regions: a Policy Note, *Social Protection Discussion Papers* 2004, 30160, The World Bank, 2004.

[2] Chami, R., Fullenkamp, C., and Jahjah, S., "Are immigrant remittance flows a source of capital for development?", *IMF Staff Paper*, 2005, 52(1): 55-81.

[3] Mundaca, G. "Remittances, financial market development, and economic growth: the case of Latin America and the Caribbean", *Review of Development Economics*, 2009, 13(2): 288-303.

[4] Aggarwal, R., Demirguç-Kunt, A., and Peria, M. S., "Do remittances promote financial development?", *Journal of Development Economics*, 2011(96): 255-264.

[5] Bettin, G., and Zazzaro, A., "Remittances and financial development: Substitutes or complements in economic growth?", *Bulletin of Economic Research*, 2012, 64(4): 509-536.

[6] Nyamongo, E. M., Misati, R. N., Kipyegon, L., and Ndirangu, L. "Remittances, financial development and economic growth in Africa", *Journal of Economics and Business*, 2012(64): 240-260.

$$\text{INV}_{it} = \beta_0 + \beta_1 REM_{it} + \beta_2 FD_{it} + \beta_3 \chi_{it} + \varepsilon_{it} \qquad (1)$$

对各变量进行对数化处理可以消除时间序列中数据存在的异方差，还可以减少因数据变化差异造成的计量分析结果偏差，因此，式（1）两边取自然对数，整理之后可得双对数回归模型：

$$LNINV_{i,t} = \beta_0 + \beta_1 LNREM_{i,t} + \beta_2 LNFD_{i,t} + \beta_3 LNX_{i,t} + \varepsilon_{i,t} \qquad (2)$$

在上述模型基础上，继续纳入移民汇款与金融发展的交互项，获得调节效应模型如下：

$$LNPINV_{i,t} = \beta_0 + \beta_1 LNREM_{i,t} + \beta_2 LNFD_{i,t} + \beta_3 (LNREM_{i,t} \times LNFD_{i,t}) + \beta_4 LNX_{i,t} + \varepsilon_{i,t} \qquad (3)$$

其中，因变量是国内投资（INV），由固定资本形成总额占GDP的百分比表示。解释变量为移民汇款（REM），由移民汇款占GDP的百分比代表。调节变量金融发展（FD）由私营部门的国内信贷占GDP的百分比表示。根据既往关于投资函数决定因素的研究文献，拟选的控制变量包括：经济增长（GDP）由年度人均GDP增长率代表，贸易开放（OPN）是服务和货物进出口总额占GDP的百分比。ε是误差项。下标i表示国家，下标t表示时间。

各变量及其定义见表3-29。

表3-29　变量的列表及定义

变量		定义
因变量	国内投资 INV	固定资本形成总额占GDP的百分比，%
解释变量	移民汇款 REM	移民汇款占GDP的百分比，%
调节变量	金融发展 FD	私营部门的国内信贷占GDP的百分比，%
控制变量	经济增长 GDP	人均GDP增长，%
	政府开支 GOV	一般政府最终消费支出（占GDP的百分比），%
	贸易开放 OPN	进出口总额占国内生产总值的百分比，%

（2）描述性统计

使用全球发展中国家中110个移民汇款接收国1980年至2020年的年度面板数据，就移民汇款对国内投资的影响进行了实证检验。所有统计数据来自世界银行发展指标。表3-30显示了所有变量的描述性统计数据。其中，因变量国内投资 INV（固定资本形成总额占GDP百分比）的平均值为22.65%，数值范围在0.27%到89.38%之间，标准差为8.3.4%。解释变量移民汇款 REM（占GDP百分比）的平均值为4.76%，数值范围在0到66.92%之间，标准差为6.03%。调节变量金融发展 FD（私营部门的国内信贷占GDP的百分比）平均值为33.75%，数值范围在0到182.86%之间，标准差为28.48%。其余变量基本情况如表3-30所示。

表3-30 变量的描述性统计

变量	平均值	最大值	最小值	标准差	观察值
国内投资 INV	22.8098	89.3861	2.0004	8.4357	2,733
移民汇款 REM	4.7685	66.9231	0	6.6857	2,733
金融发展 FD	33.7514	182.8681	0	28.4883	2,733
人均GDP PGDP	3,784.627	22,879.51	190.2342	3,956.199	2,733
政府开支 GOV	15.3960	115.9324	0.9112	7.6346	2,733
贸易开放 OPN	36.4700	137.4866	0	18.6081	2,733

（3）相关性分析

为了评估国际移民汇款、金融发展与国内投资之间的关联统计强度，表3-30提供了相关系数。表3-30直观地展示了国际移民汇款与国内投资之间存在负向效应，即发展中国家国际移民汇款的增加并未促进国内投资，相反还对发展中国家的国内投资形成了负面效应。这一结果与假设1相符合。从表3-31可知，金融发展（私人部门的国内信贷占GDP的百分比）与国内投资正相关。初步分析结果显示，从统计角度看，金融发展水平的改善有利于发展中国家国内投资，结果与假设2相一致。下文将通过进一步的实证分析获得更准确的结果，同时检验假设3即金融发展在移民汇款与国内投资之间的调节效应。

表3-31 变量的相关性分析

变量	国内投资 LNINV	移民汇款 LNREM	金融发展 LNFD	人均GDP LNPGDP	政府开支 LNGOV	贸易开放 LNOPN
国内投资 LNINV	1	-0.0665	0.2531	0.2116	0.0604	0.2191
移民汇款 LNREM	-0.0665	1	0.1363	-0.1117	0.0292	0.1920
金融发展 LNFD	0.2531	0.1363	1	0.5654	0.2415	0.3209
经济增长 LNPGDP	0.2116	-0.1117	0.5654	1	0.2465	0.3691
政府开支 LNGOV	0.0604	0.0292	0.2415	0.2465	1	0.3401
贸易开放 LNOPN	0.2191	0.1920	0.3209	0.3691	0.3401	1

4. 实证结果与讨论

（1）基准估计结果与内生性处理

基于全球发展中国家中110个移民汇款接收国1980年至2020年的年度面板数据，首先应用混合最小二乘法（POLS）估计上述模型（3），结果建表3-32。由于移民汇款可能与某些解释变量内生相关，变量之间可能存在测量误差和反向因果关系，模型可能存在内生性。为了克服此类偏误和内生性问题，进一步采用两阶段最小二乘法（2SLS）进行检验。工具变量均为所有解释变量的一阶滞后项。表3-33显示了基于两阶段最小二乘法（2SLS）估计结果。

表3-32 混合最小二乘法（POLS）估计结果

因变量：国内投资LNINV	混合最小二乘法（POLS）	
	未纳入交互项	已纳入交互项
移民汇款 LNREM	-0.0235***（0.0003）	0.0174***（0.0011）
金融发展 LNFD	0.0833***（0.0008）	0.1017***（0.0009）

续表

因变量： 国内投资 LNINV	混合最小二乘法（POLS）	
	未纳入交互项	已纳入交互项
人均 GDP LNPGDP	0.0077***（0.0007）	0.0131***（0.0007）
政府开支 LNGOV	0.0425***（0.0014）	−0.0367***（0.0015）
贸易开放 LNOPN	0.1135***（0.0012）	0.1066***（0.0013）
交互项 LNREM × LNFD		−0.0004*（0.0003）
C	2.4717***（0.0055）	2.3691***（0.0057）
观测值	2,729	2,729

注：括号中是标准误差。*表示显著性水平为10%；**表示显著性水平为5%；***表示显著性水平为1%。下同。

首先关注回归中移民汇款变量的系数。如前所述，使用混合最小二乘法（POLS）和两阶段最小二乘法（2SLS）估计方法进行的回归分析，在未纳入移民汇款与金融发展的交互项的情况下，回归结果显示在研究期内，移民汇款对发展中国家的国内投资产生了显著负向影响，即移民汇款对国内投资存在"挤出效应"。这一结果表明：移民汇款已广泛用于家庭消费目的，对家庭消费存在"补偿效应"，对国内投资产生了显著的"挤出效应"。

表3-33 两阶段最小二乘法（2SLS）估计结果

因变量： 国内投资 LNINV	两阶段最小二乘法（2SLS）	
	未纳入交互项	已纳入交互项
移民汇款 LNREM	−0.0188***（0.0003）	−0.0144***（0.0022）
金融发展 LNFD	0.0946***（0.0009）	0.0923***（0.0009）
经济增长 LNPGDP	0.0135***（0.0008）	0.0133***（0.0008）
政府开支 LNGOV	−0.0355***（0.0016）	−0.0399***（0.0016）

续表

因变量： 国内投资LNINV	两阶段最小二乘法（2SLS）	
	未纳入交互项	已纳入交互项
贸易开放 LNOPN	0.1164***（0.0013）	0.1222***（0.0014）
交互项 LNREM × LNFD		−0.0104***（0.0006）
常数值	2.3513***（0.0059）	2.3551***（0.0059）
观测值	2626	2026

移民汇款的微观和宏观影响一定程度上取决于其使用途径。移民汇款的最终用途问题，即移民汇款进入消费、储蓄还是投资领域，是移民汇款与经济发展关系问题中的重要一环。由于收款国缺乏有效的金融渠道对移民汇款的用途加以引导，致使其大量用于生活消费，仅有少量进入生产性投资领域。而且，移民汇款可能会促进贸易逆差的扩大。大量移民汇款用于为进口提供资金，当人们购买越来越多的外国产品时，导致其对国内产品的需求减少，因此，一个时期国内投资就会减少。此外，移民汇款增加了发展中国家的外汇总量，导致通货膨胀，给国内投资带来负向效应，从而不会对国内投资产生"挤入"效应。

其次，关注调节变量金融发展的调节作用。表3-32和表3-33的估计结果中，国内信贷的回归系数都是正值，这一结果表明，国内信贷通过降低融资成本和提高投资效率对发展中国家的投资产生了正向影响，是国内投资的正向决定因素之一。这一结果证实了研究假设2。而移民汇款与金融发展交互项的估计系数为负，意味着金融发展水平的改善抑制了移民汇款对国内投资的"挤出效应"，证实了研究假设3。一方面，金融系统的改善降低了汇款成本，使移民能够更快、更安全、更便宜地将钱汇回家乡，有利于吸收更多的国际汇款。另一方面，随着金融体系的逐渐改善，更完善的金融体系也有利于国际汇款资源流入生产性投资领域，引导更多的汇款进入储蓄和投资领域。因此，金融发展在移民汇款对国内投资的影响中具有决定性作用。

此外，就控制变量的估计结果来看，使用混合最小二乘法（POLS）和两阶段最小二乘法（2SLS）的估计结果表明，人均GDP的增长对国内投资均产生显著正向影响，符合理论预期。贸易开放的估计系数（OPN）符号为负，并且在1%的水平上具有统计学意义。根据既往文献，贸易开放程度可能支持也可能阻碍发展中国家的国内投资。贸易开放性与国内投资之间的联系仍然是文献中的一个悬而未决的问题。贸易开放会扩大企业进入国外市场的承包机会,并提高全球投资的效率。但是,贸易开放也可能对国内投资产生负向影响,因为发展中国家的公司将没有足够的竞争资源(如金融或技术)来面对发达国家的跨国公司。贸易开放将增加进口产品,不仅会导致国内公司市场萎缩,而且会导致国内投资减少。贸易开放或贸易自由化对发展中国家的国内投资产生负向影响。

(2)稳健性检验

通常情况下,稳健性检验有替换主要变量和替换估计方法两种。本研究选择后者,接下来在稳健性检验中,将应用广义矩估计方法(GMM)对上述结果进行稳健性检验。广义矩估计方法(GMM)是用于解决内生性问题的一种方法,当模型存在异方差时,广义矩估计方法(GMM)比两阶段最小二乘法(2SLS)更为有效。稳健性检验结果请见表3-34。与表3-32、3-33相比较,表3-34显示的解释变量移民汇款的回归系数,虽然数值有一定差异,但是其方向依然为负值,表明总体上移民汇款对收款国国内投资存在直接的负向影响,移民汇款在一定程度上"挤出"了国内投资。交互项的回归系数表明,金融发展在移民汇款与国内投资之间具有显著的负向调节作用。其余控制变量的回归系数方向与表3-32、3-33一致,稳健性检验证明本研究的实证结果稳健有效。

表3-34 稳健性检验结果

| 因变量: | 广义矩估计法(GMM) | |
国内投资LNINV	未纳入交互项	已纳入交互项
移民汇款 LNREM	−0.0354***(0.0055)	−0.1120***(0.0398)
金融发展 LNFD	0.0828***(0.0114)	0.0874***(0.0115)
经济增长 LNGDPG	3.1889***(0.5394)	3.3741***(0.6048)
政府开支 LNGOV	0.0219***(0.0227)	0.0353*(0.0255)
贸易开放 LNOPN	0.0881***(0.0188)	0.0731***(0.0215)
交互项 LNREM×LNFD		−0.0238***(0.0115)
常数值	−10.1217***(2.1202)	−10.85575***(2.3791)
观测值	2,636	2,636

5. 结论及启示

本研究利用发展中国家中110个移民汇款接收国1980—2020年的非平衡面板数据，以金融发展作为调节变量，运用混合最小二乘法（POLS）、两阶段最小二乘法（2SLS）和广义矩估计方法（GMM）等回归方法实证检验了移民汇款对国内投资的影响。结果显示：移民汇款对发展中国家的国内投资产生了显著的"挤出效应"；金融发展的改善对移民汇款与国内投资之间的"挤出效应"具有显著的抑制效应；移民汇款对国内投资的影响取决于金融发展水平。

基于上述结论得出的主要启示在于：首先，改善金融发展水平，引导移民汇款通过正规金融渠道流动，降低接收汇款的成本。其次，通过金融渠道引导移民汇款由消费领域流向国内投资领域。第三，进一步完善侨务政策措施，创造更加有利的投资环境，吸引更多国际汇款并提升其利用效率，助力我国尽早实现中华民族伟大复兴的中国梦。

第五节　经济增长

一、概述

在移民汇款对收款国经济增长究竟会产生什么影响这一问题上，学界观点依然相当不明确。理论上来看，移民汇款有助于缓解信贷约束，增加消费、减少贫困，助力物质资本、教育、医疗保健的发展，推动小微型企业的创业和成长。所有这一切最终反映在总投资的增加和经济增长上面。因此，汇款对于投资和经济增长具有积极的促进作用。[1]但实际上，移民汇款对经济增长的影响十分复杂，学术界对此迄今仍存在争议。

二、移民汇款对经济增长没有影响或产生负面影响

（一）移民汇款对经济增长的影响不显著

Barajas等用1970—2004年84个国家的数据展开研究，发现汇款对增长的影

---

[1] Adela Shera and Dietmar Meyer, "Remittances and their impact on Economic Growth", *Social and Management Sciences*, Vol.21, No.1, 2013, pp. 3-19.

响不大。①Rao & Hassan分析了移民汇款对经济增长的间接影响及渠道。该研究使用40个移民汇款占GDP比例超过1%的国家数据,发现汇款对经济增长的直接影响不显著。然而,移民汇款可能会对经济增长产生间接影响。研究将投资和金融发展确定为移民汇款对经济增长产生间接影响的两条渠道。②Chami等使用1970—2008年113个国家的面板数据进行了分析,发现长期来看移民汇款和经济增长之间显著负相关。他们认为:移民汇款不是经济发展的资金来源,要将汇款转化为投资存在显著的障碍。③Giuliano & Ruiz-Arranz发现移民汇款对经济增长的影响并不显著。④Chami等在2008年的研究依然持相似的观点:移民汇款既没有促进投资的增长,也没有影响投资的分配,因此对GDP的增长没有显著影响。⑤IMF对1970—2003年101个发展中国家的数据进行了分析,结果发现移民汇款与人均收入增长之间的关联也不显著。⑥

(二)移民汇款阻碍经济增长

第一,有学者认为移民汇款存在潜在的不利影响,即移民汇款极大地阻碍了国内储蓄,鼓励了私人消费进口商品,而没有促进投资增加。这就可能会妨碍竞争力的提升,增加贸易赤字。⑦Chami等对"汇款在经济发展中扮演了与FDI和其他资本流动相同的角色"这一假设提出质疑。他们对113个国家29年间的数据进行了分析,结果发现移民汇款降低了收款人的劳动积极性,对经济增长产生负面影响。⑧他们的研究表明,移民汇款的增长速度和人均GDP增长之间呈负相关。另外,移民汇款还可能会导致类似"荷兰病"的情况发生。

---

①Barajas A., Chami R., "Do workers Remittances Promote Econimic Growth?", *IMF Working Paper No.153*, 2009.
②Rao, B. and Hassan, G. "*Are the Direct and Indirect Growth Effects of Remittances Significant?*", MPRA Paper No.18641, 2009, available at B. Bhaskara Rao & Toani B. Takirua, "The Effects of Exports, Aid and Remittances on Output: the Case Kiribati," *Applied Economics*, Vol.42, No.11, 2010, pp. 1387-1396.
③Ralph Chami, Connel Fullenkamp and Samir Jahjah, "Are Immigrant Remittance Flows a Source of Capital for Development?", IMF Staff Papers, Vol.52, No.1, 2005, pp. 55-81.
④Paola Giuliano and Marta Ruiz-Arranz, "Remittances, Financial Development, and Growth", *IMF Working Paper No.234*, 2005.
⑤Barajas A., Chami R., "Do workers Remittances Promote Econimic Growth?", *IMF Working Paper No.153*, 2009.
⑥Barajas A., Chami R., "Do workers Remittances Promote Econimic Growth?", *IMF Working Paper No.153*, 2009.
⑦Kireyev, A., "The Macroeconomics of Remittances: The Case of Tajikistan", *Working Paper No.2*, Washington, D.C.: International Monetary Fund, 2006.
⑧Chami, Ralph, Adolfo Barajas, Thomas Cosimano, Connel Fullenkamp, Michael Gapen, and Peter Montiel, "Macroeconomic Consequences of Remittances", *IMF Occasional Paper No.259*, Washington, DC.: International Monetary Fund, 2008.

第二，收款国可能会因为移民汇款而减少劳动力供应。Chami等指出，汇款减少移民家庭成员工作的热情和动力，对经济增长产生负面影响。[①]然而，没有直接证据证明这种现象，即使在就业严重不足的非洲国家，移民汇款对就业的影响也不突出。

第三，移民汇款对经济增长的影响取决于汇款是否用于消费或投资。如前所述，移民汇款如果主要流入贫困家庭，更多用于基本生活消费而非投资，对经济增长的影响有限。与移民汇款相关的消费是否导致进口增长或通胀，是否导致国内生产的减少，也会影响移民汇款对经济增长的作用。移民汇款的负面影响甚至会完全抵消其积极作用。移民汇款刺激不了经济增长，部分原因是汇款普遍没有转为投资，而只是作为社会保险，为家庭成员提供购买生活必需品的资金。

移民汇款对经济增长的影响还可以通过其他渠道表现出来，包括减少总的经济波动、增加人力资本、促进创业等。然而，汇款对经济增长整体影响相对较小或没有影响，可能是汇款对劳动力供给和实际汇率产生负面影响造成的。

三、移民汇款对经济增长产生积极影响

Catrinescu和Quillin不同意上述Chami，Fullenkamp和Jahjahha等的观点。他们指出移民汇款对经济增长具有显著的积极影响。在论文中，他们认为Chami，Fullenkamp和Jahjahha运用的模型是错误的。他们对该模型进行了改进，其中最重要的就是增加了制度变量。改进后计算出的结果与原来完全相反。此外，Catrinescu和Quillin还强调，移民汇款无论是通过增加消费、储蓄或投资，都会导致积极的经济增长。[②]

Faini也发现，移民汇款促进投资和创业活动，对经济增长产生积极作用。Faini认为移民汇款能克服资本市场的缺陷，使移民家庭有效地集聚资产，从而对经济增长产生积极的影响。[③]在13个LAC国家中，移民汇款每增长一个百分点，私人投资就会增长0.6个百分点，从而推动了经济增长。[④]移民汇款对安第斯国家[⑤]经

[①]Chami, Ralph, Adolfo Barajas, Thomas Cosimano, Connel Fullenkamp, Michael Gapen, and Peter Montiel, "Macroeconomic Consequences of Remittances", *IMF Occasional Paper No.259*, Washington, DC.: International Monetary Fund, 2008.

[②]Catrinescu, Natalia, Miguel Leon-Ledesma, Matloob Piracha, and Bryce Quillin, "Remittances, Institutions, and Economic Growth", *World Development*, Vol.37, No.1, 2009, pp. 81-92.

[③]Riccardo Faini, *Migration, Remittances and Growth*, Unpublished paper, University of Brescia, 2002, pp. 1-15.

[④]Prachi Mishra, *Macroeconomic Impact of Remittances in the Caribbean*, Unpubnished paper, Washington DC: IMF, 2005.

[⑤]即安第斯共同体(La Comunidad Andina)成员国，包括秘鲁、玻利维亚、厄瓜多尔、哥伦比亚、智利等。

济增长的促进作用非常显著。Giuliano 和 Ruis-Arranz 则发现在金融业比较落后的国家，移民汇款能缓解信用限制，对于经济增长的积极作用更为显著。[1]

部分学者强调移民汇款对经济增长的间接作用。例如：移民汇款通过提高消费和投资支出，增加对卫生、教育、营养的支出，有助于长期生产力的提高；[2]通过改善家庭层面和宏观经济层面的消费和产出的稳定，移民汇款能够影响经济增长。[3]Leon-Ledesma 和 Piracha 就汇款对中欧和东欧国家就业影响的分析发现，移民汇款对失业的影响取决于其对生产力增长和投资的影响。他们对1990—1999年11个转型国家的数据进行计量估计，认为汇款通过对投资的直接和间接影响对生产力和就业产生积极影响。[4]

崔兆财、张志新、高小龙则通过运用系统GMM动态面板回归方法，选取了包括中国在内的49个发展中国家作为研究对象，实证检验了移民汇款对发展中国家的经济效应和主要的影响机制。最终结果显示，移民汇款对发展中国家的经济增长效应的确存在，并具有明显的滞后性，但对经济影响的方向在不同区域间存在差异。根据对整体样本实证检验的结果，移民汇款对发展中国家的经济增长初始效应为负，滞后一期后对经济增长的影响显著为正。移民汇款通过增加国内教育投资促进人力资本积累的途径影响经济增长的效应显著为正；移民汇款通过国内技术进步的途径对经济增长的贡献虽然较小，但显著性水平较高。区域实证分析的结果中，不同区域中移民汇款的经济效应呈现出些许的差异：亚洲和拉丁美洲地区的实证结果与整体结果一致；而非洲地区移民汇款的初始经济效应不显著，滞后一期后的经济效应为负向。[5]

---

[1] Paola Giuliano and Marta Ruiz-Arranz, "Remittances, Financial Development, and Growth", *IMF Working Paper No.234*, 2005.
[2] Aggarwal, R., Asli, D. K., Peria, M., and Soledad, M, "Do Workers' Remittances Promote Financial Development?" *World Bank Policy Research Working Paper No. 3957*, Washington, DC: World Bank, 2006, http://ssrn.com.; Gupta, Sanjeev, Catherine A. Pattillo, and Smita Wagh, "Impact of Remittances on Poverty and Financial Development in Sub-Saharan Africa", *World Development*, Vol.37, No.1, 2009, pp. 104-115.
[3] Barajas A., Chami R., "Do workers Remittances Promote Econimic Growth?", *IMF Working Paper No.153*, 2009.
[4] Catrinescu, Natalia, Miguel Leon-Ledesma, Matloob Piracha, and Bryce Quillin, "Remittances, Institutions, and Economic Growth", *World Development*, Vol.37, No.1, 2009, pp. 81-92.
[5] 崔兆财、张志新、高小龙：《国际移民汇款的经济增长效应——基于发展中国家的系统GMM分析》，《首都经济贸易大学学报》2015年第5期。

四、移民汇款、金融发展与经济增长——基于发展中国家跨国面板数据的实证检验

（一）引言

近几十年移民汇款迅速增加引起了许多研究员的关注，移民汇款对收款国的影响成为了学界研究焦点之一。这一问题涉及各种主题，如移民汇款对经济增长的影响（Ratha，2003）[1]、移民汇款对贫困和不平等的影响（张洁等，2019）[2]及移民汇款对制度质量的影响（Williams，2017）[3]等。迄今文献就移民汇款对经济增长的影响尚未达成共识。一部分文献认为移民汇款有利于经济增长（Ratha，2003[4]；林金枝，1993[5]），而另一部分文献则坚持移民汇款尚不足以对经济增长产生积极影响，其积极影响还有赖于制度环境（Russell，2019[6]；张洁等，2022[7]）。根据Woodruff & Zenteno[8]的研究，移民汇款可能直接或间接地影响投资增长，然而影响程度可能取决于政府政策和投资环境的支持力度；由于金融制度和治理环境落后，许多发展中国家的移民汇款缺乏进入信贷市场的机会和渠道，从而会产生对经济增长不利关系。Hein de Haas（2010）[9]认为移民汇款对经济增长的影响取决于移民来源国制度环境和金融发展水平。同时，Chowdhury（2016）[10]则认为移民汇款对经济增长的影响取决于移民汇款是用于消费还是用于投资，其中，总体上移民汇款对经济增长具有促进效应，但金融系统在其中扮演的角色无足轻重。鉴于目前少有研究基于发展中国家的跨国面板数据探索金融发展在移民汇款影响经济增长中的调节作用，相关研究领域尚有很大探索空间。

---

[1] Ratha, D. "Worker's Remittances: An Important and Stable Source of External Development Finance", *Global Development Finance*. Washington, DC: World Bank, 2003: 157-75.

[2] 张洁、林勇：《移民汇款的减贫效应——基于发展中国家的实证检验》，《亚太经济》2019年第6期，第37-44页。

[3] Williams, K. "Do Remittances Improve Political Institutions? Evidence from Sub-Saharan Africa", *Economy Modell*, 2017(61): 65-75.

[4] Ratha, D. "Worker's Remittances: An Important and Stable Source of External Development Finance", *Global Development Finance*. Washington, DC: World Bank, 2003: 157-75.

[5] 林金枝：《侨汇对中国经济发展与侨乡建设的作用》，《南洋问题研究》1992年第4期。

[6] Russel, S.S. "Remittances from international migration: a review in Perspective", *World Development*, 1986, 14(6): 677-696.

[7] 张洁、林勇：《国际汇款、金融发展、制度环境与经济增长》，《重庆理工大学学报：社会科学》2022年第6期，第98-109页。

[8] Woodruff, Christopher, and Rene Zenteno, "Migration Networks and Microenterprises in Mexico", *Journal of Development Economics*, 2007, 82(2): 509-528.

[9] Hein de Haas, "Migration and Development: A Theoretical Perspective1", *International Migration Review*, 2010, 44(1): 227-264.

[10] Chowdhury, M. B. "Financial development, remittances and economic growth: Evidence using a dynamic panel estimation", *Margin: The Journal of Applied Economic Research*, 2016, 10 (1): 35-54.

本研究旨在实证评估1980年至2020年间110个发展中国家的移民汇款通过金融发展渠道对经济增长产生的间接影响。由于移民汇款本身可能尚不足以直接促进经济增长（Mundaca，2009）[①]，因此将金融发展这一变量纳入模型，从金融发展代表东道国家的吸收能力的角度，本着内生经济增长理论的原则，评估了金融发展在移民汇款与经济增长关系中的调节效应，检验了金融发展是否构成为移民汇款对经济增长影响的重要调节因素。

本研究在以下三方面对现有文献做出边际贡献：首先，将移民汇款和金融发展一同纳入经济增长模型，探讨了移民汇款和金融发展对经济增长的影响。其次，模型中纳入移民汇款与金融发展的交互项，检验了金融发展是否对移民汇款对经济增长的影响产生调节效应。第三，使用两阶段最小二乘法（2SLS）和广义矩估计方法（GMM）估计了面板模型，解决了所包含变量间固有的内生性问题。

（二）文献回顾

进入21世纪以来，有关发展中国家移民汇款的文献迅速增长，其中许多实证研究集中在移民汇款对收款家庭生活水平的影响上。Abdih等（2012）[②]的研究表明，移民汇款使更多人的消费增加、升级，从而帮助他们摆脱贫困。移民汇款还有助于收款人在经济萧条期间保持较高的消费水平（Chami等，2012）[③]。还有人关注移民汇款的短期宏观经济效应，发现移民汇款与总收入、投资和就业呈正相关（Glytsos，1993）[④]。因此，从长远来看，这些结果并不能确定移民汇款对收款国经济增长的影响，移民汇款对收款国经济增长的影响在很大程度上取决于移民汇款的用途。如果用于生产性投资，就可能提高收款人的金融信誉及其获得外部金融资源的机会，则移民汇款对经济增长的影响是正向的。反之，如果移民汇款的主要最终用途是增加对住房、土地等的消费和支出，则其与经济增长的关系就可能是反向的。

随着学界对移民汇款关注度的日益增加，越来越多的研究认同后一种观点，认为移民汇款会对收入分配、家庭劳动力供应和储蓄率产生不利影响，从而对接受国经济产生负面影响。在一项涵盖1970年至1998年间多达113个国家的研究

[①] Mundaca, G. "Remittances, financial market development, and economic growth: the case of Latin America and the Caribbean", *Review of Development Economics*, 2009, 13 (2): 288-303.

[②] Abdih, Y., Barajas, A., Chami, R., and Ebeke, C., "Remittances channel and fiscal impact in the Middle East, North Africa, and Central Asia", *IMF Working Paper*, 2012 (104): 36-53.

[③] Chami, R., Hakura, D.S, and Montiel, P.J. "Do worker remittances reduce output volatility in Developing Countries?", *Journal of Globalization and Development*, 2012 (3): 1-25.

[④] Glytsos, N. P. "Measuring the income effects of migrant remittances: a methodological approach applied to Greece", *Economic Development and Cultural Change*, 1993(42): 131-68.

中，Chami等（2005）[①]发现移民汇款与经济增长之间存在负相关。他们认为移民汇款在性质上是反周期的，移民汇款就像补偿性转移一样，对经济增长没有帮助。Hayes（1991）[②]也指出，移民汇款大量用于进口消费而非生产性投资，可能会增加收款国对进口商品的需求，形成移民汇款依赖型经济发展模式。在这种发展模式下，移民汇款阻碍了国内储蓄，鼓励了私人消费进口商品，不利于投资增加，妨碍了竞争力提升，增加了贸易赤字[③]。Tung等（2018）[④]基于1980年至2015年间19个亚太国家的面板数据，运用固定效应和2SLS回归方法研究了移民汇款对经济增长的影响，结果显示，移民汇款对经济增长产生了负面影响。

造成移民汇款不利于经济增长的部分原因，在于移民汇款仅仅作为社会保险为家庭成员提供购买生活必需品的资金，而没有转为生产性投资（Bettin & Zazzaro，2009）[⑤]。Chami等（2009）[⑥]指出，与任何其他资源的流入类似，持续增加的移民汇款往往与"荷兰病"效应及炫耀性消费的增加有关。发展中国家的特点是金融制度相对不发达、信贷受到限制和利率趋高，因此在缺乏有效金融渠道引导的情况下，移民汇款仅仅用于家庭消费，对国内投资产生负向影响或没有产生显著影响（World Bank，2006）[⑦]。Mallick（2012）[⑧]基于印度1966年至2005年的数据，使用自回归分布滞后（ARDL）协整方法研究了移民汇款与私人投资之间的关系，结果发现移民汇款的很大一部分用于私人消费，对私人投资具有负面影响，对经济增长产生负面效应。Ahamada & Coulibaly（2013）[⑨]也认同这一观点，认为移民汇款可能会阻碍国内投资。

[①] Chami, R., Fullenkamp, C., and Jahjah, S. "Are immigrant remittance flows a source of capital for development？", *IMF Staff Paper*, 2005, 52(1)：55–81.

[②] Hayes G., "Migration, Metascience, and Development Policy in Island Polynesia", *The Contemporary Pacific*, 1991, 3(1)：58.

[③] Kireyev, A., "The Macroeconomics of Remittances: The Case of Tajikistan." *Working Paper* No.06/2. Washington, D.C.: International Monetary Fund, 2006.

[④] Tung, L. T. "The impact of remittances on domestic investment in developing countries: Fresh evidence from the Asia-pacific region", *Organizations and Markets in Emerging Economies*, 2018(9)：193–211.

[⑤] Bettin, G., and Zazzaro.A. "Remittances and Financial Development: Substitutes or Complements in Economic Growth?", *MOFIR Working Paper* 28. Money & Finance Research Group, 2009.

[⑥] Chami, R. Hakura,D. & Montiel,P. "Remittances: an automatic output stabilizer?", .*IMF Working Papers*,2009：1-31.

[⑦] World Bank. *Global Economic Prospects 2006: Economic Implications of Migration and Remittances*, World Bank, 2006.

[⑧] Mallick,H. "Inflow of Remittances and Private Investment in India", *The Singapore Economic Review*, 2012, 57(1)：1–22.

[⑨] Ahamada,I.,& Coulibaly,D. "Remittances and Growth in Sub- Saharan African Countries: Evidence from a Panel Causality Test", *Journal of International Development*, 2013, 25(3)：310–324.

基于以上分析，提出以下有待检验的研究假设：

研究假设1：移民汇款对经济增长产生负向效应。

不少学者认为，金融发展是影响经济增长的重要因素。原因在于：首先，金融体系发展为改善资源配置、减少信息不对称和促进经济增长提供了基础（Alfaro等，2010）[1]。金融体系通过两个渠道促进GDP增长：一方面，调动了储蓄，增加了可用于投资的资源；另一方面，对投资项目进行筛选和监控（即降低信息获取成本），有助于提高所实施项目的效率（Levine，1991）[2]。国内金融体系越发达，就越能调动储蓄、筛选和监控投资项目，从而促进经济增长。其次，金融体系通过影响金融市场的信贷配给量影响创业，进而决定经济增长[3]。再次，金融部门也能决定外国公司在东道国的创新活动能否获得借贷，这将影响外资技术创新对国内公司的溢出程度。因此，一旦东道国的金融市场获得更好发展，外资企业的技术扩散过程可能会更有效率。因此，金融发展被视为经济增长的促进因素。最后，金融市场的效率对经济增长很重要。拥有高效金融体系的国家面对危机更有弹性，更有能力抵御金融危机的冲击（Beck等，2000）[4]，其经济增长速度更快（Bekaert等，2003）[5]。拥有高效金融体系的国家发生银行和货币危机的风险更低，而且当危机确实发生时，这些国家遭受的损失也少得多。

基于以上分析，提出以下有待检验的研究假设：

研究假设2：金融发展促进了经济增长。

移民汇款有可能通过多种渠道影响经济活动，金融发展就是其中之一。金融系统的改善能使国际移民更快、更安全、更便宜地将钱汇回家，大量移民汇款刺激了金融机构的进一步发展，致使金融中介机构之间竞争更加激烈，也导致体制进一步改革以引导更多移民汇款用于生产性投资（Ahamada & Coulibaly，2013）[6]。随之，运作良好的金融市场将移民汇款转变为长期项目，为投资提供可用

---

[1] Alfaro, L., Chanda, A., Sebnem, K.O., and Sayek, S. "Does foreign direct investment promote growth? Exploring the role of financial markets on linkages", *Journal of Development Economics*, 2010(91): 242-256.

[2] Levine, R. "Stock markets, growth, and tax policy", *Journal of Finance*, 1991, 46(4): 1445-1465.

[3] Alfaro, L., Chanda, A., Sebnem, K.O., and Sayek, S. "FDI and economic growth: the role of local financial markets", *Journal of International Economics*, 2004, 64(1): 89-112.

[4] Beck, T., Levine, R., and Loyaza, N. "Finance and the sources of growth", *Journal of Financial Economics*, 2000(58): 261-300.

[5] Bekaert, G., Harvey, C.R., and Lundblad, C. "Equity market liberalization in emerging markets", *Journal of Financial Research*, 2003, 26(3): 275-299.

[6] Ahamada, I., & Coulibaly, D. "Remittances and Growth in Sub-Saharan African Countries: Evidence from a Panel Causality Test", *Journal of International Development*, 2013, 25(3): 310-324.

资源（Mundaca，2009）[①]。长期投资项目有助于促进经济发展，减少宏观经济波动（Easterly等，1997）[②]。因此，金融中介机构通过更有效使用移民汇款，能够防止移民汇款的不稳定影响。

金融环境的改善有助于国际汇款通过正规渠道流动，更易于进入商业银行、投资机构等，其利用效率更能得到保证，有助于提高国际汇款的投资率，从而提高经济增长率（Holzmaan & Munz，2004）[③]。在银行系统发达的国家，移民汇款可以补充银行信贷，也可以作为获得信贷的抵押品，减少了浪费在非生产性消费中的汇款数量（Chami等，2005）[④]。Mundaca（2009）[⑤]利用1970年至2002年间25个拉丁美洲和加勒比国家的面板数据表明，在金融体系发达的国家，移民汇款可以进一步促进经济增长，移民汇款和金融发展在促进经济增长方面存在互补关系。Aggarwal等（2011）[⑥]使用1975年至2007年间109个发展中国家的移民汇款数据的研究，发现移民汇款与金融部门发展之间存在显著的正向关系，也证实了上述结论。同样，Bettin & Zazzaro（2012）[⑦]利用1991年至2005年间66个发展中国家的面板数据表明，高效的银行体系促进了移民汇款对经济增长的正向影响。Nyamongoa等（2012）[⑧]报告了类似的结果，他们发现1980年至2009年间，在一个由36个非洲国家组成的面板数据中，移民汇款是对金融发展的有效补充。Chowdhury（2016）[⑨]也发现，在金融系统发展较为落后的收款国中，移民汇款对经济增长产生了负面影响。

[①]Mundaca, G. "Remittances, financial market development, and economic growth: the case of Latin America and the Caribbean", *Review of Development Economics*, 2009, 13 (2): 288−303.

[②]Easterly, W., and Levine, R. "Africa's growth tragedy: policies and ethnic divisions", *Quarterly Journal of Economics*, 1997, 112 (4): 1203−1250.

[③] Holzman, R. and R. Munz. "Challenges and opportunities of international migration for the EU, its member states, neighboring countries, and regions : a Policy Note", *Social Protection Discussion Papers 2004*, 30160, The World Bank, 2004.

[④]Chami, R., Fullenkamp, C., and Jahjah, S., "Are immigrant remittance flows a source of capital for development? ", *IMF Staff Paper*, 2005, 52 (1): 55−81.

[⑤]Mundaca, G. "Remittances, financial market development, and economic growth: the case of Latin America and the Caribbean", *Review of Development Economics*, 2009, 13 (2): 288−303.

[⑥]Aggarwal, R., Demirguç-Kunt, A.,and Peria, M. S., "Do remittances promote financial development?", *Journal of Development Economics*, 2011 (96): 255−264.

[⑦]Bettin, G., and Zazzaro, A. "Remittances and financial development: Substitutes or complements in economic growth? ", *Bulletin of Economic Research*, 2012, 64 (4): 509−536.

[⑧]Nyamongo, E. M., Misati, R. N., Kipyegon, L., and Ndirangu, L. "Remittances, financial development and economic growth in Africa", *Journal of Economics and Business*, 2012 (64): 240−260.

[⑨]Chowdhury, M. B. "Financial development,remittances and economic growth: Evidence using a dynamic panel estimation", *Margin: The Journal of Applied Economic Research*, 2016, 10 (1): 35−54.

基于以上分析，提出以下有待检验的研究假设：

研究假设3：金融发展抑制了移民汇款对经济增长的负向效应。

（三）研究设计

1. 计量模型设定

效仿Bettin & Zazzaro（2012）设立标准经济增长模型。第一组模型回归中不包括任何金融发展变量，具体模型如下：

$$PGDP_{i,t} = \beta_0 + \beta_1 REM_{i,t} + \beta_2 FD_{i,t} + \beta_3 X_{i,t} + \varepsilon_{i,t} \quad (1)$$

对各变量进行对数化处理可以消除时间序列中数据存在的异方差，还可以减少因数据变化差异造成的计量分析结果偏差，因此，式（1）两边取自然对数，整理之后可得双对数回归模型：

$$LNPGDP_{i,t} = \beta_0 + \beta_1 LNREM_{i,t} + \beta_2 LNFD_{i,t} + \beta_3 LNX_{i,t} + \varepsilon_{i,t} \quad (2)$$

在方程式（2）中引入了移民汇款与金融发展的交互项，待估计的模型如下：

$$LNPGDP_{i,t} = \beta_0 + \beta_1 LNREM_{i,t} + \beta_2 LNFD_{i,t} + \beta_3 (LNREM_{i,t} \times LNFD_{i,t}) + \beta_4 LNX_{i,t} + \varepsilon_{i,t} \quad (3)$$

其中，$PGDP$是因变量经济增长，由人均GDP代表。REM是解释变量移民汇款，由移民汇款与GDP的比率表示。FD是调节变量金融发展，由私人部门的国内信贷占GDP的百分比代表。$X_{i,t}$是标准经济增长模型中的控制变量向量，包括国内投资（INV）、政府开支（GOV）和贸易开放（OPN）。$\varepsilon_{i,t}$是误差项。下标i表示国家，t表示时间。实证分析涵盖了110个发展中国家1980年到2020年间的面板数据。

根据上面的文献回顾可知，移民汇款有可能通过多种渠道影响经济活动，其中金融发展就是重要渠道之一。因此，在式（3）中，研究了移民汇款通过金融市场对经济增长发挥的作用，即金融发展水平对移民汇款与经济增长关系的调节效应。为此，在式（2）的基础上，式（3）引入了移民汇款变量与金融发展指标交互项$LNREM \times LNFD$。该变量利用金融发展的调节机制来表达移民汇款对经济增长的间接影响。

在这个方程中包含交互项是基于文献中关于这两个变量是互补关系还是替代关系的思考。首先，在移民汇款促进了经济增长的情况下，交互项的负值系数表明在金融发展较落后的国家移民汇款促进经济增长更有效。换言之，如果交互项系数呈现负值符号，则表示在影响经济增长的过程中，金融发展限制了移民汇款的经济增长效应。互动项的正值系数则意味着移民汇款的经济增长效应在更发达的金融体系中得到加强，支持了移民汇款和金融发展或其他资金流动的互补性。这一结果表示在作用经济增长的过程中，移民汇款与金融发展之间的关系是互补关系，表明运作良好的金融体系会增强移民汇款的经济增长效应。其次，在移民汇款阻碍经济增长的情况下，交互项的负值系数表明金融发展抑制了移民汇款对经济增长方面的负面效应，互动项的正值系数则意味着金融发展不利于移民汇款的经济增长效应，表明运作良好的金融体系抑制了移民汇款对经济增长的阻碍效应。

2. 变量说明和数据来源

因变量为经济增长（$PGDP$），由人均国内生产总值表示。解释变量移民汇款（REM）由国际移民汇款占国内生产总值的百分比代表。调节变量为金融发展。本文鉴McKinnon（1973）[1]、King & Levine（1993）[2]的相关文献，以国内私人部门信贷总额占GDP的比率代表调节变量金融发展，以FD表示。为了衡量金融发展对移民汇款与经济增长关系的调节效应，以上述金融发展变量与移民汇款构建交互项，以$FD×REM$表示。

根据既往文献，本研究选择了三个控制变量。首先是国内投资，定义为固定资本形成总额与GDP的比率（INV）。其次是政府开支，定义为一般政府最终消费支出占GDP的百分比（GOV）。第三是国际贸易开放程度，使用出口加进口的总和与GDP的比率（OPN）。

上述变量的数据来源于世界银行统计数据库（World Development Indicators，WDI）。表3-35描述了所有变量及其定义。

表3-35 变量描述

	变量	符号	定义
因变量	人均GDP	$PGDP$	人均GDP（2015年），美元
解释变量	移民汇款	REM	移民汇款流入占GDP的百分比，%
调节变量	金融发展	FD	国内私营部门信贷总额占GDP的百分比，%
控制变量	国内投资	INV	固定资本形成总额与GDP的比率，%
	政府开支	GOV	一般政府最终消费支出占GDP的百分比，%
	贸易开放	OPN	货物和服务进出口总额占GDP的百分比，%

---

[1] McKinnon, R. I. *Money and Capital in Economic Development*. 1973. Washington, DC: Brookings Institution.
[2] King, R. G. and R. Levine. "Finance, Entrepreneurship, and Growth: Theory and Evidence", *Journal of Monetary Economics*, 1993, 32 (3).

3. 描述性统计

本节描述了实证分析中使用的数据，特别是移民汇款、金融发展、经济增长及一些控制变量的基本量值。样本涵盖110个发展中国家1980—2020年间的年度数据。由下表3-36可以看出，1980—2020年间110个发展中国家的人均GDP均值为3,743.73美元，最小值为263.36美元，最大值达到了22,879.51美元，标准差为3,808.29美元。从最大值与最小值之间的差距看，发展中国家之间的人均GDP差距巨大。移民汇款占GDP百分比的均值为4.77%，最小值为0，最大值为66.92%，标准差为6.59%。这一数据表明国际移民汇款是发展中国家重要的外汇来源，在个别国家国际移民汇款占GDP的比例已经达到了66%左右，同时各国之间移民汇款差距明显。金融发展变量方面，私人部门的国内信贷占GDP的百分比均值为34.09%，最小值为0，最大值为182.86，标准差为28.57%。上述数据说明样本国家的金融发展普遍较差，且各国间差别较大。

表3-36 描述性统计

变量	均值	最大值	最小值	标准误差	观测值	国家样本量
经济增长 PGDP	3 743.73	22,879.51	263.36	3,808.29	2,560	110
移民汇款 REM	4.7785	66.9231	0	6.5966	2,560	110
金融发展 FD	34.0904	182.8681	0	28.57601	2,560	110
国内投资 INV	47.20291	260.6183	4.5303	32.3312	2,560	110
政府开支 GOV	16.15124	7,481.664	−11.68611	174.455	2,560	110
贸易开放 OPN	15.3324	115.9324	0.9112	7.6369	2,560	110

4. 相关性分析

为了评估国际移民汇款、金融发展与经济增长之间的关联统计强度，表3-37提供了变量之间的相关性检验。表3-36简单显示了国际移民汇款与经济增长之间存在直接的负向效应，即发展中国家国际移民汇款的增加并未直接促进经济增长，相反还对经济增长产生了负面效应。这一结果与假设1相符合。从表3-37可知，调节变量金融发展与经济增长正相关。初步分析结果显示，从统计角度看，金融发展水平的改善有利于发展中国家经济增长，结果与假设2相一致。其他控制变量国内投资、政府开支及贸易开放度与经济增长之间也存在正向关系。下文将通过进一步的实证分析获得更准确的结果，同时检验研究假设3即金融发展在移民汇款与经济增长之间的调节效应。

表3-37 相关性检验

变量	经济增长 LNPGDP	移民汇款 LNREM	金融发展 LNFD	国内投资 LNINV	政府开支 LNGOV	贸易开放 LNOPN
经济增长 LNPGDP	1	−0.1384	0.5324	0.2157	0.2364	0.3136
移民汇款 LNREM	−0.138	1	0.1281	−0.0283	0.0522	0.2203
金融发展 LNFD	0.5324	0.1281	1	0.2598	0.2445	0.2873
国内投资 LNINV	0.2157	−0.0283	0.2598	1	0.0377	0.2400
政府开支 LNGOV	0.2364	0.052	0.2445	0.0377	1	0.3683
贸易开放 LNOPN	0.3136	0.2203	0.2873	0.2400	0.3683	1

（四）实证结果与讨论

1. 基准估计结果

基于110个发展中国家1980—2020年的不平衡面板数据，依据通常做法，首先进行混合最小二乘法估计。考虑到不同国家之间可能存在影响估计结果的异质性因素，因此为保障回归结果更加稳健，对面板数据进行固定效应模型和随机效应模型展开估计。通过Hausman检验进行筛选后，发现本研究的面板数据更适合进行固定效应模型（FE）分析。表3-38是基于固定效应模型回归的基准回归结果，表3-39是以纳入移民汇款与金融发展变量的交互项之后的固定效应回归结果。表3-38显示了采用国内信贷作为GDP的比率作为金融发展的衡量指标的估计结果。基于混合最小二乘法（POLS）和固定效应模型（FE）的估计结果，移民汇款对经济增长产生了显著的负向影响，显著性水平均在1%。此处仅就固定效应模型的估计结果进行解读。就解释变量国际汇款而言，表3-38、3-39的回归结果基本一致，其回归系数均呈现负值。表3-38、3-39显示，移民汇款的回归系数分别为负值-0.1179和-0.1229，且在1%的水平显著。这一结果表明在没有纳入金融发展等调节变量的情况下，国际汇款的系数都是显著的负值，即移民汇款对发展中国家经济增长的直接影响是负向的。这一结果证实了假设1。

表3-38 移民汇款、金融发展和经济增长（未纳入互动项）

因变量： LNPGDP	混合最小二乘法 POLS	固定效应模型 FE
移民汇款 LNREM	−0.1179***（0.0082）	−0.1229***（0.0008）
金融发展 LNFD	0.6065***（0.0188）	0.5725***（0.0019）
国内投资 LNINV	0.0688**（0.0438）	0.8237**（0.003）
政府开支 LNGOV	0.1315***（0.0360）	0.4846***（0.0035）
贸易开放 LNOPN	0.404***（0.0302）	0.6199***（0.0030）
常数值	3.9088***（0.1551）	4.2028***（0.1044）
观测值	2,729	2,729

注：括号内是标准误差，*、**和***分别表示在10%、5%和1%水平下的统计显著性。下同。

这一结果表明：

第一，在许多发展中国家，受限于金融发展的局限，以及维持银行账户的高成本，移民汇款收款人不太可能通过正规银行收到移民汇款。在金融发展落后的情况下，许多收款家庭对商业机会缺乏足够的了解，往往缺乏经商或投资经验，移民汇款用于商业活动的机会受到限制，未被用于扩大信贷，无法成为经济发展的资金来源。

第二，如前所述，移民汇款已广泛用于家庭消费目的，而不是在发展中国家中为投资提供资金，移民汇款没有成为发展中国家经济增长所需要的金融资源；

表3-38的估计结果显示，金融发展指标的系数都是正值，在1%的显著性水平上具有统计显著性。这一结果表明，金融发展对发展中国家经济增长的直接影响是正向的，这一结果证实了研究假设2。金融发展加快金融要素资源在各行业之间的平衡配置与流动，这样原本只集中在金融行业的要素资源开始向农业、制造业、

建筑业等第一、二产业流动，对经济发展而言，在金融资源及其要素的驱动作用下，会实现资金、技术以及人才等各方面资源向相关产业的有效汇聚。一方面，商业银行会增加对于经济发展的资金支持，为经济发展提供财力支持。另一方面，经济发展在金融资金的持续供给与帮助下，能够购置更加先进的生产设备，引入更加成熟的产业发展体系，从而提高生产效率，提高产业制造总量。此外，在金融资金的集聚效应下，更多的专业型人才加入经济发展队伍，为经济发展贡献力量。

表3-39　移民汇款、金融发展和经济增长（纳入互动项）

因变量：LNPGDP	混合最小二乘法 POLS	固定效应模型 FE
移民汇款 LNREM	-0.0824***（0.0026）	-0.0427***（0.0579）
金融发展 LNFD	0.6038***（0.0018）	0.5887***（0.0229）
国内投资 LNINV	0.0686**（0.0041）	0.0541**（0.0577）
政府开支 LNGOV	0.1266***（0.0034）	0.1273***（0.0440）
贸易开放 LNOPN	0.4103***（0.0029）	0.3990**（0.0401）
交互项 LNREM*LNFD	-0.0112***（0.00081）	-0.0308**（0.0169）
常数	3.9120***（0.0147）	4.0258***（0.2150）
观测值	2,729	2,729

本节特别探讨了移民汇款通过金融发展对经济增长产生的间接效应，或者说金融发展在移民汇款与经济增长关系的调节作用。为此，估计了包含移民汇款与金融发展的交互项的方程（3）。表3-39显示了将交互项添加到回归中的结果，其中 $LNREM \times LNFD$ 的系数为负值且具有统计显著性。这一结果表明，第一，收款国金融体系的改善降低了资金转移成本，使移民能够更快、更安全、更便宜地将钱汇回家，从而导致移民汇款收入总量增加。第二，在金融发展水平更高的国家，通过银行接收移民汇款的个人更有可能开立或维持银行账户并使用其他金融服务，银行可以在利用移民汇款扩大信贷方面发挥更大的作用。此外，银行可以向移民汇款收款人出售其他金融产品，有利于刺激经济增长。第三，运作良好的金融市

场有助于降低移民汇款进入正规金融系统的成本，引导更多移民汇款通过官方金融系统流动，为收款国金融体系提供了更多的流动性，确保为收款国生产部门提供更多信贷以抑制移民汇款对经济增长的负向效应。第三，在金融体系更发达、更完善的国家，金融部门的发展更有益于将移民汇款资金用于生产性投资和创业活动。相反，在金融发展落后的情况下，一方面是汇款成本较高，导致汇款收入受到限制，另一方面在缺乏金融引导的情况下移民汇款主要用于生活基本消费，对经济增长的影响有限甚至产生负面影响。

2. 稳健性检验与内生性处理

通常情况下稳健性检验要么替换主要变量，要么替换不同的估计方法，本研究选择后者。由于变量之间存在测量误差和反向因果关系，模型可能存在内生性。有鉴于此，在运用混合最小二乘法（POLS）和固定效应模型（FE）进行基准回归之上，稳健性检验进一步再次运用两阶段最小二乘法（2SLS）和广义矩估计法（GMM），在没有纳入移民汇款变量的交互项之前和已经纳入交互项之后的两种情况下，对等式（3）进行估计。依据通常做法，选用内生解释变量的滞后项作为工具变量，并根据AIC准则判定滞后期数。经检验，确定选用所有解释变量的滞后2期为工具变量。表3-40和表3-41显示了估计结果。由表3-40可见，在未纳入交互项的情况下，即没有金融发展因素介入的情况下，移民汇款的系数值是负数，即移民汇款对经济增长产生了负向效应，与上面估计的结果一致。

表3-40　移民汇款、金融发展和经济增长（未纳入互动项）

因变量：LNPGDP	两阶段最小二乘法 2SLS	广义矩估计法 GMM
移民汇款 LNREM	−0.1285***（0.0097）	−0.1348***（0.0090）
金融发展 LNFD	0.6341***（0.0212）	0.6357***（0.0200）
国内投资 LNINV	0.0673*（0.0619）	0.0829*（0.0524）
政府开支 LNGOV	0.1249**（0.0409）	0.1417***（0.0386）
贸易开放 LNOPN	0.4423***（0.0343）	0.4226***（0.0323）
常数值	3.7200***（0.1984）	3.6922***（0.1755）
观测值	2,469	2,469

表3-41显示，在纳入交互项以后，交互项系数是显著的负值，即金融发展对移民汇款对经济增长的不利影响产生显著的负向调节效应，即抑制了移民汇款对经济增长的负面效应。这一结果与前面的估计结果完全一致，再次表明金融发展是移民汇款促进发展中国家经济增长的重要调节因素，证实了前述实证结果的稳健可靠性。

表3-41 稳健性估计结果（纳入交互项）

因变量：LNPGDP	两阶段最小二乘法 2SLS	广义矩估计法 GMM
移民汇款 LNREM	−0.1008**（0.0459）	−0.1152**（0.0611）
金融发展 LNFD	0.6181***（0.0204）	0.6332***（0.0219）
国内投资 LNINV	0.0690*（0.0524）	0.0675*（0.0619）
政府开支 LNGOV	0.1200***（0.0389）	0.1232***（0.0414）
贸易开放 LNOPN	0.4342***（0.0330）	0.4447***（0.0357）
交互项 LNREM × LNFD	−0.0073*（0.0136）	−0.0041*（0.0179）
常数	3.8046***（0.1753）	3.7196**（0.1984）
观测值	2,595	2,469

（五）结论及启示

本研究的目标在于基于110个发展中国家1980—2020年间的面板数据，运用混合最小二乘法（POLS）、固定效应模型（FE）、两阶段最小二乘法（2SLS）和广义矩估计方法（GMM）实证检验移民汇款、金融发展与经济增长之间的关系。在未纳入移民汇款与金融发展的交互项的情况下，移民汇款呈现出负向效应。这一结果表明发展中国家的金融发展水平普遍较落后，移民汇款主要用于消费，导致其储蓄率和投资率较低。为了探讨金融发展在移民汇款与经济增长关系中的调节效应，引入了移民汇款与金融发展水平之间的交互项。结果显示，金融发展水平的改善能够抑制移民汇款对经济增长的负面效应。这一结果表明，移民汇款对经济增长的影响取决于金融发展水平，进一步改善金融发展水平是发展中国家利用移民汇款促进经济增长的有效途径。

为进一步发挥金融发展在移民汇款对经济增长影响中的积极作用，提出以下几点启示：第一，进一步完善侨务政策以期更有效地吸引和利用移民汇款，更有效地促进经济增长；第二，制定相应的金融发展政策，进一步促进金融变革，建立健全相关金融制度和政策措施，创造更加有利的金融政策环境，改善营商环境，吸引更多的移民汇款并提升其利用效率；第三，完善金融基础设施，进一步发展股权市场，通过股权融资，改善金融市场，将更多移民汇款从消费转向生产性投资。第四，中央银行应制定窄息差政策以增加储蓄并鼓励向私营部门放贷。低存款和高利率抑制了整个发展中国家移民汇款的储蓄和投资比率，收窄利差政策将扩大金融体系，提高金融效率，推动经济增长。

本研究还具有很大局限性。未来的研究一方面需要纳入制度环境变量，以考察制度因素和金融发展在移民汇款与经济增长关系中的共同影响，另一方面还需要基于面板门槛模型估计金融发展在移民汇款对经济增长影响中的门槛效应。

第六节 其他影响

一、移民汇款对收款国的积极影响

移民汇款是收款家庭的重要收入来源。在家庭层面，有助于增加收入、储蓄，促进资产积累，改善医疗卫生条件，提高营养和教育水平。在社区层面，移民汇款有助于刺激当地商品市场和当地的就业机会。除了上述内容外，移民汇款对收款国经济发展的积极作用还表现在其他诸多方面。

（一）投资公共设施

移民用汇款在家乡投资诊所、自来水、水利设施、修建道路、学校等，为移民来源国的公共投资提供了大力支持。

墨西哥的"同乡会"组织在筹集和引导移民汇款在家乡建设公共工程和投资中小企业方面的工作取得了显著的成效。萨卡特卡斯州政府从1993年开始实施"2×1"计划，即移民社团在家乡每投入1美元，则联邦政府和州政府也各配套1美元。到1997年，该项计划扩展为"3×1"计划，即加上了当地政府的配套资金。

萨卡特卡斯的移民社团在8年多的时间里投资了400多家公共工程和中小企业（约合450万美元）。2005年，墨西哥移民社团在全国范围内筹集了2,000万美元公共建设资金，联邦政府、州政府和地方政府为此配套了6,000万美元。在人口少于3,000人的侨乡，墨西哥移民捐赠超过政府公共投资的一半；在少于1,000人的侨乡，移民捐赠甚至相当于政府公共投资的7倍。萨尔瓦多的国家开发机构FISDL也实施了一个类似的计划，由政府为移民社团在家乡的公共投资进行配套。[1]

（二）减少对ODA的依赖

移民汇款是否对发达国家向发展中国家提供的ODA产生影响，是移民汇款研究领域的一项新课题。发达国家是否会因为移民汇款大量流向发展中国家而削减ODA？如果真是这样，那么移民汇款对ODA是否也有一定的"挤出效应"？

有不少发展中国家对移民汇款的依赖程度大于ODA。两者在下列国家的比例：土耳其39∶1，墨西哥34∶1，哥斯达黎加24∶1，牙买加15∶1，菲律宾8∶1，尼日利亚7∶1，印度6∶1，突尼斯5∶1，莱索托4∶1。[2]多数SSA国家对援助的依赖程度更高。这类比较只是为了让人们更好地了解一些国家对移民汇款的依赖程度，而非使人们对移民汇款与ODA产生联系。但由于1990—2003年发展中国家ODA净流入基本没有变化，2003—2006年才开始缓慢增长。[3]

此外，移民汇款在某种程度上能使国家减少对ODA的依赖，有利于宏观经济稳定。以孟加拉国为例。1995年之前，孟加拉国移民汇款仍少于ODA，此后移民汇款就始终超过ODA和FDI。1976年移民汇款仅有4,900万美元，到2010年已经增加到了108亿美元，增长了200倍左右。2010年，其移民汇款是ODA的7倍，FDI的10倍以上。[4]移民汇款这种"个人外援"不存在日常管理费的问题，能直接进入收款人手中，效率很高。正是由于有大量有效的"个人外援"，来自发达国家的ODA对发展中国家而言其重要性已大幅减弱。[5]与此同时，汇款收入的日益增长

---

[1] Manuel Orozco, "Globalization and Migration: The Impact of Family Remittances in Latin America," *Latin American Politics and Society*, Vol.44, No.2, 2002, pp.11-13.

[2] Peter Gammeltoft, "Remittances and Other Financial Flows to Developing Countries", *International Migration*, Vol.40, No.5, 2002, pp. 181-211.

[3] Colleen Thouez, "Impact of Remittances on Development, International Migration and the Millennium Development Goals", *Selected Papers of the UNFPA Expert Group Meeting*, Marrakech, Morocco, 11-12 May, 2005, pp. 41-55.

[4] Gazi Mainul Hassan and Mohammed S. Bhuyan, "Growth Effects of Remittances: Is there a U-Shaped Relationship?", *Paper in Economics 16*, Department of Economics Working, 2013.

[5] Kangni Kpodar and Maëlan Le Goff, "Do Remittances Reduce Aid Dependency?", *IMF Working Paper No.246*, 2011, p. 5.

可能对援助产生抑制作用，因为提供援助的国家可能会减少对收款较多国家的援助，转而援助收款较少的国家。

（三）影响政府能力和政治改革

一般来说，资源的集中流动会对政府机构能力造成损害，但移民汇款并不会直接损坏政府的能力。石油暴富带来的受益往往集中在政府和少数人手中，容易导致政府机构能力减弱，因为政府可以依靠巨额的石油收益以推行高成本、低效率的专制制度。石油收益还会维持或扩大巨大的收入差距，导致裙带关系盛行、公民社会萎缩，甚至引发国内冲突。与此形成鲜明对比的是，移民汇款分布却是极其分散的，大部分都是以小额形式散布于大大小小的家庭手中，基本不经过政府"中间人"之手，不容易产生管理不善和腐败等问题。

因此，移民汇款能避免像自然资源暴富那样给政府机构能力造成直接的负面影响。但移民汇款的间接影响不容忽视。如移民汇款增加外汇和损害出口竞争力的双重作用，可能阻碍政府实施结构性改革。移民汇款促进非贸易品相对需求的增加，继而带来非贸易品产量和相关就业的增加，促使政府采取保护主义措施，由此放缓了收款国结构改革的步伐。

在更广泛的意义上，移民及其汇款也影响了移民来源国的社会和政治生活。移民来源国对移民的态度通常都很暧昧。移民的能量足以对母国的政治和经济改革、民主化形成推动力，增加政治和官僚的透明度，帮助少数群体获得解放。许多国家的政府都认为移民是社会安全阀，可以减少失业、减少贫困、缓和政治动荡，将移民视为直接摆脱政治异见人士"找茬"的途径。[1]许多移民来源国依赖移民汇款来支付贸易赤字、维持国内稳定，因此政府更加重视移民群体的重要性和移民在母国政治事务上的发言权。不少国家通过对移民实施特殊的政治、经济上权利和双重国籍政策，形成了更具包容性的侨民保护政策。

（四）弥补"人才流失"的损失

1."人才流失"

有学者指责一些政府实行歧视性移民政策，不劳而获地从发展中国家引进高技术移民，从而抢夺其宝贵的人力资源。[2]这种所谓的"人才外流"或"脑流失"仍然是对国际移民特别有力的批判，同时也是对国际移民对经济产生负面影响的担忧。发展中国家现在因为"脑力流失"而损失的技术型人力资源为10%—30%。

---

[1]Gammage S., "Exporting people and recruiting remittances—A development strategy for El Salvador?", *Latin American Perspectives*, Vol.33, No.6, 2006, pp. 75-100.
[2]Castles, S., "Why migration policies fail", *Ethnic and Racial Studies*, Vol.27, No.2, 2004, pp. 205-227.

2004年经合组织的一项研究发现,比较不发达的小型经济体,尤其在SSA和LAC地区,脑力流失造成的影响更为严重。发展中国家受过良好教育的人们移民概率更高。据估计,2/3受过良好教育的佛得角人都居住在国外。2004年,对印度家庭展开了一次大范围调查,询问了他们移居国外的家庭成员情况。调查发现,近40%的移民接受过高等教育。[1]这种"人才外流"的现象长期困扰着贫困国家的政策制定者。他们担心这会有损经济发展,使得他们丧失亟需的技术人才,他们本可在大学里从事教学科研,在医院里工作,或是研发出可供生产的新产品。

2. 移民汇款对"人才流失"损失的弥补效应

人才收益(包括移民汇款和移民在海外所获得的技术等资源)能部分弥补人才外流造成的损失。无论是技术移民还是非技术移民,就长期而言,对其来源国都是利大于弊。人才外流有一些被忽视的好处,如汇款。归国移民所带来的价值,或是移民他国的意愿,促使人们接受更多的教育。一旦这些因素考虑进去,高技术人才的流出就可能有益于其母国。

移民回馈母国最常见的方式就是汇款。在黎巴嫩、莱索托、尼泊尔、塔吉克斯坦等国家,移民的汇款数额占到了GDP的20%以上。技术移民在他国的收入可能是在母国的好几倍。一项关于美国的罗马尼亚移民的研究发现,移民在美国的年收入比在其本国的收入要高出近12,000美元。对于那些来自人均年收入只有约7,500美元(按市场汇率计算)的国家来说,这是一笔不小的数目。

的确,技术移民的教育和培训费有一部分是由其政府(通常是手头拮据的)承担的。贫困国家应该反思他们究竟应该在高等教育上投入多少。例如,印度理工学院大批毕业生最终都去了硅谷或华尔街,印度人就质问政府是否有必要继续在该校投入巨资。但加纳移民在其工作生涯寄回的汇款是当初教育花费的好几倍。

技术移民还可以通过一些其他的方式帮助母国。如果他们留在母国,很可能会失业。也许是因为大学毕业生对工作的要求更高,在摩洛哥和突尼斯,拥有大学本科学历的年轻人的失业率是那些低学历者的好几倍,移民他国一方面可以使得有技术的人找到更适合的工作,另一方面其母国也享受到了移民所带来的部分好处。硅谷的印度人帮助印度本土风险投资产业构建管理架构,为印度的软件公

---

[1] B.Lindsay Lowell and Allan M. Findlay., "Migration of Highly Skilled Persons from Developing Countries – Impact and Policy Responses, Synthesis Report", *International Migration Paper No.44*, Geneva:ILO, 2001, http://www.ilo.org.

司进行质量担保，帮助他们打入美国市场。①最终，移民们回到母国时，通常已经掌握了美国的先进技术。

移民他国的可能性还会对那些选择留下的人产生积极影响，因为这会鼓励贫困国家的人们增加教育投入。

世界银行2003年度报告指出："虽然移民汇款和移民网络效应对贸易和投资的积极贡献要远远大于技术移民造成的损失，但是发展中国家依然担心'脑力流失'问题。"②网络效应主要是指移民与其来源国之间保持的关系网络及其产生的回馈效应，如移民回流、技术和知识的交流，以及移民汇款等（即人才收益）。从中长期看，技术工人在国外发展的网络和获得的知识，以及移民汇款、投资、贸易关系，能使移民来源国从中受益；移民汇款一定程度上能够弥补"脑力流失"的损失。③一些国家已开始有意识、有计划地通过输出技术工人促进本国移民汇款的增加，如菲律宾政府就将护士的教育投资作为国家战略的重要内容。④关于技术移民，一种看法是，长期而言，移民汇款能够减少移民压力，从而减少技术移民外流。另外一种观点则认为，人才收益不能弥补高级人才和技术工人移民对国家经济造成的长期影响。⑤技术移民更倾向于将全家移民国外，与其来源国的联系相对较弱，汇款的人数比例更低，因此技术移民比例越高，移民汇款就越少。此外，移民的技术提高对移民来源国教育水平改善没有明显积极作用。技术移民的比例与移民来源国受高等教育的人口比例之间是负相关。同时，许多移民掌握的技术并不适应国内市场需求。即一定程度上来说，技术移民阻碍了移民来源国的经济增长。

人才收益能否弥补人才外流带来的损失目前依然存在很大争论，不少学者仍在努力寻求新的证据。由于政府培育人才花费了大量的资金和时间，流失的不仅仅是人才本身，还有附着的其他许多资源。因此，国家高级人才和技术工人的流失使政府不得不进一步耗费更多资金和时间培育新的人才和工人来替代他们。同时，由于担心更多人才外流，政府投资人力资本的积极性也受到了一定程度的抑

---

① Kapur, S., Remittances as Insurance in the Global Economy", Presented at the Annual meeting of the International Studies Association, California, USA, 2006.
② Ratha D., "Workers' Remittances: An Important and Stable Source of External Development Finance.", *Global Development Finance*, World Bank, 2003, pp. 157-175.
③ World Bank, *Global Economic Prospects 2006: Economic Implications of Migration and Remittances*, 2006.
④ Kevin Mellyn, *Worker Remittances as a Development Tool: Opportunities for the Philippines*, Asian Development Bank, 2003, pp. 1-18.
⑤ Kapur, D., "Remittances: The New Development Mantra?", *G-24 Discussion Paper No.29*, United Nations Conference on Trade and Development, Geneva, 2004.

制。从长期来看，人才收益很难弥补因人才流失带来的损失。因此，如何尽可能最大化人才收益以减少人才流失的损失，成为了发展中国家学者和政府必须面对的难题。

3. 国际移民汇款、制度环境与人力资本——基于发展中国家跨国面数据的实证分析

（1）引言

过去几十年来，发展中国家的国际移民汇款显著增长，国际移民汇款已成为发展中国家外汇的重要来源，也成为了世界银行、国际货币基金组织（IMF）和国际移民组织（IOM）及学界的重要关注话题（Ratha，2005）[1]。人力资本在促进长期持续经济增长中发挥了重要作用（Romer，1990）[2]。在全球化时期，人力资本已成为世界范围内的重要问题。受过教育的人被认为是信息经济中最关键的资产，而最有才华和信息丰富的人才能拥有更多助推经济发展的机会（Becker，1993）[3]。从这个角度来看，长期而言，实体资本或金融资本不会成为发展中国家竞争优势的主要来源，而人的专有技术或其能力、经验和技能及人与人接触的机会资本可以成为推动经济更具竞争力的强大动力。不幸的是，发展中国家没有足够的能力投资于人力资本积累，而向发展中国家流动的国际移民汇款可以通过增加对教育的投资在这方面提供极大的帮助（Yang，2006）[4]。国内有关人力资本的研究非常丰富（逯进，周惠民，2013[5]；项松林，2020[6]），关于国际移民汇款的成果也偶有呈现（林勇，2017）[7]，但是，国际移民汇款对人力资本的影响尚未引起足够的关注。

国际移民及其汇款和人力资本并非彼此独立，而是在具有反馈的复杂系统中相互关联。没有国际移民就不会有国际移民汇款，国际移民活动导致汇款的发生，但移民的决定也可能受到汇款动机的强烈影响，汇款动机导致移民活动的发生。

---

[1] Ratha, D., "Workers' Remittances: an Important and Stable Source of External Development Finance", *Remittances: Development Impact and Future Prospects*, 2005, 19–51.

[2] Romer, M. P, "Endogenous Technological Change", *The Journal of Political Economy*, 1990, 98 (5): 71–102.

[3] Becker, S. G. " Human capital: A Theoretical and Empirical Analysis with Special References to Education." *National Bureau of Economic research*. 1993, University of Chicago Press, Chicago, USA.

[4] Yang, D, "International Migration, Human Capital, and Household Investment: Evidence from Philippine Migrants' Exchange Rate Shocks," NBER (National Bureau of Economic Research) Working Paper No.: 12325,2006.

[5] 逯进，周惠民：《中国省域教育人力资本与经济增长耦合关系的实证分析》,《数量经济技术经济研究》，2013年第9期，第3-19页。

[6] 项松林：《人力资本错配对服务业生产率增长的影响》,《济问题探索》2020年第9期，第152-159页。

[7] 林勇：《移民汇款对经济增长促进作用的实证检验》,《亚太经济》2017年第5期，第137-142页。

同样，虽然家庭成员的受教育程度可以影响有关移民的决定，人力资本导致移民活动的发生，但移民机会也可以影响个人有关人力资本投资的决定，移民活动导致人力资本投资。这些复杂的相互关系使国际移民汇款与人力资本难以割裂。国际移民汇款主要通过两种渠道影响人力资本：一是直接渠道，即一部分国际移民汇款直接转化为对人力资本的投资；二是间接渠道，即国际移民汇款通过诸多间接渠道促使移民家庭积累更多的人力资本。但是在现实世界中，很难确定国际移民汇款和人力资本二者间的因果关系的性质和方向。同时，制度环境在国际移民汇款对人力资本影响中的调节效应目前更是缺乏实证探究。有鉴于此，本研究利用114个发展中国家（其中包括48个中高收入国家和66个中低收入国家）的非平衡面板数据，就制度环境是否对国际移民汇款对人力资本的影响产生重要的调节效应展开实证研究。

本研究对现有文献的边际贡献体现在：第一，在前人丰富研究的基础上，首次实证探讨了国际移民汇款的人力资本积累效应；第二，在分析框架中纳入制度环境以研究制度环境对国际移民汇款与人力资本关系的调节效应；第三，采用两阶段最小二乘法（2SLS）和广义矩估计法（GMM）处理了前人研究中存在的由反向因果关系、遗漏变量等导致的内生性问题。本研究期望为中国进一步加强人才培育，推进制度环境改革，加快构建以国内大循环为主体、国内国际双循环相互促进的新发展格局提供新的见解和经验证据。本研究预期国际移民汇款促进了人力资本积累，制度环境的改善对国际移民汇款的人力资本积累效应产生正向调节效应。

（2）文献回顾

学界关于国际移民汇款对人力资本影响的研究主要存在两种观点，即一种认同国际移民汇款对收款国人力资本接力产生正向作用，另一种则持相反观点。

其一，国际移民汇款有利于人力资本积累。

许多学者都认为国际移民汇款不仅对实物投资产生正向影响，而且促进了人力资本发展（Funkhouser，1992）[①]。Heylen等（2003）对93个国家1975—1995年间的面板数据的实证分析发现，国际移民汇款对人力资本产生了显著的正向影响[②]。基于对1960—2003年间99个国家的面板数据的研究，Ziesemer（2006）发现，国

[①] Funkhouser, E. *Migration, Remittances and Economic Adjustment. Immigration and the Workforce.* 1992, University of Chicago Press.

[②] Heylen, F., A. Schollaert, G. Everaert, and Pozzi. Inflation and Human Capital Formation: Theory and Panel Data Evidence. SHERPPA, Ghent University, Belgium. (Working Paper 2003/174- D/2003/7012/12), 2003.

际移民汇款对学校的入学率、识字率产生正向影响，并提高了人均GDP增长率[1]。在一项与厄瓜多尔有关的国际移民汇款与教育的研究中，Calero等（2009）发现，国际移民汇款可以增加学童的入学率，并可以减少农村地区童工、特别是女童的发生率[2]。在Rao和Hassan（2010）看来，国际移民汇款收款国最重要的间接影响就是通过教育对人力资本积累的影响[3]。Adenutsi（2010）基于18个撒哈拉以南非洲国家1987—2007年间的面板数据，运用固定效应模型方法研究了国际移民汇款、政府支出、贸易开放、通货膨胀与人类发展的关系，结果发现国际移民汇款对包括教育在内的人类福利具有显著的长期正向影响[4]。Udah（2011）使用尼日利亚1970—2008年间的时间序列数据发现，国际移民汇款对人力资本和技术转让产生了正向影响[5]。De和Ratha（2012）通过对斯里兰卡9个省1999年10月至2000年第三季度的数据对国际移民汇款收入对受助家庭的发展影响进行实证分析，结果揭示国际移民汇款收入对儿童的健康和教育有显著的正向影响[6]。Ngoma和Ismail（2013）基于马来西亚1970—2010年的面板数据，运用广义矩估计法（GMM）研究国际移民汇款对中等教育和高等教育的影响，结果显示国际移民汇款对教育支出具有长期的显著正向影响[7]。Matano和Ramos（2013）使用摩尔多瓦2008年的家庭数据进行的一项研究，探索了国外汇款对教育的影响，其基于Probit和IV Probit估计表明，国外汇款导致收款家庭获得高等教育的可能性提高了约33%[8]。基于肯尼亚的面板数据，Hines（2014）运用OLS和2SLS估计方法，发现国际移民汇款

---

[1] Ziesemer, T. Worker Remittances and Growth: The Physical and Human Capital Channels. United Nations University—Maastricht Economic and Social Research and Training Centre on Innovation and Technology, 2006,Keizer Karelplein 19, 6211 TC Maastricht, The Netherlands. (Working Paper Series #2006-020).

[2] Calero, C., A. S. Bedi and R. Sparrow, "Remittances, Liquidity Constraints and Human Capital Investments in Ecuador", *World Development*, 2009, 37 (6): 1143-1154..

[3] Rao, B. B. and G. M. "Hassan A Panel Data Analysis of the Growth Effects of Remittances", *Economic Modelling*, 2010, (28), 701–709.

[4] Adenutsi, D. E. "Long-run Macroeconomic Impact of International Migrant Remittances on Human Development in Low-income Countries: A Panel Analysis of Sub-Saharan Africa", *Journal of International Economic Studies* 2010, (24)：113–132.

[5] Udah, E. B., "Remittances, Human Capital and Economic Performance in Nigeria", *Journal of Sustainable Development in Africa*, 2011, 13(4)：300–3018.

[6] De, P. K. and D., "RathaImpact of Remittances on Household Income, Asset and Human Capital: Evidence from Sri Lanka." *Migration and Development*, 2012, 1(1)：163–179..

[7] Ngoma, A. L. and N. W. Ismail., "Do Migrant Remittances Promote Human CapitalFormation? [J].Evidence from 89 Developing Countries", *Migration and Development*, 2013, 2(1):106–116.

[8] Matano, A. and R. Ramos, Remittances and Educational Outcomes: Evidence for Moldova. (WP3/10 Research Working Paper). AQR Research Group-IREA Universitat de Barcelona Avda Diagonal 690, 08034 Barcelona, Spain, 2013.

显著增加了家庭教育支出，对小学和中学教育产生显著正向效应[1]。Salas（2014）使用2007—2010年间的数据调查了国际移民汇款对留在秘鲁的儿童人力资本投资的影响，结果显示出了显著的正向影响，表明国际移民汇款改善了移民子女高等教育的机会[2]。Joseph和Wodon（2014）对也门2005—2006年间13,136户家庭的一项调查数据的研究，发现国际移民汇款对中小学入学率产生了显著的正向影响[3]。Gyimah-Brempong和Asiedu（2015）研究了国际移民汇款对加纳教育的影响，发现国际移民汇款大大增加了家庭在中小学招收子女的可能性，表明国际移民汇款有助于改善教育，促进人力资本形成[4]。从长远来看，国际移民汇款通过提高人力资本来支持经济增长，减少贫困水平。在对摩洛哥家庭支出和相对贫困影响的研究中，Bouoiyour和Miftah（2015）[5]发现国际移民汇款提高了家庭生活水平，并对减贫产生促进效应。基于1976—2012年间孟加拉国、印度、巴基斯坦和斯里卡4个亚洲发展中国家面板数据的实证考察，Azam（2015）发现，国际移民汇款与人力资本之间存在显著的正相关关系[6]。Batu (2015)利用1970—2010间的跨国数据，运用OLS估计方法，发现国际移民汇款、人口、种族、实际GDP对中小学入学率具有显著的正向效应[7]。

其二，国际移民汇款不利于人力资本的积累。

部分学者认为，国际劳务移民和国际移民汇款对收款国初等教育产生不利影响（Booth，1995）[8]。由于国际移民汇款往往用于消费品而非投资，对收款国的

---

[1] Hines, A., "Migration, Remittances and Human Capital Investment in Kenya", Colgate University, 2014.
[2] Salas, V. B., "International Remittances and Human Capital Formation", *World Development*, 2014, (59): 224–237.
[3] Joseph, G. and Q. Wodon. Does the Impact of Remittances on Poverty and Human Development Depend on the Climate of Receiving Areas? Q. Wodon, A. Liverani, G. Joseph and N. Bougnoux (editors). Climate Change and Migration: Evidence from the Middle East and North Africa. 2014, Washington, DC: The World Bank.
[4] Gyimah-Brempong, K. and Asiedu, E. Remittances and Investment in Education: Evidence from Ghana. *The Journal of International Trade and Economic Development*, 2015, 26(2): 173–200..
[5] Bouoiyour, J. and A. Miftah, "The Impact of Migrant Workers' Remittances on the Living Standards of Families in Morocco: A Propensity Score Matching Approach", *Migration Letters*, 2015, 12(1): 13–27.
[6] Azam, M., "The Role of Migrant Workers Remittances in Fostering Economic Growth: The Four Asian Developing Country's Experiences", *International Journal of Social Economics*, 2015, 42(8): 690–705.
[7] Batu, M., "International Worker Remittances and Human Capital Formation Across Countries", Department of Economics and Finance, University of Guelph, Guelph,Ontario, N1G 2W1, Canada,2015.
[8] Booth, M. Z., "Children of Migrant Fathers: The Effects of Father Absence on Swazi Children's Preparedness for School", *Comparative Education Review*, 1995, 39(2):, 195–210.

正向效应不显著（Chami等，2003）[1]。Chami等（2003）指出，国际移民汇款可能对国内竞争力产生负向效应，从而抑制资本的预期回报，最终导致资本积累率降低，因此国际移民汇款并不是发展中国家经济发展中人力资本积累的重要来源[2]。Boucher等（2005）的研究发现，国际移民汇款并没有对学校教育产生正向效应，没有显著影响人力资本的形成[3]。McKenzie和Rapoport（2006）的研究也揭示，国际移民汇款与收款国的中小学入学率和整体教育水平成反比[4]。Acosta（2011）研究了国际移民汇款对萨尔瓦多子女入学和童工的影响，认为国际移民汇款对学校教育的影响不显著[5]。Nasir等（2011）使用从巴基斯坦开伯尔-普赫图赫瓦省的4个城市收集的家庭调查数据，探讨了国际移民汇款对移民家庭孩子的教育的影响，发现国际移民汇款对教育呈现出显著的负向影响[6]。Alcaraz等（2012）研究了国际移民汇款对受墨西哥童工和入学率的影响，发现了国际移民汇款的负向冲击导致童工数量大幅增加，入学人数大幅减少[7]。Hassan等（2013）收集了巴基斯坦在1981—2011间的年度数据，运用ARDL方法的回归结果显示，国际移民汇款对中学入学率产生了显著的负向效应[8]。Kroeger和Anderson（2014）基于对吉尔吉斯斯坦2005—2009年期间国际移民汇款对子女教育和健康影响的研究结果显示，国际移民汇款无法改善收款国留守子女的人力资本水平[9]。

综上，目前研究文献对国际移民汇款是否促进收款国人力资本积累尚没有达成一致意见，而且在国际移民汇款成为中国外部资金重要来源的背景下，本研究

---

[1] Chami, R., S. Jahjah, and C. Fullenkamp, "Are Immigrant Remittance Flows a Source of Capital for Development", 2003,International Monetary Fund. (IMF WorkingPapers 03/189).

[2] Chami, R., S. Jahjah, and C. Fullenkamp, "Are Immigrant Remittance Flows a Source of Capital for Development", 2003, International Monetary Fund. (IMF WorkingPapers 03/189).

[3] Boucher, R., O. Stark, and E. Taylor, "A Gain with a Drain? Evidence from RuralMexico on the New Economics of the Brain Drain", Giannini Foundation for Agricultural Economics. (Working Papers 05-005) , 2005.

[4] Mckenzie, D. and H. Rapoport., Can Migration Reduce Educational Attainment? Evidence from Mexico, World Bank Policy Research. 2006, The World Bank, Washington, DC. (Working Paper No. 3952).

[5] Acosta, P., "School attendance, child labour, and remittances from international migration in El Salvador", *Journal Development Studies*, 2011, 47 (6):913–936.

[6] Nasir, M. Tariq, and M. S. Faiz-ur-Rehman (2011) The Effect of Foreign Remittances on Schooling: Evidence from Pakistan. Pakistan Institute of Development Economics, Islamabad. (PIDE Working Papers, 2011: 66.

[7] Alcaraz, C., Chiquiar, D., Salcedo, A., Remittances, schooling, and child labor in Mexico[J]. Journal DevelopmentEconomical, 2012, 97 (1):156–165.

[8] Hassan, M. Mehmood, and M. S. H. Hassan.Consequences of Worker'sRemittances on Human Capital: An In-Depth Investigation for a Case of Pakistan[J].Middle-East Journal of Scientific Research, 2013, 14(3): 443–452.

[9] Kroeger, A. and K. H. Anderson. Remittances and the Human Capital of Children:New Evidence from Kyrgyzstan during Revolution and Financial Crisis, 2005–2009[J].Journal of Comparative Economics, 2014, 42(3): 770–785.

具有一定的学术价值和现实意义。

(3) 模型和变量

基于 Hines (2014) 的研究[1],本研究对国际移民汇款、制度环境与人力资本的关系设立以下模型:

$$HUM_{it} = \alpha_0 + \alpha_1 REM_{it} + \alpha_2 GDP_{it} + \alpha_3 OPN_{it} + \alpha_4 FDI_{it} + \alpha_5 INS_{it} + \varepsilon_{it} \quad (1)$$

在上述模型中,$\varepsilon_{i,t}$ 是误差项,下标 i 表示国家,t 表示时间。

因变量 HUM 代表人力资本,本研究采用受教育程度代表人力资本。无疑,教育是人力资本发展的最重要机制,是决定人力资本结构的主要方面,也是人力资本构成的核心(Becker,1993)[2]。人力资本质量是决定国家经济增长的重要因素,而教育是提升人力资本质量的重要手段。在文献里,人力资本有不同的测度办法,本研究采用按受教育程度代表不同的人力资本。相关文献将人力资本分为初等人力资本、中等人力资本和高等人力资本(彭国华,2007)[3],或将人力资本定义为初级人力资本和高级人力资本(黄燕萍等,2013)[4]。在一些文献里,人力资本则包括了义务教育阶段人力资本、高中教育阶段人力资本和高等教育阶段人力资本。初等教育在许多国家都是义务教育,在这个阶段,人们接受一般的基础教育,而在中学和大学阶段,人们接受中等和高等教育,中等和高等教育阶段是高科技产生发展的关键时期,中等教育和高等教育通过培养高科技人才,促进一个国家的科技进步进而促进生产力进步(纪雯雯,赖德胜,2016)[5]。中学和大学教育对国家经济增长具有显著影响,能够影响国家的劳动者技能水平、专利产出、管理创新、产业升级等,因此,本研究在基准分析中以中等学校代表人力资本变量,在稳健性检验中则替换为高等学校入学率。

解释变量 REM 代表国际移民汇款占国内生产总值的百分比。

INS 代表调节变量制度环境,数据来源于《世界治理指标》(World Governance Indicators,WGI)。在这项研究中,本研究采用 5 个不同的制度环境指标来分析

---

[1] Hines, A. Migration, Remittances and Human Capital Investment in Kenya[R]. Colgate University, 2014.
[2] Becker, S. G. Human capital: A Theoretical and Empirical Analysis with Special References to Education. National Bureau of Economic research. 1993, University of Chicago Press, Chicago, USA.
[3] 彭国华:《我国地区全要素生产率与教育人力资本构成》,《中国工业经济》2007年第2期,第52-59页。
[4] 黄燕萍、刘榆、吴一群、李文溥:《中国地区经济增长差异:基于分级教育的效应》,《经济研究》2013年第4期,第94-105页。
[5] 纪雯雯、赖德胜:《教育人力资本结构与创新》,《北京师范大学学报(社会科学版)》2016年第5期,第169-181页。

制度环境对人力资本积累的影响，其中COR代表对经济体系的腐败控制，GOV代表政府效能，POL代表政治稳定，LAW代表法制建设，VOI代表话语权和问责制。每个指标取值区间为（-2.5，+2.5），数值越高表明治理水平较高。为表示制度环境在国际移民汇款对人力资本积累影响中的调节作用，本研究以上述各项制度环境变量与国际移民汇款的交互项表示，分别为REM×COR、REM×GOV、REM×POL、REM×LAW、REM×VOI。本研究预期国际移民汇款、制度环境变量及相关交互项的系数都为正值，即国际移民汇款对人力资本积累具有正向影响，制度环境在其中产生正向调节效应。

根据既有文献选择的控制变量包括：PGDP代表经济增长，由人均国内生产总值表示，OPN代表进出口占GDP的百分比，FDI代外国直接投资占GDP的百分比。上述变量的数据来源于世界银行统计数据库（World Development Indicators, WDI）。

基于1981—2018年38年间114个发展中国家的年度面板数据。有关变量及其说明见表3-42。

表3-42 变量及其定义

变量	定义	数据来源
HUM	中学入学率（占总人口百分比）	WDI-Word Bank
REM	国际移民汇款，占GDP的百分比	WDI-Word Bank
PGDP	人均GDP以2010年不变价美元计	WDI-Word Bank
OPN	商品和服务进出口占GDP的百分比	WDI-Word Bank
FDI	外商直接投资占GDP的百分比	WDI-Word Bank
COR	腐败控制	WGI
GOV	政府效力	WGI
POL	政治稳定和没有暴力/恐怖主义	WGI
LAW	法制建设	WGI
VOI	言论自由和问责制	WGI

由表3-43可以看出，1981—2018年间114个发展中国家中学入学率均值为71.7%，最小值为7.16%，最大值达到了122.78%，标准差为26.59%。数据表明样本国家各国人力资本差距很大。国际移民汇款的均值为5.69%，最小值为0，最

大值为49.28%，标准差为7.85%。这一数据表明国际移民汇款是发展中国家重要的外汇来源，在某些国家国际移民汇款占GDP的比例已经接近50%。在制度环境变量方面，腐败控制均值为-0.31，其最大值和最小值分别为2.15和-1.5，标准差为0.67；政府效力均值为-0.19，其最大值和最小值分别为2.35和-1.18，标准差为0.72；政治稳定均值为-0.31，其最大值和最小值分别为1.42和-2.81，标准差为0.82；法制建设均值为-0.27，其最大值和最小值分别为1.99和-1.92，标准差为0.69；话语权和问责制均值为-0.16，其最大值和最小值分别为1.69和-2.12，标准差为0.78。上述数据说明样本国家制度环境普遍较差，且各国间差别并不大。至于人均GDP的均值为1,171.9美元，最小值为119.49美元，最大值达到了88,415美元，标准差为8,603.93美元。从最大值与最小值之间的差距看，发展中国家之间的收入水平相差巨大。样本国各国间贸易开放的均值为38.59%，最小值为0，最大值达到了105.18%，标准差为17.64%。外国直接投资的均值为4.48%，最小值为-3.62%，最大值达到了86.98%，标准差为5.55%。从最大值与最小值之间的差距看，发展中国家之间的贸易开放和FDI的差距较为明显。

表3-43 变量描述性统计

变量	平均值	最大值	最小值	标准误差	观测值	国家数
HUM	71.706	122.78	7.1614	26.597	109782	114
REM	5.6910	49.289	0.0009	7.8585	109782	114
PGDP	5117.9	88415.6	119.49	8603.93	109782	114
OPN	38.591	105.18	0	17.649	109782	114
FDI	4.4848	86.989	-3.6203	5.5541	109782	114
COR	-0.315	2.15	-1.5	0.6729	109782	114
GOV	-0.1946	2.35	-1.78	0.7207	109782	114
POL	-0.3164	1.42	-2.81	0.8244	109782	114
LAW	-0.2722	1.99	-1.92	0.6977	109782	114
VOI	-0.1650	1.69	-2.12	0.7896	109782	114

为了评估国际移民汇款与人力资本之间的关联统计强度，表3-44提供了相关系数。表3-44直观展示了国际移民汇款与人力资本之间均存在正向效应，即发展中国家国际移民汇款的增加都促进了人力资本的发展。从表3-44可知，制度环境变量即腐败控制、政府效率、政治稳定、法制建设及话语权和问责制5个变量与

人力资本变量正相关。从统计角度看，制度环境的改善有利于发展中国家人力资本积累。人均GDP水平、贸易开放度及外商投资水平与人力资本之间也存在正向关系。下文将通过实证分析得到进一步检验。

表3-44 相关性分析

变量	HUM	REM	OPN	PGDP	FDI	COR	GOV	POL	LAW	VOI
HUM	1	0.0621	0.3551	0.4175	0.0351	0.3814	0.4106	0.3218	0.4589	0.3988
REM	0.0621	1	0.1466	-0.206	0.0788	-0.1860	-0.1621	-0.0477	-0.1852	-0.0863
OPN	0.3551	0.1466	1	0.1885	0.2925	0.3141	0.2840	0.4090	0.3367	0.2377
PGDP	0.4175	-0.2060	0.1885	1	0.0067	0.5603	0.5150	0.3587	0.5577	0.4342
FDI	0.0351	0.0788	0.2925	0.0067	1	0.1318	0.1133	0.2206	0.0904	0.1400
COR	0.3814	-0.1860	0.3141	0.5603	0.1318	1	0.7403	0.6584	0.8202	0.6670
GOV	0.4106	-0.1621	0.2840	0.5150	0.1133	0.7403	1	0.6008	0.7031	0.5396
POL	0.3218	-0.0477	0.4090	0.3587	0.2206	0.6584	0.6008	1	0.6375	0.5561
LAW	0.4589	-0.1852	0.3367	0.5577	0.0904	0.8202	0.7031	0.6375	1	0.6903
VOI	0.3988	-0.0863	0.2377	0.4342	0.1400	0.6670	0.5396	0.5561	0.6903	1

（4）实证结果讨论

由于本研究使用的是非平衡面板数据，考虑到国家与国家之间存在异质性，可能会影响估计结果，为保障回归结果稳健，通过Hausman检验对面板数据的固定效应模型和随机效应模型进行筛选后，发现更适合进行固定效应模型（FE）分析。表3-45是基于固定效应模型FE回归的基准回归结果，表3-46是以纳入国际移民汇款与各个制度环境变量的交互项的固定效应回归结果。为了单独观测国际移民汇款对人力资本的影响，表3-45和表3-46的第（1）列只纳入核心解释变量国际移民汇款和*PGDP*在固定效应模型（FE）下的估计结果。可以明显看到*REM*及*REM*与各个制度环境指标交互项的估计参数均在1%的统计水平下显著为正，这说明，在样本期内，国际移民汇款对提高人力资本的积累起着重要作用，对人力资本表现出显著的提升效应，其中制度环境产生了重要的强化效应。表3-45第（2）列在继续加入贸易开放和外国直接投资变量的情况下，国际移民汇款的回归结果依然没有改变。除*FDI*以外，各变量的系数均在1%的统计水平下显著为正。在FE估计下，*REM*与各个制度环境变量的回归系数均在1%的统计水平下显著为正。表3-45给出的实证证据都充分说明，国际移民汇款有助于促进人力资本积累，从而证实了本研究的预期。上述回归结果初步证实，随着国际移民汇款的增加，人力资本积累程度不断提高。原因在于，国际移民汇款为移民的原籍国家庭提供了收入来源，与原籍国相比，移民在东道国获得更高的工资收入，从而也提高了原籍国移民家庭的生活水平，为其子女提供了更好的健康和教育条件（De和Ratha，2012）[1]。原籍国移民家庭还将国际移民汇款用于投资活动（Azam，2015）[2]，等等。国际移民汇款对改善移民原籍国的人力资本积累发挥了重要作用。

国际移民汇款主要通过两种主要渠道对人力资本产生显著影响。首先，最贫困阶层人口收到的国际移民汇款直接导致贫困人口减少。这意味着国际移民汇款对收款国的福利具有显著的正向效应。其次，国际移民汇款有助于更好地投资人力和物质资本。与此同时，国际移民汇款可能会通过提高资本形成率来增加该国的长期增长潜力。国际移民汇款是用于消费、购置房屋或用于其他投资，继而通过刺激其他商品和服务的需求产生对经济增长的正向效应（Azam，2015）[3]。同样，国际移民汇款是暂时性的收入，家庭希望更多地投资于投资品，包括人力和物质资本投资，而不仅仅是消费品，为经济增长做出正向贡献（Funkhouser，1992）[4]。这意味着国际移民汇款流入的增加会使教育支出产生正向的收入效应，增加人力资本积累（Azam，2015）[5]。国际移民汇款收入对学校教育产生了正向效应，导致人力资本的改善。

结果还显示：各国人均收入的改善、贸易开放的扩大也都有利于人力资本的发展，但是*FDI*产生了相反的效果，产生了阻碍人力资本的效应。但这些都不是本研究探讨的重点内容，暂不做进一步分析。

---

[1] De, P. K. and D. Ratha. Impact of Remittances on Household Income, Asset and Human Capital: Evidence from Sri Lanka. *Migration and Development*, 2012, 1(1): 163–179..

[2] Azam, M. The Role of Migrant Workers Remittances in Fostering Economic Growth: The Four Asian Developing Country's Experiences. *International Journal of Social Economics*, 2015, 42(8): 690–705.

[3] Azam, M. The Role of Migrant Workers Remittances in Fostering Economic Growth: The Four Asian Developing Country's Experiences. *International Journal of Social Economics*, 2015, 42(8):690–705.

[4] Funkhouser, E. Migration, Remittances and Economic Adjustment. *Immigration and the Workforce*. 1992, University of Chicago Press.

[5] Azam, M. The Role of Migrant Workers Remittances in Fostering Economic Growth: The Four Asian Developing Country's Experiences. *International Journal of Social Economics*, 2015, 42(8): 690–705.

表3-45　发展中国家国际移民汇款对人力资本的影响

变量	固定效应模型（FE）						
	（1）	（2）	（3）	（4）	（5）	（6）	（7）
REM	0.0278*** （8.5032）	0.0427*** （13.666）	0.3549*** （46.96）	0.3851*** （52.64）	0.2871*** （37.431）	0.4479*** （58.227）	0.3302*** （45.340）
PGDP	0.0018*** （254.35）	0.0016*** （228.11）	0.0010*** （111.10）	0.0009*** （109.68）	0.0011*** （147.69）	0.0009*** （107.39）	0.0009*** （118.26）
OPN		0.4167*** （147.5836）	0.3906*** （109.04）	0.3580*** （103.83）	0.3756*** （101.88）	0.3183*** （87.126）	0.3744*** （108.39）
FDI		0.5231 （45.697）	−0.2049*** （−16.721）	−0.2660*** （−22.322）	−0.2324*** （−18.755）	−0.2825*** （−23.582）	−0.3184*** （−26.654）
COR			6.3275*** （55.355）				
GOV				8.3945*** （86.448）			
POL					2.6548*** （31.557）		
LAW						8.8299*** （82.914）	
VOI							8.1708*** （97.842）
常数	54.179 （885.06）	39.071 （362.50）	50.976 （300.93）	52.967 （346.81）	50.625 （303.32）	56.025 （336.41）	52.682 （358.32）
国家样本	114	114	114	114	114	114	114

注：括号中是t值，***，**，*分别指的是1%，5%和10%的显著性水平。下同。

表3-45第（3）、（4）、（5）、（6）、（7）模型中依次加入制度环境变量腐败控制（COR）、政府效力（GOV）、政治稳定（POL）、法制建设（LAW）及话语权和问责制（VOI）的估计结果。与前两列的估计策略一致，结果发现：国际移民汇款对人力资本具有显著的正向效应，国际移民汇款的估计系数在FE估计下在1%的统计水平下显著为正。结果还表明制度环境的所有变量（即控制腐败、政府效

率、政治稳定和没有暴力/恐怖主义、法制建设以及话语权和问责制）对人力资本积累产生显著的正向效应。良好的制度环境对于提升人力资本发挥着重要作用。对腐败的控制提供公民之间的平等感，缩小精英与公众之间的差距。政府效率的提高有利于了教育效率的改善，促进了人力资本的发展。公共服务的质量、公务员的素质以及独立于政治压力的程度、政策制定和实施的质量以及政府对这些政策的承诺的可信度对于积累人力资本起着重要作用。如果社会中没有暴力/恐怖主义分子，这一因素也有助于为人们提供无压力、无障碍和宽松的环境。政府制定和实施健全的政策法规以及促进私营部门发展的能力，创造了新的就业机会（Chami，2003）[①]。因此，工资水平的提高改善了人们的生活水平。这些讨论都证实，国际移民汇款和良好的制度环境均促进了发展中国家人力资本的发展。

为了考察制度环境对国际移民汇款的人力资本积累效应的调节作用，接下来本研究使用国际移民汇款与制度环境不同成分的多个交互项再以固定效应模型（FE）进行回归，结果见表3-46。如果制度环境变量系数都显著为正，则说明制度环境对国际移民汇款影响人力资本的调节作用确实存在。这些交互项是指用制度环境指标（包括控制腐败、政府效能、政治稳定性、缺乏暴力/恐怖主义、法制建设和话语权和问责制）分别与国际移民汇款相乘来表示的各项交互项。基于FE的交互项估计结果在表3-46中给出。腐败控制（COR）、政府效率（GOV）、政治稳定（POL）、法制建设（LAW）和话语权和问责制（VOI）与国际移民汇款的互动项的回归系数都为正值，依次为0.2647、0.7072、0.1655、0.1001和0.4051，而且所有结果均通过5%显著水平检验。结果显示所有制度环境变量都对国际移民汇款的人力资本积累效应发挥了正向的促进作用，其中政府效率和法制建设的调节作用最为突出，政治稳定、民主制度和腐败控制的调节作用也显著为正。因此，结果与前面的估计结果完全一致，即完善的制度环境有利于发挥国际移民汇款的人力资本积累效应。

此外，人均GDP水平和贸易开放程度的提升有助于一国人力资本的积累，结果与大多数文献相符。但是没有发现外国直接投资对人力资本的外溢效应。

[①] Chami, R., S. Jahjah, and C. Fullenkamp. "Are Immigrant Remittance Flows a Source of Capital for Development", 2003, International Monetary Fund. (IMF WorkingPapers 03/189).

表3-46　发展中国家国际移民汇款对人力资本的影响

变量	固定效应模型（FE）					
	(1)	(2)	(3)	(4)	(5)
REM	0.1914*** （19.965）	0.6082*** （69.673）	0.3251*** （39.82）	0.4174*** （42.536）	0.4705*** （56.103）
PGDP	0.0013*** （165.03）	0.0012*** （162.13）	0.0012*** （162.36）	0.0012*** （167.36）	0.0012*** （163.01）
OPN	0.4390*** （9125.11）	0.4151*** （120.83）	0.4087*** （116.57）	0.4047*** （113.14）	0.4159*** （118.37）
FDI	−0.1014*** (-8.1832)	-0.2248*** (-18.640)	-0.2011*** (-16.255)	-0.2563*** (-20.86)	-0.2222*** (-18.189)
REM×COR	0.2647*** （21.277）				
REM×GOV		0.7072*** （56.653）			
REM×POL			0.1655*** （17.405）		
REM×LAW				0.1001*** （8.3907）	
REM×VOI					0.4051*** （38.550）
常数	45.573*** （318.69）	47.617*** （336.86）	48.268*** （333.52）	48.859*** （336.47）	47.879*** （336.94）
国家样本	114	114	114	114	114

（5）稳健性检验和异质性分析

考虑到要避免同期反向因果和遗漏变量造成的模型内生性问题，本研究使用两阶段最小二乘法（2SLS）对方程（1）进行估计。工具变量为所有解释变量的一阶滞后项。结果显示2SLS的估计结果与FE估计得到的结论相同。基于2SLS的交互项估计结果在表3-47和表3-48中给出。表3-47和表3-48依次加入制度环境变量及其交互项的估计结果。与前两列的估计策略一致，结果发现：国际移民汇款对人力资本积累具有显著正向效应，国际移民汇款系数在1%的统计水平下显著为正。结果还显示制度环境的所有变量（即控制腐败、政府效率、政治稳定和没有暴力/恐怖主义、法制建设以及话语权和问责制）对人力资本积累产生显著的正向效应。这一结果表明良好的制度环境对于提升人力资本发挥着重要作用。核心变量国际移民汇款和制度环境及其各交互项对各国的人力资本积累具有显著正向效应，表明制度环境改善有助于国际移民汇款对人力资本积累的促进效应。结果证实前文研究结果稳健有效。

表3-47 发展中国家国际移民汇款对人力资本的影响

变量	两阶段最小二乘法（2SLS）							
	（1）	（2）	（3）	（4）	（5）	（6）	（7）
REM	0.0174*** （5.1290）	0.0403*** （12.340）	0.3978*** （46.171）	0.4538*** （52.616）	0.3329*** （36.968）	0.4823*** （53.473）	0.3528*** （40.743）
PGDP	0.0017*** （243.21）	0.0015*** （215.26）	0.0009*** （101.60）	0.0008*** （94.518）	0.0010*** （125.90）	0.0008*** （92.813）	0.0008*** （103.03）
OPN		0.4511*** （144.21）	0.4156*** （100.50）	0.3685*** （89.343）	0.3776*** （85.323）	0.3230*** （72.028）	0.4139*** （99.242）
FDI		0.5418*** （35.620）	−0.3345*** （−20.348）	−0.4526*** （−28.446）	−0.4711*** （−28.521）	−0.5061*** （−31.682）	−0.5601*** （−34.796）
COR			6.3486*** （50.662）				
GOV				9.2158*** （84.498）			
POL					4.0792*** (41.17)		
LAW						8.9881*** （73.748）	
VOI							8.0237*** （86.530）
常数	4.361*** （873.13）	38.026*** （331.13）	51.648*** （272.93）	55.102*** （309.25）	53.917*** （268.56）	58.629*** （295.81）	54.054*** （316.21）
国家样本	114	114	114	114	114	114	114

表3–48 发展中国家国际移民汇款对人力资本的影响

变量	两阶段最小二乘法（2SLS）				
	(1)	(2)	(3)	(4)	(5)
REM	0.5302*** （42.533）	1.0080*** （88.733）	0.6646*** （65.359）	0.9026*** （67.865）	0.6999*** （69.269）
$PGDP$	0.0014*** （171.78）	0.0013*** （168.67）	0.0013*** （164.86）	0.0013*** （169.71）	0.0013*** （167.92）
$REM \times COR$	0.0494*** （3.3056）				
$REM \times GOV$		0.9990*** （69.427）			
$REM \times POL$			0.5109*** （47.264）		
$REM \times LAW$				0.6045*** （41.115）	
$REM \times VOI$					0.4735*** （41.500）
常数	60.896*** （630.88）	61.578*** （630.49）	62.794*** （631.95）	62.794*** （621.28）	62.214*** （619.80）
国家样本	114	114	114	114	114

本研究以高等学校入学率替换因变量，同时对中低收入国家和中高收入国家运用广义矩估计法（GMM）进行回归分析，进一步检验上述分析结果的异质性。世界银行按人均国民收入对世界各国的经济发展水平进行分组，即中高收入国家和中低收入国家，各收入组别上下限值的单位均为现价美元。2016年世界银行用于分类的最新收入上限值如下：中低收入国家包括低收入和中等偏下收入国家（人均GNI为3,955美元及以下），中高收入国家包括高收入和中等偏上收入国家（人均GNI为3,956美元及以上）。据此标准，114个发展中国家包括了66个中低收入国家和48个中高收入国家。分组回归能够可以进一步考察国际移民汇款对不同收入水平国家人力资本的影响的异质性。

表3-49、表3-50及表3-51、表3-52的回归结果显示，国际移民汇款对不同收入水平国家的人力资本都产生了显著的正向效应，但是也存在差异性，其中国际移民汇款对中低收入国家人力资本贡献更显著。毕竟，相对于中高收入国家，中低

收入国家更多地依靠国际移民汇款来积累人力资本。结果还显示了所有制度环境变量（即控制腐败、政府效率、政治稳定和没有暴力/恐怖主义、法制建设以及话语权和问责制）对两类收入水平国家的人力资本积累的显著正向效应。整体而言，制度环境变量对中高收入国家人力资本影响更为显著，其中腐败控制、法制建设和话语权和问责制对中低收入国家人力资本积累的影响更显著，政府效率和政治稳定对中高收入国家人力资本的影响更显著。同时，制度环境与国际移民汇款的互动项对两类不同收入水平国家的人力资本积累存在差异，其中对中低收入国家人力资本积累的贡献更显著。制度环境的改善促进了国际移民汇款对发展中国家、特别是中高收入国家人力资本积累的正面效应。主要原因在于：相对于中低收入国家，中高收入国家制度环境更加完备，制度环境的作用相应更显著一些。

通过变换因变量及异质性效应分析，再次证实了实证结果的稳健可靠性及其异质性效应。

表3-49　中低收入国家国际移民汇款对人力资本的影响

广义矩估计法（GMM）					
变量	(1)	(2)	(3)	(5)	(6)
REM	0.8650*** （80.874）	0.9808*** （98.635）	0.9657*** （94.937）	1.0215*** （103.91）	0.9683*** （95.978）
PGDP	0.0114*** （107.94）	0.0112*** （149.34）	0.0114*** （148.15）	0.0110*** （155.09）	0.0114*** （142.50）
COR	7.5553*** （10.481）				
GOV		0.1565* （0.9590）			
POL			0.0340* （0.2879）		
LAW				3.1487*** （17.042）	
VOI					1.3300*** （9.1499）
常数	35.714*** （62.312）	30.686*** （159.52）	30.358*** （162.97）	32.267*** （160.09）	30.985*** （166.16）
国家样本数	66	66	66	66	66

表3-50　中低收入国家国际移民汇款对人力资本的影响

变量	广义矩估计法（GMM）				
	（2）	（4）	（6）	（8）	（10）
REM	0.4109*** （2.3304）	1.1048*** （3.5927）	0.9071*** （4.1747）	1.3607*** （4.1115）	1.1907*** （5.5631）
PGDP	0.0117*** （8.9070）	0.0087*** （5.6772）	0.0112*** （6.7941）	0.0108*** （6.635）	0.0116*** （6.8881）
REM×COR	0.7216*** （2.9915）				
REM×GOV		0.0482* （0.1599）			
REM×POL			0.1361* （0.6450）		
REM×LAW				0.5136*** （1.6692）	
REM×VOI					0.2482* （1.1697）
国家样本	66	66	66	66	66

表3-51　中高收入国家国际移民汇款对人力资本的影响

变量	广义矩估计法（GMM）				
	（1）	（2）	（3）	（4）	（5）
REM	0.5262*** （2.0570）	0.5814*** （2.7432）	0.4479*** （2.0288）	0.6192*** （2.8822）	0.4941*** （2.2499）
PGDP	0.0010** （1.9061）	0.0009** （1.7665）	0.0011*** （2.259）	0.0008** （1.7546）	0.0010*** （2.0724）
COR	9.5943*** （3.7557）				
GOV		11.286*** （2.9912）			
POL			6.8299*** （3.3570）		
LAW				11.711*** （4.2832）	
VOI					9.3368*** （3.9842）
常数	66.029*** （18.596）	66.573*** （17.663）	66.205*** （17.651）	68.713*** （19.275）	66.032*** （19.285）
国家样本	48	48	48	48	48

表3-52 中高收入国家国际移民汇款对人力资本的影响

	广义矩估计法（GMM）				
变量	（1）	（2）	（3）	（4）	（5）
REM	0.5023*** （1.3370）	0.9882*** （3.6035）	0.6479*** （2.3935）	0.8804*** （2.4431）	0.6904*** （2.6347）
PGDP	0.0014*** （2.7237）	0.0013*** （2.6972）	0.0013*** （2.6685）	0.0013*** （2.6908）	0.0013*** （2.6782）
REM×COR	0.0276*** （0.0811）				
REM×GOV		0.9731*** （3.5508）			
REM×POL			0.4942*** （2.4018）		
REM×LAW				0.5821** （1.7246）	
REM×VOI					0.4651*** （2.0359）
常数	61.024*** （18.458）	61.658*** （18.166）	62.869*** （18.214）	62.874*** （17.723）	62.282*** （17.818）
国家样本	48	48	48	48	48

（6）结论及启示

本研究利用1981—2018年38年的年度面板数据，基于固定效应模型、两阶段最小二乘法（2SLS）和广义矩估计法（GMM），考察了114个发展中国家的制度环境对国际移民汇款对人力资本影响的调节效应。结果表明，无论是以中等教育入学率还是以高等教育入学率为因变量，国际移民汇款对人力资本均具有显著的正向效应，制度环境的改善对国际移民汇款的人力资本积累效应产生正向的调节效应。运用广义矩估计法（GMM）对中低收入、中高收入子样本进一步的异质性分析结果表明，国际移民汇款对中低收入国家人力资本积累的贡献更大；但是就制度环境在国际移民汇款对人力资本影响中的调节效应而言，中高收入国家更显著。

本研究的结论的重要启示在于：首先，提高对国际移民汇款对人力资本积累重要性的认识，在立法和政策方面注重引导和保护移民汇款在教育领域的投资和捐赠；其次，鉴于国际移民汇款大量用于即时私人消费而不是为投资提供资金，收款国政府应该通过提高存款利率或生产性投资补贴，将更多国际移民汇款从消费领域转向教育投资领域。第三，通过改善国内金融制度以确保国际移民汇款的生产性用途，进一步实施金融制度改革措施，通过降低国际移民汇款成本以增加国际移民汇款流入。

二、移民汇款对收款国的负面影响

（一）对政府公共投资产生"挤出效应"

移民汇款以捐赠公益事业和投资基础设施的途径进入公共领域，使政府在一定程度上产生了对移民汇款的依赖，从而导致政府在公共领域的投入减少，即移民汇款对政府的公共投资产生一定程度的"挤出效应"，产生所谓的"公共道德风险"（public moral hazard）。[1]以格鲁吉亚为例。由于收款人比较富裕，有条件支付较高的医疗服务和教育费用，政府不愿在公众健康和教育方面投入太多，故这两方面的公共支出远低于其他方面。同时，其社会福利政策也受到移民汇款的影响。格鲁吉亚的社会福利政策主要包括两个方面：一是养老金计划；二是针对弱势群体的社会援助计划。虽然自2004年以来养老金不断增长，但一直到2012年9月才达到人均125拉里的水平。2006年实施针对弱势群体的社会援助以来，其投入远远不能满足实际需要，但政府却无意改变现状。[2]

（二）带来"道德风险"

移民汇款导致了收款家庭和地区劳动参与率的降低。这种现象被称为移民汇款的"道德风险"（moral hazard）或移民汇款的"依赖文化"，即收款家庭和地区对移民汇款的高度依赖性，年轻人因为有汇款收入而变得缺少工作热情。移民导致家庭成员天各一方，成员之间经济上彼此相互支持，为家庭提供了保障。然而，由于成员之间相隔千里万里，也会出现信息不对称的情况。汇款者不能直接观察到收款者的行为，从而限制了其对收款家庭行为和使用移民汇款的控制力。而这种信息不对称往往就会成为家庭成员间产生矛盾的缘由。经常可以看到、听到移民们抱怨收款人不珍惜移民们在国外辛苦挣来的钱，花起钱来大手大脚，胡乱挥霍。移民也关心收款人使用移民汇款是否透明、公开，以免亲戚、朋友和邻居怀疑移民汇钱回家的真实性。

有移民汇款的家庭其成员劳动意愿减少，由此可能会影响当地的经济增长。

---

[1] Agunias, Dovelyn Rannveig, *Remittances and Development: Trends, Impacts and Policy Options*, Migration Policy Institute, 2006.

[2] Alexi Gugushvili, "The Development and the Side Effects of Remittances in the CIS Countries: The Case of Georgia", CARIM-East Research Report No.29, CARIM EAST – Consortium For Applied Research On International Migration Co-financed by the European Union, 2013.

如移民汇款使拉丁美洲的劳动力减少了。[1]移民汇款对女性劳动参与的影响要大于男性，随着移民汇款由零增长到100美元，尼加拉瓜首都马那瓜的女性参加劳动的可能性减少5%，男性减少2.1%。[2]

移民汇款是否会导致"道德风险"尚存在争议。例如，随着青壮年男性出国，留在家里的多是妇女、儿童和老人，如何评价他们的劳动参与？女性劳动参与的减少主要是因为移民家庭的家务劳动往往由妇女承担。如何估算这些妇女的劳动参与率？家务算不算是劳动？因此，也许综合考虑这些因素可以让结论更加客观。

（三）导致"荷兰病"

移民汇款作为收款国外来资本的一种形式，如果也像其他国际资本一样在短时间内大量涌入，就可能导致本币升值，产生通胀，从而导致出口竞争力下降，刺激进口增长和出口减少，可能引发"荷兰病"。移民汇款所带来的较高可支配收入可能会触发总需求急速扩张。相对于给定价格的可贸易商品，非贸易商品会达到一个对应于实际汇率升值的较高价格水平。非贸易产品价格的上升会导致不可贸易部门扩张，造成资源在可贸易部门与不可贸易部门间重新分配。移民汇款对可贸易部门也可能通过收入效应和劳动力供给效应影响一国贸易。移民汇款是收款人的额外收入，收入增加可能降低劳动力供给。较高水平的收入造成劳动力供给骤减，反过来，也会提高生产成本，造成可贸易部门进一步萎缩。

如果移民汇款所产生的需求大于满足这些需求的经济能力，移民汇款就可能对经济通胀产生影响。移民汇款对通胀的影响可以从3个不同的角度看，即汇率上升、增加货币供应量、影响国际收支平衡。1990—2003年109个发展中国家的移民汇款的流入促进了汇率上升。1998—2007年128个国家的移民汇款占GDP的比例每增加1%，将导致实际汇率升值约0.01%。[3]在LAC地区的13个国家，如果移民汇款增加1倍，其实际汇率可能升值20%—22%。移民汇款对汇率的影响在移民汇款占GDP比例较大的国家表现较为突出。萨尔瓦多、肯尼亚、摩尔多瓦等国政府就经常担心大量移民汇款的涌入会冲击汇率的变化。移民汇款对约旦的影响更

---

[1] Pablo Acosta, Cesar Calderón, Pablo Fajnzylber and J. Humberto López, "Do Remittances Lower Poverty Levels in Latin America? Remittances and Development: Lessons from Latin America", Washington DC: World Bank, 2008, pp. 87-132.

[2] Edward Funkhouser, "Migration from Nicaragua: Some Recent Evidence", *World Development*, Vol.20, No.8, 1992, pp. 1209-1218.

[3] Adela Shera and Dietmar Meyer, "Remittances and their impact on Economic Growth", *Periodica Polytechnica, Social and Management Sciences*, Vol.21, No.1, 2013, pp. 3-19.

显著，移民汇款占GDP的比例每增加1%，实际汇率升值约0.4%。[①]

发展中国家移民汇款的不断增加可能产生支出效应，导致非流通商品的价格水平上升。移民汇款收入导致这样的传动机制，即移民汇款导致家庭收入增加，从而使得劳动力供给减少，导致工资水平上涨。这反过来又导致生产成本增加，致使流通领域进一步收缩。

移民汇款提升了消费水平，然后通过货币扩张增加总需求，最终导致通货膨胀。随着家庭汇款收入的增加，消费支出（住房、家具、医疗）或生产性投资活动（如教育、制造业、养殖等）也随之增加。因此，相对于其他项目，这些项目需求的增加更明显。这些需求变化，再加上供给的价格弹性，就可能会导致相对价格和整体通胀的变化。1995年以后墨西哥的移民汇款对通胀和相对价格变化有显著的促进效应。由于大部分汇款用于消费，通过增加总需求渠道对消费品和服务价格产生上涨的压力。外汇储备增加导致货币储量增加，从而将导致汇率进一步升值，结果就会产生物价上涨的压力。收款地区土地价格和建设费用上涨的现象相当普遍，如埃及、希腊、巴基斯坦、也门和LAC国家。

（四）影响进出口

关于移民汇款对贸易影响的研究多集中于"荷兰病"问题。通常情况下，移民汇款的流入会增加收款国的外汇储备，有利于收款国收支平衡，但同样会产生一些消极影响，如移民汇款对贸易平衡的影响。移民汇款往往会影响贸易平衡，导致出口竞争力下降，刺激进口增长和出口减少。

1. 刺激进口需求

国外移民往往将许多国外商品带回家乡，使得家人及朋友慢慢习惯购买和消费国外产品。其消费偏好影响了周围非移民家庭的消费习惯，以此刺激进口。

2. 削弱了出口竞争力

移民汇款会促使一个国家的货币升值，或者说由于汇率升高而使国家出口竞争力减弱，对于进口替代行业的投资吸引力降低。这就是所谓"荷兰病"的一个变种。然而，大多数移民母国当局似乎确信，这种影响从整体而言是很积极的，特别是由于需要外汇来冲抵巨额贸易赤字和支付外债。移民汇款占GDP的比例平

[①] Alexi Gugushvili, "The Development and the Side Effects of Remittances in the CIS Countries: The Case of Georgia", *CARIM-East Research Report No.29*, CARIM EAST – Consortium For Applied Research On International Migration Co-financed by the European Union, 2013.

均每增加10%，发展中国家出口就会减少2%—4%。[①]20世纪70年代末移民汇款大量涌入，导致也门出现了严重的国际贸易逆差。

（五）加剧经济脆弱性

移民汇款流入导致的经济脆弱性主要通过信贷风险、流动性风险、市场风险的增加表现出来。移民汇款能够有效缓解信贷限制，许多企业借此机会大量进行借贷，甚至过度借贷，导致借款人违约风险上升，出现信贷风险。某些收款国的银行会依赖流入的巨额汇款来扩大国内贷款或进行证券投资，会直接或间接促使银行增加对国内贷款、投资、消费。银行贷款、投资决策过程是否恰当会对收款国经济产生影响。如果贷款风险控制不当，将会使银行陷入风险，可能会出现大量亏损。移民汇款的流入也会容易产生流动性幻觉，导致银行短存长贷，使期限出现不匹配。如果移民汇款一旦逆转流出，流动性不足将会出现，流动性风险由此而生。例如，1991年海湾战争直接导致大批移民失业，约旦和也门的移民汇款因此大幅减少，最终导致经济严重衰退。来自象牙海岸的移民汇款占布基纳法索GDP的25%，但由于象牙海岸内战导致移民汇款输出大幅下滑，布基纳法索的经济安全遭受严重冲击。[②]移民汇款输出国与输入国双边关系一旦出现问题，收款国经济将产生巨大震荡。海湾战争时期，由于约旦国王侯赛因政治上支持萨达姆政权，约旦与沙特、科威特等海湾国家的关系陷入危机，近30万约旦移民劳工被迫回国，约旦国民收入因此大幅下滑，经济安全受到极大威胁。马来西亚和泰国在亚洲金融危机期间驱逐了大量印度尼西亚劳工，为已经疲弱不堪的印度尼西亚经济火上浇油。[③]

移民汇款的流入使实际汇率升值，汇率波动所带来的市场风险由此而来，这一点已在前面讨论过，此处不再赘述。

第七节 小结

当然，有关移民汇款的影响还有很多方面。表3-53总结了现有文献中关于移民汇款带来的主要影响。

[①] Ernesto, Lopez-Cordova and Alexandra Olmedo, "International Remittances and Development: Existing Evidence, Policies, and Recommendations", *Occasional Series Paper No.41*, Institute for the Integration of Latin America and the Caribbean, 2006.
[②] Krishnan Sharma, "The Impact of Remittances on Economic Insecurity", *DESA Working Paper No.78*, 2009, p. 5.
[③] Krishnan Sharma, "The Impact of Remittances on Economic Insecurity", *DESA Working Paper No.78*, 2009, p. 5.

表3-53　移民汇款的潜在积极作用和负面影响

积极作用	负面影响
1. 促进经济增长	1. 抑制经济增长
推动创业（Amuedo-Dorantes and Pozo, 2006; Brown and Leeve, 2007; Woodruff and Zenteno, 2001; Yang, 2008）	引发荷兰病（Acosta等, 2007; Acosta等, 2009; Amuedo-Dorantes and Pozo, 2004; Vargas-Silva, 2009）
提高劳动生产率（Lucas 1985, 1987; Rozelle, Taylor, and de Brauw, 1999）	导致人才外流（Adams, 2005）
刺激消费和投资需求（Adams, 1998; Parinduri and Thangavelu, 2008）	降低收款人的工作热情（Chami等, 2005; Bridi, 2005）
发展金融业（Acosta等, 2009）	减少税收（IOM, 2006）
产生乘数效应（Adelman and Taylor, 1990; Van Doorn, 2002; Ravanilla and Robleza, 2003）	对经济增长没有贡献（Barajas等, 2009）
汇率高估时移民汇款会减少，不影响竞争力或经济增长（Rajan and Subramanian, 2005）	
2. 有助于接受国的经济的宏观稳定	2. 推进通胀
帮助收款国应对国内外负面冲击（Clarke and Wallsten, 2004; Kapur, 2004; Mishra, 2005; Opiniano, 2004; Yang, 2008）	增加国内需求可能会推动物价上涨（Balderas and Nath, 2008; Olsen, 2008）
减少产出波动（Chami, Hakura, and Montiel, 2009）	
为国内国际交易提供外汇（Pernia, 2006）	
提高信用，使移民来源国以更有利的条件获得贷款（Ratha, 2003; World Bank, 2006）	
3. 促进人力资本的发展	3. 减少子女上学的热情
提高儿童、青少年上学比例，减少童工现象（Adams, 2005, 2006; Acosta 等, 2007; Edwards and Ureta, 2003; Lopez-Cordova, 2004; Tabuga, 2007; Yang, 2008）	因为将来有移民打算，移民来源国当地教育不受重视（Grigorian and Melkonyan, 2008）
增加对健康和营养的支出（De and Ratha, 2005; Parinduri and Thangavelu, 2008; Acosta, Fajnzylber and Humberto Lopez, 2007）	因父母不在身边，移民子女受教育程度较低（McKenzie and Rapoport, 2006）
提高健康知识（Hildebrant and McKenzie, 2005）	

续表

积极作用	负面影响
4. 刺激金融部门和其他方面的发展	4. 减少劳动力供给
放宽贷款限制（Giuliano and Ruiz-Arranz, 2009）	增加休闲时间（Amuedo-Dorantes and Pozo, 2006; Acosta, 2006; Kim, 2007; Jadotte, 2009）
增加银行及其他金融机构的金融资源（Brown and Walker, 1995; World Bank, 2006）	减少非正规和无薪工作的女性劳动供给（Amuedo-Dorantes and Pozo, 2006）
产生新的金融服务（Aggarwal等, 2006; Gupta, Pattillo, and Wagh, 2006）	由于移民活动而致使工作中断（Amuedo-Dorantes and Pozo, 2006）
创建小微企业（Woodruff and Zenteno, 2001），并为社区基础设施和服务提供资金（Ghosh, 2006; Sorensen and Pedersen, 2002）	增加工资留存（Azam and Gubert, 2005; Bussolo and Medvedev, 2007; Acosta等, 2007; Kim, 2007; World Bank, 2006）
5. 提供家庭安全网和家庭保险	5. 产生社会问题
平滑消费（Parinduri and Thangavelu, 2008; Quartey and Blankson, 2004）	产生发展依赖效应；使得母国政府本来急需的结构改革因此推迟（De Bruyn and Wets 2006; Tabuga, 2007）
提供家庭自我保险	导致婚姻冲突和家庭压力（Markova, 2006; rawford- Brown and Rattray, 2002）
6. 减少贫困，缩小收入差距	6. 拉大收入差距
通过增加收入减少贫困，缩小收入差距（Adams, 2006; Adams and Page, 2005; Acosta, Fajnzylber, and Humberto Lopez, 2007; Brown and Jimenez, 2007; Jongwanich, 2007; Lopez-Cordova, 2004; Taylor等, 2005; Gustafsson and Makonnen, 1993; Ruiz and Vargas-Silva, 2009; Sawada and Estudillo, 2006）	通过增加原有高收入家庭的收入水平致使收入差距更趋拉大（Barham and Boucher, 1998; Taylor等, 2005; Rodriguez, 1998; Tullao, Cortes, 2007）

资料来源：作者根据相关文献整理。

综上所述，有关移民汇款影响的观点存在两极化倾向。一种观点过于乐观，过度强调移民汇款的积极作用；另一种观点则过于悲观，完全否定了移民汇款对经济发展的支持作用。然而，无论是移民汇款的积极作用还是负面影响，都有相关的证据予以支持，使得这个问题存在很大争议。因此，在接受移民及其移民汇款的积极作用和负面影响的同时，需要意识到只有采取积极的政策措施才能有效发挥移民汇款潜在的积极作用。

第四章 印度的移民汇款

第一节 概况

一、国际移民

与中国一样,印度的经济发展也被视为亚洲奇迹。在奇迹背后,两个国家的海外同胞起着难以估量的作用。美国《新闻周刊》一篇文章甚至认为,海外印度人正在成为印度发展的"秘密武器"。[①]他们为母国印度带来了大量资金,近年来还回到母国进行直接投资,成为印度经济稳定发展的关键性因素。

2000—2010年印度共输出了约600万移民到国外,年均增长率为16%。其中以海外劳工为主体,主要前往阿联酋、阿曼、卡塔尔、科威特等4个国家。2010年,四国吸收印度移民占印度移民总数85%左右。截至2012年,海外印度人有2,700余万。几乎世界各国都有印度人或印度人后裔,如在海湾地区的印度籍劳工600万(其中沙特250万,阿联酋200万)。[②]第二次世界大战结束后,印度移民职业结构有很大变化。总体来看,非熟练劳工比例日渐减少,熟练工人、技术人员和各类专业人员增多,其中包括教师、律师、会计师、医生、科技人员等。发展中国家的印度移民40%—50%为工人和服务人员。而发达国家的印度移民中,专业技术等"白领"职员比例则占到50%—80%。在英国,虽然印度移民的职业以工人为主体,但其医疗机构中的海外移民则几乎全是印度医生。[③]此外,随着IT业迅速发展,IT专业人士迅速成长,印度一跃成为输出IT专业人士的重要来源,其中80%流向了美国。近270万印度移民居住在美国,是继华裔和菲律宾裔之后美国第三大亚裔移民人口。根据美国人口普查局的社区调查,美国印度裔人口在2000—2007年增长了53%,是美国所有族群中增长最快的族群。近十几年印度海外移民

[①]《海外游子是印度经济快速发展的"秘密武器"》,发布时间:2006年11月13日,新华网,http://news.xinhuanet.com.

[②]《印度在海湾地区侨民达600万人》,发布时间:2012年4月17日,中华人民共和国商务部网站,http://www.mofcom.gov.cn.

[③]《印度移民流向:英国—海湾—美国》,《新京报》2008年1月20日。

增长很快，前往美国和澳大利亚的移民尤为显著。美国国务院2011年公布的报告显示，印度在2012财年成为美国海外移民第三大来源国。2012年约有34.3万名印度人向美国移民局提交了申请等待批准，约占当年美国接收移民总数的8%。根据澳大利亚移民和公民事务部公布的统计数字，印度于2011—2012年取代中国成为澳大利亚最大移民来源国。印度裔移民已经成为澳大利亚增长最快的群体，在澳大利亚人口总数中所占比例高达5.6%。[①]

澳大利亚海外移民十大来源地中，亚洲国家占了7个。除了中国和印度外，其他5个国家分别是菲律宾、斯里兰卡、韩国、越南、马来西亚。另外两个进入前十位的国家分别是南非和爱尔兰。技术移民对支持澳大利亚经济发展和克服老龄化问题至关重要，60%以上的移民都是技术移民。[②]印度有5亿25岁以下的年轻人，将成为澳大利亚稳定的技术移民来源。

二、移民汇款

（一）发展现状

20世纪70年代，印度移民汇款稳步增长，80年代保持基本稳定。20世纪90年代以前，印度移民汇款虽然增速不快，但总量已超过了20亿美元。进入90年代后，印度移民汇款增速进入了快车道，1990年近23.84亿美元。1990—1991年海湾战争爆发，大批定居在海湾地区的印度人回迁国内，但1991年移民汇款没有减少，反而增长了约9.05亿美元。此后移民汇款回升（1991—1997年增长幅度最大），1990—2007年平均增长率达15.35%。2012年，印度平均每月收款3,500亿—4,000亿卢比（约合人民币336亿—384亿元）[③]。随着印度货币贬值，每月收款已增加到4,500亿—5,000亿卢比（约合人民币432亿—480亿元）。世界银行报告称，印度2014年收款703.9亿美元（约合人民币4,484.2亿元）。印度移民汇款1990年还在世界前十位之外，而自2006年以来则一直名列世界首位。就绝对数量而言，印度是世界上最大的收款国，且增长十分迅速（见表4-1）。

[①] 《印度成美国海外移民第三大输出国 菲律宾排第二》，发布时间：2012年1月29日，中国经济网，http://intl.ce.cn。
[②] 《印度取代中国成为澳最大移民来源国》，发布时间：2012年7月20日，中国中央电视台新闻网，http://news.cntv.cn。
[④] 高珮著：《海外汇款如何影响一国经济？》，《青年参考》2015年9月24日。

表4-1　印度移民汇款（2000—2007）

（单位：百万美元）

年　度	2000	2001	2002	2003	2004	2005	2006	2007
印度移民汇款	12,189	14,127	15,174	21,100	18,175	21,129	25,143	27,100

资料来源：World Bank, *Migration and Remittances Factbook*, 2008, http://www.worldbank.org.

如表4-1所示，2002年印度移民汇款突破了150亿美元，达151.74亿美元；2003年再创新高，达211亿美元；2007年更是高达271亿美元，居世界首位。世界银行2012年统计数据显示，1981—2008年流入印度的移民汇款增加了约20倍，使印度一举成为全球最大收款国。2010年流入印度的移民汇款达到了534.8亿美元左右，2011年达到了638亿美元左右。（见表4-2）

过去几十年来，印度移民汇款稳步增长。从1990年约23.84亿美元到2014年703.9亿美元，比世界上其他任何国家都多。实际数字可能更高，因为官方数据只记录通过正式渠道汇入的钱，但有40%的人通过地下金融系统转账。

表4-2　1975—2011年印度移民汇款发展变化

年　度	移民汇款（百万美元）	年　度	移民汇款（百万美元）
1975	429.8837	1994	5,856.694
1976	642.3438	1995	6,222.996
1977	934.4159	1996	8,765.693
1978	1,164.777	1997	10,330.96
1979	1,437.019	1998	9,479.301
1980	2,756.976	1999	11,124.28
1981	2,301.416	2000	12,883.47
1982	2,617.671	2001	14,273.02
1983	2,660.082	2002	15,735.74
1984	2,294.750	2003	20,999.15
1985	24,69.21	2004	18,750.38

续表

年　度	移民汇款（百万美元）	年　度	移民汇款（百万美元）
1986	2,239.90	2005	22,125.09
1987	2,665.41	2006	28,333.64
1988	2,315.30	2007	37,216.75
1989	2,613.844	2008	49,977.28
1990	2,383.740	2009	49,468.37
1991	3,289.109	2010	53,480.00
1992	2,897.426	2011	63,818.00
1993	3,522.788	—	—

资料来源：World Bank 各年数据。World Bank, *Migration and Remittances Factbook,* 2011, http://econ.worldbank.org.

2000年以来，印度移民汇款占全球移民汇款比例始终在8%—10%，最高是2003年的10.21%，其次是2000年的9.8%，虽然之后有所降低，但2007年仍高达8.5%。相比南亚其他国家，印度移民汇款占GDP比例并不高。1991—1992年移民汇款仅占印度GDP的0.78%，但2008—2009年所占比例已达到了5.63%（见表4-3）。

表4-3　移民汇款与印度GDP

年　度	移民汇款（亿卢比）	GDP（亿卢比）	移民汇款/GDP比例
1971—1972	104	525,584	0.02%
1972—1973	99	522,698	0.02%
1973—1974	146	540,045	0.03%
1974—1975	229	546,443	0.04%
1975—1976	441.3	596,428	0.07%
1976—1977	755	606,301	0.12%
1977—1978	1,102	650,311	0.17%
1978—1979	1,093	687,435	0.16%
1979—1980	1,754	651,430	0.27%
1980—1981	2,125	695,361	0.31%
1981—1982	2,025	737,078	0.27%

续表

年　度	移民汇款（万亿卢比）	GDP（万亿卢比）	移民汇款/GDP 比例
1982—1983	2,417	762,622	0.32%
1983—1984	2,637	818,288	0.32%
1984—1985	2,967	849,573	0.35%
1985—1986	2,701	894,041	0.30%
1986—1987	2,976	936,671	0.32%
1987—1988	3,499	973,739	0.36%
1988—1989	3,841	1,067,582	0.36%
1989—1990	3,798	1,131,111	0.34%
1990—1991	3,712	1,193,650	0.31%
1991—1992	9,382	1,206,346	0.78%
1992—1993	11,226	1,272,457	0.88%
1993—1994	16,514	1,333,123	1.24%
1994—1995	25,417	1,421,831	1.79%
1995—1996	28,660	1,529,453	1.87%
1996—1997	43,969	1,645,037	2.67%
1997—1998	43,765	1,711,735	2.56%
1998—1999	43,242	1,817,752	2.38%
1999—2000	53,132	1,952,035	2.72%
2000—2001	58,811	2,030,711	2.90%
2001—2002	73,633	2,136,651	3.45%
2002—2003	79,229	2,217,133	3.57%
2003—2004	99,165	2,402,727	4.13%
2004—2005	91,971	2,602,065	3.53%
2005—2006	108,565	2,844,942	3.82%
2006—2007	134,608	3,120,031	4.31%
2007—2008	167,501	3,402,716	4.92%
2008—2009	203,209	3,609,425	5.63%

资料来源：RBI Handbook of Statistics on the Indian Economy, 2009.

2022年印度的汇款从2021年的894亿美元飙升至1,000亿美元,增长了约12%。与以前比较,2015年以后,印度移民汇款出现了一些结构性的转变。

第一,印度移民的主要目的地从海合会国家逐渐向美国、英国、新加坡、日本、澳大利亚、新西兰等高收入国家转变,因而其移民汇款也随之发生了一些变化。2016—2021年,来自美国、英国、新加坡的移民汇款的占比从26%增加到36%以上,而来自海合会5个国家(沙特、阿联酋、科威特、阿曼、卡塔尔)的移民汇款的占比则从54%下降到28%。其中,美国占汇款总额的23%,在2020—2021年超过阿联酋,成为最大的汇款来源国。约20%的印度移民居住在美国和英国。根据美国人口普查,2019年美国约500万印度人中,约57%的人在美国生活了10年以上。在这段时间里,许多人获得了硕士或博士学位,这使他们能够迅速成为收入较高的人群。2019年,美国43%的印度出生居民拥有硕士或博士学位,而美国本土出生的居民中只有13%的人有硕士或博士学位。在25岁及以上的印度出生居民中,只有15%的人没有高中学历。而在该年龄段的美国出生居民中有39%的人没有高中学历。与此同时,82%的美国出生的印度人和77%的美国以外出生的印度人精通英语。高等教育程度也就意味着高收入水平,对其母国的移民汇款收入有直接影响。2019年,美国印度人的家庭收入中位数接近12万美元,而所有美国人的家庭收入中位数约为7万美元。学历和目的地的结构性转变加速了与高薪工作(特别是服务业工作)相关的移民汇款增长。在疫情期间,高收入国家的印度移民在家工作,从美国大规模财政刺激计划中受益颇多。

第二,海合会国家的经济复苏也对印度移民有利(约30%的印度移民汇款来自海合会国家)。2022年海合会国家的通胀保持在较低水平,油价上涨增加了其对劳动力的需求,使印度移民能够增加汇款数额。同时,与2021年相比,2022年接种疫苗和恢复航空有助于更多的移民复工,海合会国家的大多数印度移民是在疫情期间复工的蓝领工人。

第三,印度卢比对美元的贬值也是导致印度移民汇款增加的重要原因。

(二)印度移民汇款迅速增长的原因

促成印度移民汇款迅速增长的因素有很多,主要有两大类:外部因素和内部因素。外部因素主要是国际经济变化,内部因素主要是印度国内相关政策。

1. 印度移民汇款迅速增长的外部因素

20世纪70年代以来,国际经济变化一直影响着印度移民汇款,2008年国际金融危机影响尤为显著。20世纪70年代初到80年代中期,移民汇款迅猛增加,可能是由于石油出口国经济蓬勃发展，来自中东国家印度移民劳工的汇款收入增加。但从80年代中期开始，印度移民汇款总额中来自中东国家的比例开始减少，到1990—1991年已从77%下降到61%左右，到2002—2003年，则进一步下降到了22%。①中东移民汇款比例急速下降可能是由于印度海外移民在世界各地进行地理上的进一步拓展，从而出现移民分布多元化和分散化。

20世纪90年代初，移民汇款开始急速增加的主要原因是信息技术革命推动下大量印度专业人员移民到美国，由此推动了印度汇率制度自由化。20世纪90年代，印度到美国、加拿大、澳大利亚的国际移民显著增加，特别是信息技术领域的专业技术移民。移民到美国的专业人员似乎大都选择"海外印度人存款"（NRI）的汇款方式。这与20世纪80年代专业技术移民偏爱通过"海外印度人存款"汇款是一样的（出于利率差和汇率保证的原因）。随着"海外印度人存款"激励机制逐步撤销，海外移民的汇款方式发生了很大改变。

20世纪90年代，海外印度人存款净额的大幅波动反映了这些存款的投机性质。"海外印度人存款"由于具备大规模波动性和投机性，已成为短期投资汇款的首选模式。同时，由市场决定的汇率制度和自20世纪90年代初以来形成的经常项目可兑换性，对印度移民汇款流入有相当大的影响。印度汇率制度自由化致使正规渠道汇款迅速增加，并最终超过了非正规渠道汇款总额。这便是这一时期移民汇款增加的重要原因。

由于全球金融危机的冲击，中东国家自身对外国劳动力的需求额已受到一定影响。2009—2010年，印度出现移民回迁趋势，尤其是从中东国家的回迁趋势。②2009年12月，迪拜危机基本上是中东国家房地产业崩溃的直接后果。迪拜危机一定程度上对流入印度，尤其是喀拉拉邦的移民汇款产生了不利影响。然而，随着中东经济迅速恢复，印度移民汇款实际上已经由2008—2009年的440亿美元一度增加到了2009—2010年的520亿美元。③

2. 印度移民汇款迅速增长的内部因素

印度移民汇款得以迅速增长，与印度政府所采取的一些积极有效的政策措施、海外印度人移民模式变化和汇款渠道的多样化密切相关。

（1）政府采取的有效政策措施

1992年以前，印度政府采取严格的卢比汇率管制政策，大批海外移民被迫通

---

① Ministry of Indian Overseas Affair, *Annual Report*, New Delhi, 2011, https://www.india.gov.in.
② World Bank, *Migration and Development Brief 12*, 2011, https://www.worldbank.org.
③ World Bank, *Migration and Development Brief 12*, 2011, https://www.worldbank.org.

过"哈瓦拉"汇款。又由于"哈瓦拉"可汇兑黄金,这种汇款方式就更为流行了。随着1992年黄金进口自由化以及1992年实施汇率自由制度,"哈瓦拉"开始在印度失去市场。"9·11"事件后,采用这种方式汇款的海外印度人不断减少。

印度政府在改变外汇管制政策之后,对汇率政策也进行了调整。1991年以前,严格的卢比与外币兑换政策使得海外印度人倾向于将钱留在可随时汇兑的外币账户里。1992年印度开始实行汇率自由制度,但《外汇管制法》规定,所有用于交易的外汇均受到严格控制,每年只允许少量交易并固定卢比汇率。

2000年该法案被废除,由《外汇管理法》取代,从而放宽了对外汇交易的限制。[①]随着外汇管制逐步放宽,海外印度人不必过分关心卢比与外币的兑换比率,更愿意把资金存入卢比账户。据印度储备银行(RBI)统计,1991年3月,海外印度人外币存款占印度侨民总存款72%,2005年3月这一比例仍高达34.7%。[②]

(2)移民模式的变化

20世纪70、80年代,印度劳工主要目的地是海湾国家。90年代中期以后,IT技术移民开始涌向美国、英国、加拿大等发达国家。在整个90年代,这类移民在美国成倍增长,大多持有H-1B临时工作人员签证,工作6年后便有可能在美获得永久居留权。这一时期移往海湾国家的印度人中,专业及管理阶层也在增多。21世纪以来,移民海外的印度人更是有增无减,2005年达1,000万左右,占其总人口0.9%。[③]

移民模式的改变使印度移民汇款来源更为多元化。如前所述,印度海外劳工移民90%集中在海湾地区;印度在欧美的侨民数量虽然相对较少,但大多从事医生、IT等高技术、高收入职业。北美洲高技术移民比在海湾国家的低技术移民具有更大购买力、储蓄潜力,一直与印度保持着更为紧密的联系。同时,印度IT专业人才在国外不断增加也有利于他们与本土IT服务业建立更强的业务联系。印度储备银行统计显示,北美洲已取代海湾国家成为印度移民汇款最重要的来源。2006年印度储备银行统计显示,在印度移民汇款来源中,欧洲国家占13%,北美洲国家占44%,海湾国家占24%;而在1990—1991年,印度移民汇款有40%来源于海湾地区,24%来自北美洲国家。[④]

[①]《印度修改利用外资政策》,《中华工商时报》2005年5月8日。
[②] 李涛:《印度侨汇的地位、作用及发展前景》,《国际资料信息》2008年第10期。
[③] 李涛:《印度侨汇的地位、作用及发展前景》,《国际资料信息》2008年第10期。
[④] Working Group on Cost of NRI Remittances, Report Submitted to the Reserve Bank of India, 2006, http://www.rbidocs.rbi.org.in.

（3）汇款方式的多元化

移民汇款增加一定程度上说明汇款到印度的正规渠道越来越多。海外印度人可选择的汇款方式很多，如支票、汇票、电汇或通过西联汇款公司（Western Union）等，其中最主要的汇款方式是通过环球银行电信协会（Society for Worldwide Interbank Financial Telecommunication，SWIFT）。这一方式的优点是快速、安全，缺陷是费用昂贵：低于500美元的汇款要收取2.5%—8%的手续费，500—1,000美元的汇款要收取0.17%—2%的手续费。①

一项由印度储备银行所做的商业银行调查表明，2006年有53%的移民汇款通过SWIFT完成。这种汇款方式比常规汇款方式服务更方便、价格更低廉。还有一种汇款方式是通过移动电话汇款。这一方式主要针对没有银行账户的海外印度人。由于国内银行竞争激烈，印度银行都视海外印度人市场为具有很大潜力、待开发的新兴市场，近些年已经开始积极向海外印度人市场进军。

第二节　对经济发展的影响

一、积极影响

由于移民汇款比任何其他类型的外商投资都要更稳定，巨额移民汇款对印度经济具有特殊的重要性。人们越来越认识到，有效利用移民汇款，可以在经济增长、投资、人力资本形成、技术进步、减贫等方面实现移民汇款潜在的可观收益。移民汇款的潜在收益既可以体现在宏观层面（对国民经济的影响），也可以体现在微观层面（收款地区和家庭）。

（一）增加印度家庭收入，促进减贫

移民汇款最主要的用途就是赡养家属，印度也是如此。虽然近年来海外印度人也开始投资一些实业，但数量非常有限。印度储备银行2006年11月发布的公告显示，印度移民汇款的54%用于维持家庭基本生活消费，20%存入银行，10%投

---

①Muzaffar AL Chishti, *The Phenomenal Rise in Remittances to India: a Closer Look*, Migration Policy Institute (MPI), 2007, p. 110, http://www.migrationinformation.org/datahub.

资于房地产，3%投资股票，其他用途占13%。①就印度全国而言，移民家庭人均消费支出比非移民家庭人均消费支出平均多出16,000卢比。移民本身很节俭，储蓄率很高，但收款者往往不是这样。汇款对贫困收款家庭的生活水平有很大影响。

移民汇款在教育、健康、家庭消费、人力资本形成、企业和小企业投资方面影响显著。1988—2008年，印度移民汇款占GDP的比例每增长10%，就导致贫困率减少1.7%。在地区层面，喀拉拉邦的移民汇款占印度移民汇款总额20%左右，其人均消费水平比印度其他地区都高。1988—2008年，该邦人均GDP年均增长5.8%，人均移民汇款年均增长14.7%。②对喀拉拉邦地区的实证研究表明，移民汇款越多，就会导致人均收入越高，投资水平也就越高，继而促进了减贫。

（二）促进地方经济发展

移民汇款对印度地方经济有相当大的影响。最典型的例子就是喀拉拉邦。2014年，有2.4亿喀拉拉邦人在海外生活和工作。他们寄回家的钱相当于该邦GDP的36%。2000年印度发展研究中心（Centre for Development Studies，CDS）一份关于海外移民对该邦社会经济影响的调查报告显示，移民汇款有两个主要用途：一是用于家庭消费，其中86%用来维持家人基本生活；二是用于教育、还贷、修缮房屋、储蓄，分别占36%、27%、11%、8%（还有其他用途，故比例相加不足100%）。

Kannan和Hari的研究表明，2000年移民汇款是喀拉拉邦各省生产毛额（Net State Domestic Product，NSDP）的23%。而在一些移民率较高的地区，移民汇款甚至能达到NSDP的40%—50%。③如20世纪90年代移民汇款是喀拉拉邦经济收入的重要组成部分，1990—1999年喀拉拉邦的海外印度人存款以每年20%—25%的速度增长。在这一地区，移民汇款的主要用途依然是家庭消费、教育、还债、房屋建筑及维修，以及银行存款。从20世纪70年代当地人大规模移民到海湾国家开始，喀拉拉邦已成为印度最发达的地区之一。目前当地人均收入比全国水平高约50%。有亲属在海外工作的家庭更可能拥有冰箱和其他家电，以及新房。当地建筑公司Heera 70%的顾客仍在海外或是已归国的移民，不少人帮父母从农村搬到

---

① Gabi G. Afram, *The Remittance Market in India: Opportunities, Challenges, and Policy Options*, International Bank for Reconstruction and Development / International Development Association or World Bank, 2012, p. 14.
② Mina Mashayekhi, Impact of Remittances on Poverty in Developing Countries, in United Nations Conference on Trade and Development, 2011, p. 10.
③ Sunny Kumar Singh & K. S. Hari, International Migration, Remittances and its Macroeconomic Impact on Indian Economy, Ahmedabad: Indian Institute of Management, 2011, p. 11.

著名医院附近的高层公寓。因此，喀拉拉邦已成为印度城市化最快的地区。2001年，该邦74%的人口生活在农村，到2011年已降至52%。①

移民汇款占1991—1992年度该邦财政收入的17%，占1997—1998年度该邦财政收入的24%，90年代下半期平均占该邦财政收入的22%。由于移民汇款的注入，90年代末期，喀拉拉邦人均收入水平不仅大幅提高，而且还超出了印度全国人均收入水平的49%。1999年喀拉拉邦的移民汇款总额约为136,512亿卢比，2004年约为184,516亿卢比，1999—2004年移民汇款年增长率达34%。在喀拉拉邦，移民汇款分别是该邦税收的1,174倍和邦政府年开支的118倍，并足以偿还该邦2003年外债的60%。①

（三）印度外汇收入的重要来源

移民汇款是印度最稳定的外汇收入来源。印度在经济增长、出口和FDI方面落后于中国，但在移民汇款方面远超后者。金额远远高于ODA和FDI的移民汇款，相当于印度至少1/4的外汇储备，与该国经济增长有着相当密切的关系。②

2001年以前印度移民汇款占其外汇储备的30%—45%，可以说是印度外汇收入的最大来源。2001年以后，印度积极参与国际合作，广泛开展对外贸易，外汇收入呈现了多样化发展趋势，移民汇款在外汇储备中所占比例有所下降，降至20%—30%，但仍是外汇重要来源。印度财政部数据显示，2004—2005年，印度政府投在教育上的总支出竟然比该年度印度移民汇款还少，投在医疗保健上的总支出也不到移民汇款的一半。即使是在2007—2008年金融危机刚刚爆发时期，印度移民汇款也超过净FDI的1.2倍。2009年，印度移民汇款相当于当年国防预算总额，与中、印2009年进出口贸易总额相当。从绝对量来说，2010年流入印度的移民汇款达到了520亿美元左右，已经超过该国的FDI、FII等任何类型的国际资本流动规模。（见表4-4）

由表4-4可知，移民汇款在外汇储备中所占的比例甚至超过了FDI。同时，2009—2010年移民汇款占外汇储备总量的19.62%。与前期相比这是相当低的，因为这一时期FDI、FII等所占份额增加了。

---

① 高珮著：《海外汇款如何影响一国经济？》，《青年参考》2015年9月24日。
② 高珮著：《海外汇款如何影响一国经济？》，《青年参考》2015年9月24日。

表4-4 印度的外来资本

(单位：亿卢比)

年 度	移民汇款	FDI*	FII	外汇储备	移民汇款/外汇储备的比例（%）
1991—1992	9,382	316	10	23,850	39.34
1992—1993	11,226	965	748	30,744	36.51
1993—1994	16,514	1,838	11,188	60,420	27.33
1994—1995	25,417	4,126	12,007	79,781	31.86
1995—1996	28,660	7,172	9,192	74,384	38.53
1996—1997	43,969	10,015	11,758	94,932	46.32
1997—1998	43,765	13,220	6,794	115,905	37.76
1998—1999	43,242	10,358	—	138,005	31.33
1999—2000	53,132	9,338	13,112	165,913	32.02
2000—2001	58,811	18,406	12,609	197,204	29.82
2001—2002	73,633	22,630	9,290	264,036	27.89
2002—2003	79,229	15,594	4,504	361,470	21.92
2003—2004	99,165	10,944	51,898	490,129	20.23
2004—2005	91,971	16,745	41,312	619,116	14.86
2005—2006	108,565	13,425	55,357	676,387	16.05
2006—2007	134,608	34,910	31,881	868,222	15.50
2007—2008	167,501	63,776	110,619	1,237,965	13.53
2008—2009	203,209	76,831	65,045	1,283,865	15.83
2009—2010	247,112	94,258	153,967	1,259,665	19.62

资料来源：RBI Handbook of Statistics on the Indian Economy，2009.

（四）占印度GDP比例较大

仔细观察表4-3、表4-4中的数据，可以发现两个现象。

第一，相对许多宏观经济变量而言，印度移民汇款规模都比较小。对于印度这么大的经济体而言，这并不奇怪。1970—1990年，移民汇款小到足以忽略不计。但1990年后，移民汇款显著增加，重要性日益显著（见表4-5）。这一点前面已经提及。

第二，移民汇款相对规模虽然不大，但影响绝不可小觑。一定规模的移民汇款都有潜力通过影响收入、消费、储蓄（前文已有讨论），提高移民原籍地最贫困地区民众的生活水平，推动当地经济发展。如2007—2008年，移民汇款占国内储蓄总值的9.41%、国内资本形成总额的9.08%；2008—2009年，移民汇款已占到GDP的5.63%、私人最终消费支出的6.98%。1970—2008年，上述这些比例一直在不断增加（尽管在2003—2007年，国内储蓄总额和国内资本形成总额有所波动）。[①]例如，移民汇款占国家GDP比例已由1990—1991年不足1%增长到了2005—2006年的3.82%。就其占GDP的比例而言（按市场价格计算），在1971—1972、1991—1992、2007—2008年移民汇款分别约为0.02%、0.78%、4.92%（见表4-5）。移民汇款占私人消费支出的比例更大，也经历了快速的增长过程：1971—1972、1991—1992、2007—2008年分别约为0.26%、2.15%、6.45%。同一时期，移民汇款占其他主要指标的比例也很显著，如占国内总储蓄的比例分别为1.43%、6.65%、9.41%，占资本形成总额的比例分别为1.34%、6.49%、9.08%（见表4-5）。

表4-5 移民汇款占宏观经济指标的比例（1971—2009）

年 度	移民汇款所占比例（%）			
	GDP	私人消费支出	国内总储蓄	国内资本总形成
1971—1972	0.02	0.26	1.43	1.34
1972—1973	0.02	0.23	1.27	1.22
1973—1974	0.03	0.28	1.34	1.29
1974—1975	0.04	0.36	1.86	1.77
1975—1976	0.07	0.67	3.11	3.13
1976—1977	0.12	1.11	4.36	4.72
1977—1978	0.17	1.41	5.51	5.95
1978—1979	0.16	1.28	4.63	4.61
1979—1980	0.27	1.90	7.24	7.07
1980—1981	0.31	1.90	7.91	7.33
1981—1982	0.27	1.57	6.55	6.04

[①] Sunny Kumar Singh & K. S. Hari, *International Migration, Remittances and its Macroeconomic Impact on Indian Economy*, Ahmedabad: Indian Institute of Management, 2011, p. 11.

续表

年　度	移民汇款所占比例（％）			
	GDP	私人消费支出	国内总储蓄	国内资本总形成
1982—1983	0.32	1.71	7.15	6.65
1983—1984	0.32	1.58	6.92	6.49
1984—1985	0.35	1.61	6.53	6.09
1985—1986	0.30	1.34	5.06	4.53
1986—1987	0.32	1.31	5.13	4.62
1987—1988	0.36	1.38	4.84	4.42
1988—1989	0.36	1.31	4.41	3.86
1989—1990	0.34	1.15	3.58	3.21
1990—1991	0.31	0.98	2.86	2.50
1991—1992	0.78	2.15	6.65	6.49
1992—1993	0.88	2.29	7.03	6.47
1993—1994	1.24	2.93	8.69	8.48
1994—1995	1.79	3.90	10.27	9.80
1995—1996	1.87	3.81	9.85	9.19
1996—1997	2.67	4.96	14.04	13.29
1997—1998	2.56	4.53	12.04	11.34
1998—1999	2.38	3.86	11.09	10.60
1999—2000	2.72	4.24	10.97	10.50
2000—2001	2.90	4.39	11.78	11.49
2001—2002	3.45	5.02	13.77	14.14
2002—2003	3.57	5.11	12.25	12.82
2003—2004	4.13	5.83	12.08	13.06
2004—2005	3.53	5.00	9.22	9.10
2005—2006	3.82	5.28	8.84	8.53
2006—2007	4.31	5.83	9.13	8.85

续表

年　度	移民汇款所占比例（%）			
	GDP	私人消费支出	国内总储蓄	国内资本总形成
2007—2008	4.92	6.45	9.41	9.08
2008—2009	5.63	6.98	—	—

资料来源：RBI Handbook of Statistics on the Indian Economy, 2009.
*国内总储蓄=家庭储蓄+私营部门储蓄+公共部门储蓄

（五）对印度国际收支影响很显著

表4-6中列出了移民汇款占国际收支各主要指标的比例。由表4-6可知，20世纪70年代移民汇款的相对重要性增长非常迅速，在20世纪80年代达到巅峰；但20世纪90年代后，在较高水平上波动不定，忽高忽低。2003—2004年移民汇款足以支付进口27%左右，但此后由于进口迅速增长，移民汇款仅能支付进口的16%左右（见表4-6）。

表4-6　印度移民汇款占相关指标的比例

（单位：%）

年　度	出　口	进　口
1971—1972	6.47	5.70
1972—1973	5.02	5.30
1973—1974	5.79	4.94
1974—1975	6.88	5.07
1975—1976	10.93	8.38
1976—1977	14.68	14.88
1977—1978	20.38	18.31
1978—1979	19.09	16.05
1979—1980	27.33	19.18
1980—1981	31.67	16.93
1981—1982	25.94	14.88
1982—1983	27.46	16.91
1983—1984	26.99	16.66

续表

年　度	出口	进口
1984—1985	25.26	17.32
1985—1986	24.79	13.74
1986—1987	23.90	14.81
1987—1988	22.32	15.73
1988—1989	18.99	13.60
1989—1990	13.73	10.75
1990—1991	11.40	8.59
1991—1992	21.30	19.61
1992—1993	20.91	17.71
1993—1994	23.68	22.59
1994—1995	30.74	28.25
1995—1996	26.95	23.36
1996—1997	37.01	31.65
1997—1998	33.64	28.39
1998—1999	30.94	24.25
1999—2000	33.30	24.69
2000—2001	28.89	25.47
2001—2002	35.23	30.03
2002—2003	31.05	26.66
2003—2004	33.80	27.61
2004—2005	24.50	18.36
2005—2006	23.79	16.44
2006—2007	23.54	16.02
2007—2008	25.54	16.55
2008—2009	26.50	15.57

资料来源：RBI Handbook of Statistics on the Indian Economy, 2009.

表4-6数据表明，移民汇款为印度的国际收支提供了重要支持。移民汇款在很大程度上抵消了印度商品贸易赤字，从而保持适度经常账户赤字。国际收支赤字减少可以为收款国创造有利的外商投资环境。移民汇款还可以解决印度许多小微企业所面临的金融约束问题。如果国内金融发展成熟，就可以通过利用移民家庭小额积蓄做到这一点。所有这些都对国家GDP增长产生积极影响。此外，连续不断的移民汇款能够创造良好的信贷环境，提高国家的国际信用，促进该国获得更多国际资本市场（境外机构投资）融资以支持基础设施建设及其他发展项目。

二、负面影响

虽然移民汇款对印度经济的影响主要体现为积极影响，但所造成的负面影响也不容忽视。除了"荷兰病"等常见不利现象外，还有以下几个方面也值得关注。

第一，移民汇款"促使人们满足于现状"。至少，汇款让当地的财富实力与商业活跃程度之间出现了不平衡。同时，移民汇款并不能弥补人才的大量流失。迁往欧美等工业国家的印度移民以高技术职业型为主。他们虽然为印度国内带来了大量的汇款，但同时也不可避免地造成了人才外流。据统计，20世纪90年代美国的印度移民人数增加了1倍。[1]这些具备高技术、高知识的移民，对印度本国人才流失造成了不小影响。而这种影响难以用汇款弥补。

第二，移民汇款扩大了收入差距。如喀拉拉邦地区移民最多的是受过良好教育的人，其家人在家乡过得最好，而贫困的人则不得不继续留在当地。因此，喀拉拉邦也是印度最不平等的地区之一。[2]

第三，移民汇款的大量涌入增加了当地居民收入，进而促使消费文化兴起，酒精、毒品泛滥，传统道德观被削弱，使当地产生了独特的社会和文化问题。这些问题都给当地经济发展带来了阻碍。但这些现象却被持续高额的移民汇款所掩盖。

---

[1] Poonam Gupta, "Macroeconomic Determinants of Remittances: Evidence from India", *Economic and Political Weekly*, Vol.41, No.26, 2006, pp. 2769-2775.

[2] 高珮著：《海外汇款如何影响一国经济？》，《青年参考》2015年9月24日。

第三节 相关政策措施

印度是最早和最有效利用移民汇款促进经济发展的国家之一，是利用海外移民资源促进国家发展的典范。印度的经验和启示主要体现在国际移民和移民汇款相关的政策措施方面。

一、移民管理体系

印度政府规定印度公民到国外工作必须经批准，劳工出国前。印度劳工部和移民保护局必须考虑和审查其职业、教育状况、收入状况等，还要考虑其出国后工作和工资状况。1983年修改后的《移民法》进一步规定，移民保护局必须检查雇佣合同，确保劳工出国后必要的生活、工作条件，免遭歧视和剥削。印度政府对劳务输出人数、技术构成进行宏观控制，并就境外劳工工资、福利待遇和其他问题，同劳务输出机构和雇主进行谈判并签署有关协议，以保护输出劳工合法权益。印度政府认识到海外印度人巨大的经济、政治、科技潜力之后，及时改变了以往对海外印度人不闻不问的态度，郑重推出了积极的移民政策，以调动海外印度人积极性，使其成为印度崛起可借助的重要力量。传统上，印度政府较少参与移民管理。然而，越来越多的短期（移民）劳工前往中东和马来西亚，促使印度政府出台相关的移民政策。这些政策的重点在于移民前期准备、控制和监督相关证照发放、管理移民中介活动，以及在东道国维护移民权利等，最大限度地发挥移民汇款对本国发展的作用，促进移民回国后重新融入社会。

（一）制定出台移民法案

1947年印度独立后，由于印度政府奉行对外和平友好的外交政策，对海外移民采取放任自流政策，在立法上并没有大作为。20世纪70年代到80年代末，随着大量高级人才流向美国等发达国家及巨额移民汇款的流入，印度政府开始重视海外移民，于1983年颁布《移民法案》（Emigration Act）和《移民出境规则》（Emigration Rules），保护海外印度人的基本权益。1983年的《移民法案》旨在管理按照合约前往海外就业的印度劳工，保障其利益和福祉。它成为印度管理移民劳工最重要的法律依据。该法第22款规定：想要移民的所有公民必须获得"移民保护办公室"和劳工部颁发的移民出境许可证,并在护照上签注。在颁发出境许可证之前,"移民保护办公室"必须核查雇佣合同内容及条件,以保证印度劳工在工资及工作条件方面不受剥削。此外,该法在有关旅费、膳宿及医疗等方面也相应规定。

1983年的《移民法案》重点在于使印度海外雇佣征募制度规范化。该法第10条规定:没有移民保护局颁发的征募许可证,任何征募代理人都不准从事征募活动。而要获得征募许可证,必须有健全的财务保证、良好的信誉、适当的办公场所,以及丰富的人力资源出口方面的经验等,还要存款30万—100万卢比作为保证金。根据《移民法案》规定,由在印度劳工部注册过的雇佣代理机构专门负责向外国输出印度劳动力。印度政府还建立了"人力输出促进委员会"(Manpower Export Promotion Council)。该委员会的任务是与相关国际机构和外国雇主进行交流和联系,为海外印度人提供帮助。另外,印度移民高级委员会(High Level Committee on India Diaspora)、印度议会(Parliament of India)也都积极参与印度移民管理工作。

(二)建立完善管理机构

印度正式设立管理移民事务的机构之前,曾于1960年设立了印度投资中心,一并处理有关印度移民到印度投资的问题。该中心隶属于印度财政部,90年代后划归外交部管辖,实际上并没有开展具体的移民事务管理工作。1977年,印度外交部设立海外印度人组研究印度移民问题。1984年1月,印度外交部设立海外印度人处,并于1992年1月将其并入领事护照签证处。这些变动显示印度政府对海外印度人事务处理的政策缺乏一个清晰框架,所设立的机构办事人员对海外印度人事务都不甚熟悉,不能满足海外印度人各种需求。2000年3月24日,印度外交部又设立印侨印裔处。尽管这个机构的设立有助于改善过去那种政出多头的局面,还是缺乏全面有效的管理机制,无法处理移民所涉及的政治、经济、文化,以及中央与地方政府关系等问题。

2000年8月,瓦杰帕伊(1999—2004年担任总理)政府宣布成立"海外印度人高级委员会",责成其组织专家对海外印度人的情况进行调查研究。该委员会动员了印度国内各研究机构、涉外部门、驻外使领馆和移民组织力量,在全世界对印度移民状况进行调查,并在2002年1月8日正式向外交部提交了《关于印度海外族群报告》(Report of the High Level Committee on the Indian Diaspora),详细反映了世界各地印度移民、外籍印度人的情况和他们对印度政府的期望。委员会根据各方意见分别就文化、教育、传媒、经济、卫生、科技、慈善事业、领事工作、双重身份、政府侨务部门的组建等问题向印度议会和政府提出数十条建议。印度政府各有关部门就这些建议进行了深入研究和落实。

2004年，重新上台执政的印度国大党建立了"非居民印度人事务部"（Ministry of Non—Resident Indian Affairs），后于9月更名为"海外印度人事务部"（Ministry of Overseas Indian Affairs，简称MOIA），专门负责促进海外印度人在印度投资及处理海外印度人相关事务。它还向对外投资促进委员会和对外投资执行局派驻代表，并同投资委员会相互影响。同年12月，印度劳动和就业部出境处归入MOIA，改称"移民保护总局"（Protectorate General of Emigrants），执行《移民法案》，负责在印度移民劳工较为集中的国家建立并管理海外印度人事务中心，制定并执行帮助印度裔居民就业的政策。还负责统领全印各地8个地区（昌迪加尔、金奈、科钦、德里、海德拉巴、加尔各答、孟买、特里凡得琅）的移民保护局（Protectors of Emigrants）。同时，外交部的海外移民司也归入MOIA，改称"侨民司"。

海外印度人事务部由内阁部长统领，共设有3个职能部门：侨民司、财政司、移民事务管理司。这一系列调整促成了印度移民事务机构全面整合，确保移民管理工作相对集中开展。后来印度还同其他国家一起制定法律，向某些国家中的印度裔，以及在未来协议中可能获得这些国家公民身份的印度人提供国籍，即移民在目的地国家获得公民身份之后可以保留原国籍。这有助于移民劳工与母国保持联系，并有助于人员和技术流动。

为了不断满足海外印度人的各种合理诉求，2010年12月31日，印度建立了移民求助和投诉机构，通过海外劳工资源中心（OWRC）解决移民的投诉和各类问题。印度政府特别关注海外青年印度人，定期开展活动和项目邀请海外青年印度人来印度参观交流，还设立专项奖学金鼓励海外青年印度人来印度学习和深造。

（三）实施相关政策措施

印度政府在制定海外印度人政策时采用了"海外印度人高级委员会"的调查报告，将其建议照单全收。

1. 政府和高层高度重视

成立了海外印度人高级委员会，直接向印度总理负责，全面管理印度移民事务。此外，印度政府还与海外印度人居住国政府签署各类保障海外印度人权益的协定，以及向其提供智力人才和技术劳动力的合作协议，取得了双赢效应。印度高层定期组团前往海外印度人居住国走访调查，与海外印度人近距离接触，增进互动。同时与各国重要部门，如劳工部、人力资源发展部等，开展双边多领域合作。

2. 针对性政策

印度政府在全面了解海外印度人需求的基础上，对海外印度人政策服务对象进行分门别类，有针对性地制定政策。印度政府将海外印度人分为"老移民"和"新移民"。老移民特指拥有外国国籍的印度裔，即19世纪契约劳工体制下的移民后裔。他们中的部分人已经拥有较高的社会地位，对居住国政治经济和发展具有较大影响力。印度政府将其定位为重要战略资源，特别依赖某些国家的印裔官员，推动印度与其他国家的经济战略合作。新移民特指20世纪之后前往西方国家寻求发展机会的印度人。他们中一些人在居住国的重要机构成为科学家、技术人才、科研人员，或创办企业。近几年，他们已经对印度产生了相当大的政治影响，尤其是对印度移民政策的制定。针对海外印度人所处的不同地区和国家，以及不同的期望，印度政府根据实际情况调整移民政策，满足各种不同诉求。

3. 发行PIO卡

1999年3月，为方便海外印度人回国，印度政府发放印裔卡（PIO卡）。这种相当于"回乡证"的身份卡，期限15年，可以延期。根据印度政府规定，凡是根据1935年印度政府法令确认的印度裔人士及其配偶，其父母、祖父母、曾祖父母出生于印度或为印度永久居民的，以及印度公民配偶，都可以申请印裔卡。持有印裔卡的人不享有公民选举权，但可以享受一系列国民待遇优惠：如免签证自由进出印度；在经济、金融、教育等方面享有优惠政策；可以拥有除农业用地之外的固定资产权。出生于印度的海外印度人可以免签证多次入境，2003年又给予在美国、英国、欧盟、加拿大、澳大利亚、新加坡的海外印度人"双重国民身份"。这一身份使他们在不具备印度选举权的情况下拥有财产权。这些政策令海外印度人产生了归属感，拉近了他们与印度的距离。让海外印度裔人士拥有双重国籍，极大地便利了海外印度人自由进出、回国探亲和工作，直接推动了资金和人才回流。

4. 实行双重国籍

印度实行双重国籍政策目前涉及18个国家：美国、英国、加拿大、澳大利亚、新西兰、新加坡、马来西亚、荷兰、意大利、爱尔兰、葡萄牙、瑞士、希腊、塞浦路斯、以色列、法国、瑞典、芬兰。其中大部分是西方发达国家。这些拥有双重国籍的海外印度人被称为海外印度公民。他们凭政府发放的身份证可以终生免签，基本享受公民待遇。但他们在印度只拥有财产权，没有投票权。

5. 关注移民福利

自2003年以来，印度就建立了海外移民强制保险制度，政府也建立起了专门用于移民的福利基金,还签署了有关移民社会保障缴款转让的双边谈判协议。印度国大党长期执政,对移民工作未给予应有重视,引起移民不满。2004年该党重新执政后,改弦更张,积极落实"海外印度人高级委员会"提出的各项政策建议,并于2004年6月成立了"印度移民事务部"(Ministry of NRI Affairs)。

6. 设立"海外印度人日"

印度还设立纪念日以揽人心。2003年1月9日,首届"海外印度人日"大会在新德里召开,来自66个国家约2,000名海外印度人代表参加。开幕式上,时任印度总理瓦杰帕伊向时任毛里求斯总理贾格纳特、马来西亚工程部部长萨米·维鲁等10名杰出海外印度裔人士授勋,以表彰他们长期以来对国际社会做出的巨大贡献。之所以选择1月9日为每年的"海外印度人日",是因为1919年1月9日"圣雄"甘地从南非回到印度,举起了反对殖民主义大旗,从此揭开了印度历史新的一页。

2007年"海外印度人日",时任总理辛格宣布了三大举措:其一是邀请海外印度人社团或公司与印度政府共同出资筹建一所50%招生名额面向海外印度人子女的大学,设置的专业主要是信息科技、生物科技等领域;其二是建立海外印度人接待中心;其三是建立海外劳务输出理事会。第六届海外印度人大会于2008年1月7—9日召开,大会确定主题是"携手海外印度人,共同向前"。印度几届政府近些年来在侨务领域的投入和政策调整的力度之大,前所未有,也取得了一定成效。

为了维护海外印度专业人才的利益,印度政府还与欧洲、北美洲和太平洋地区一些国家协商签订双边专业人才社会保障协定,与波兰、捷克、挪威、瑞士、匈牙利、瑞典、法国等国协商扩展海外就业渠道,签订人力资源流动合作协议。

二、印度移民汇款管理的政策措施

(一)建设正规汇款网络

移民存款转移所涉及的主要正规渠道包括授权运营商、汇款公司、货币兑换机构。这些机构的主要问题是汇款成本。这是移民选择不同汇款渠道的主要考虑。高成本往往阻碍了移民通过正规渠道来寄送他们自己辛苦挣来的收入。

在印度,20世纪90年代以来正规移民汇款的基础设施已取得了显著发展。除了商业银行外,非银行金融机构通过其与国际银行和移民汇款公司的合作关系进入移民汇款业务领域。由官方授权进行跨境移民汇款的实体有商业银行、国有金融机构、邮局、外汇局。由于印度的银行拥有广泛的国内分支网络,其海外分行或海外办事处能保证移民汇款从移民东道国汇往印度最偏远的地方。

按照相关法律规定，印度移民汇款公司由印度储备银行监管。印度储备银行要求移民汇款公司与授权的商业银行、非银行金融公司或汇兑公司签订委托代理协议。通过移民汇款公司的款项通常不要求受益人在银行或其他金融机构开立账户或使用信用卡。目前西联汇款公司是经营印度移民汇款最主要的国际汇款公司。移民汇款公司能将业务衍生到社会最底层，特别是那些不能获得银行服务的家庭。邮政系统尽管网络众多，对移民汇款的贡献不如银行和移民汇款公司。然而，印度有越来越多地方邮政局与移民汇款公司签署代理协议，从事移民汇款业务。印度邮政局与西联汇款公司确立了合作伙伴关系，全国从而有15万个邮政分局成为了移民汇款公司的代理机构。

透过移民汇款进行国际洗钱活动，对金融体系及国家安全带来了严重威胁。南亚各国及国际社会都已采取了多项措施以避免这样的威胁。总之，各项规章制度的关键都在于使所有资金（包括移民汇款和海外印度人存款）都通过正规渠道而不是非正规渠道转移。

（二）实施金融制度改革

最近20年间海外移民汇款的流入急剧增加，导致了相关领域一系列改革，如较为宽松的《外汇管理法》(2000年)取代了先前的《外汇管制法》。[1] 新的法律条文为从非正规渠道（如"哈瓦拉"）转到正规移民汇款渠道提供相应的奖励。同时，印度政府还鼓励开设海外印度人存款账户。储户既可以选择持有外币存款账户，也可以选择印度卢比存款账户，还免缴财富和赠与税。20世纪90年代的汇率管制改革减少了使用海外印度人存款账户作为移民汇款渠道的障碍，加上其他移民汇款渠道和手段增加，金融自由化政策有助于促进更多移民汇款通过正式渠道流入印度。

（三）改善投资环境

尽管在印度投资的过程中面对种种困难，海外印度人在推广印度投资方面一直不遗余力。海外印度人可能是因为洞悉印度具有理想的发展潜力，所以愿意排除万难。因此，倘若印度投资环境有所改善，将可进一步吸引一般投资者及海外印度人到印度投资。其实，众所周知，印度政府必须致力为投资者提供更便利的投资环境。这些改革主要包括以下5个方面：继续放宽对外资企业的限制；解决贪污问题并进一步提高企业管治水平；集中发展基础设施建设，特别是公路、港口及电力建设；改进苛刻、过时的劳动法；加快简化复杂的课税体制。此外，为

---

[1]《印度修改利用外资政策》，《中华工商时报》2005年5月8日。

了更加有效地吸引海外印度人投资，早在2005年5月，印度政府就在吸引外资方面又采取了积极行动，取消了私有银行外资投票权限制，取消私有银行中外国投资者仅有10%投票权的限制。在采取此项措施之前，印度私有银行业已经实施了一次政策松绑，即2005年2月28日印度中央银行宣布，海外投资者最多可以拥有印度私有银行部门74%的股份。[1]

近年来，印度进一步调整和放宽部分领域的外资政策，以加大市场开放力度，努力吸引外资，充分利用海外印度人资本，挽救经济颓势。如2013年9月，印度商工部工业政策和促进总局（DIPP）发布外资政策公告，主要内容分为11个方面。

1. 茶叶种植

经过政府审批，FDI可以继续在茶叶种植领域持股100%，原来5年内要向印度本土企业转股26%的规定取消。

2. 石化冶炼

FDI在石油冶炼领域仍维持49%的持股上限，但由原来的"政府审批"改为"自动生效"。

3. 国防工业

FDI投资上限为26%，且实行"政府审批"路线。如果FDI确能引进新技术，经过内阁安全委员会（CCS）审批后，FDI可超过26%。此外，该领域不允许FII投资；对于FDI不超过26%但投资额超过120亿卢比的项目，需要内阁经济委员会（CCEA）审批；对FDI超过26%的项目，则需要由国防生产部（DODP）先行审核是否能为印度带来现代技术，再由内阁安全委员会（CCS）最终审批，CCS审批后不再需要CCEA审批。

4. 快递业务

外资可100%持股，但取消审批环节，由"政府审批"路线改为"自动生效"路线。

5. 电信服务

所有电信服务，包括电信基础设施建设，FDI上限由74%提高至100%。其中，外资比例49%以下的实行"自动生效"路线，超过49%的实行"政府审批"路线。

6. 单一品牌零售

外资可以继续持股100%，但调整了全部外资需要政府审批的规定：如果FDI不超过49%，实行"自动生效"路线；若超过49%，则实行"政府审批"路线。

---

[1]《印度修改利用外资政策》，《中华工商时报》2005年5月8日。

7. 资产重组

通过FDI和FII，外资可持资产重组公司（ACRs）的比例由74%上调至100%。FDI若不超过49%，实行"自动生效"路线；超过49%的实行"政府审批"路线。

8. 商品交易（Commodity Exchanges）

外资（包括FDI和FII）持股上限继续维持49%，其中FII不超过23%，FDI不超过26%。但取消政府审批，改为"自动生效"路线。该领域的外商投资要接受消费者事务部（DCA）和远期交易委员会（FMC）的指导和监管。

9. 信用资讯

投资印度信用资讯公司（Credit Information Companies）的外资（包括FDI和FII）比例上限由49%调升至74%，且全部实行"自动生效"路线。

10. 证券交易

投资印度证券交易、清算等基础设施公司的外资（包括FDI和FII）比例继续维持49%的上限，但取消政府审批，改为"自动生效"路线。

11. 电力交易（Power Exchange）

外资（包括FDI和FII）持股比例继续保持49%的上限。其中，FII不超过23%，实行"自动生效"路线；FDI不超过26%，实行"政府审批"路线。[①]

印度政府通过一系列改革措施，吸引了更多海外印度人投资，缩小了在利用外资方面与中国的巨大差距。凭借海外印度人的强大实力，印度将进一步充分发挥其经济发展潜力。印度政府所采取的策略，有利于充分利用海外印度人强大的人才优势，将协助印度实现经济快速增长的目标。

（四）发行"侨民债券"

发行"侨民债券"是印度有效利用移民汇款促进经济发展的一项重要措施。印度是在1991年经济危机期间第一个发行"侨民债券"的发展中国家。当时印度的贸易和财政出现巨额赤字，通胀严重，卢比大幅贬值。在很短一段时间内，"印度发展债券"（Indian Development Bonds）向印度侨民筹集了16亿美元资金。[②]这是印度从危机中复苏的关键。2000年，印度政府开始向海外印度人出售"复苏印度债券"（Resurgent India Bonds）。从那时起，政府就通过出售侨民债券以支持预算。2002—2003年印度移民汇款倍增的背后正是这些计划在起作用。到2011年，印度

[①]《印度正式放宽部分领域外资政策》，发布时间：2013年9月18日，中华人民共和国商务部官方网站，http://www.mofcom.gov.cn.

[②] Gabi G. Afram, *The Remittance Market in India: Opportunities, Challenges, and Policy Options*, International Bank forReconstruction and Development / International Development Association or World Bank, 2012, p. 14.

通过侨民债券已累计筹集多达110亿美元资金。[①]政府还允许外资银行出售债券，因为他们所在地方更方便为印度海外侨民提供服务。税收优惠和信贷优惠政策可以使散居债券更具吸引力。菲律宾也采用了这种类型的债券以资助公共住房项目。

（五）汇款方式的正规化

由于高科技与互联网的广泛使用，海外印度人的另一汇款方式是网上汇款。世界上唯一专为海外印度人开通的网上汇款服务是Remit 2 India.Com（汇回印度），为《印度时报》与UTI（联合国际货运有限公司）的合作商，深受海外印度人欢迎。这种方式比常规方式服务更方便，价格更低廉。[②]Remit 2 India.Com与印度141个银行建立了合作关系，可以将移民汇款送到印度60,000多个地方。

还有一种方式是通过移动电话汇款。这一方式主要针对没有银行账户的海外印度人。全球移动通信系统协会（GSMA）、印度国家银行与印度一家顶级移动公司爱特尔（Air Tel）合作，计划普及这种新的汇款技术，甚至在其境内靠近喜马拉雅山的小山村都进行了测试。

最后，印度银行开始积极向海外印度人市场进军，像印度工业信贷投资银行（ICICI）、印度国家银行、安得拉邦银行等，都允许客户持有一个最低金额限制（Minimum Balance）的账户，可以将移民汇款免费从国外一家分行汇回国内的一家分行。由于国内银行竞争激烈，印度银行都视海外印度人市场为待开发的具有很大潜力的处女地。

第四节　面临的主要挑战

一、流向消费领域居多，生产性投资偏少

尽管整体上印度移民汇款数额巨大，但是印度海外移民在印度的投资比例偏小，呈逐渐下降趋势。移民汇款不仅用于投资的很少，而且能够实际利用的就更少，1991—2000年，实际利用不足当年移民汇款总额的11%。

2000—2008年，海外印度人共向印度投资24.84亿美元，占流入印度FDI总额

[①] Gabi G. Afram, *The Remittance Market in India: Opportunities, Challenges, and Policy Options*, International Bank for Reconstruction and Development / International Development Association or World Bank, 2012, p. 14.

[②] 李涛：《印度侨汇的地位、作用及发展前景》，《国际资料信息》2008年第10期。

的4.19%。[1]造成这种局面的重要原因之一：移民汇款占比最大的印度海外劳工移民，其移民汇款主要目的是养家糊口，购置耐用消费品，没有大笔投资的经济能力。此外，国内垄断资本出于自身利益考虑，也不愿意看到海外印度人资本和技术大量流入而形成竞争，对海外印度人投资显得冷漠，甚至抵触。

二、在海外印度人政策上存在偏差

印度独立以后，长期没有明确的侨务政策，20世纪90年代经济改革后才开始重视海外印度人，推出了一系列大胆的海外印度人政策，但由于操之过急，在印度国内外引起了一些争议。这些政策上的偏差可能会挫伤海外印度人的积极性，进而影响海外印度人对印度经济的贡献。如2003年印度政府制定的双重国籍只给予西欧、北美洲、澳大利亚等少数富裕国家的海外印度人，这对LAC地区、非洲和北欧国家的广大海外印度人而言就是一种政策歧视。尽管印度政府很快对这一政策进行了调整，但这种偏差的影响并不容易消除。

---

[1] Milly Sil and Samapti Guha, "Remittances and Microfinance in India: Opportunities and Challenges for Development Finance", *International Journal of South Asian Studies*, Vol.3, No.1, 2010, pp. 82-101.

第五章　中国的移民汇款

第一节　概况

一、改革开放以来的历史回顾

（一）稳定增长阶段（1982—2000年）

国内学界关于侨批、侨汇的研究成果颇丰且多已出版，取得了很大的成就。本研究仅就改革开放以来特别是2000以来国际移民汇款的趋势、特点和影响做一点初浅的分析。20世纪80年代以来，中国移民汇款呈不断增长趋势。1982—1995年变化不大，基本上都保持在10亿美元左右。[①]1996—1997年出现了明显增长，主要是因为1996年中国实现了经常项目可自由兑换，资本账户也逐步开放，为移民汇款流入提供了便利条件；1998年则出现明显下滑，主要是受亚洲金融危机影响。随着危机影响逐步减弱，中国经济持续平稳较快发展，外汇管制进一步放宽，移民汇款又开始增长，只是增速不大，到2000年才增长到52.37亿美元。从移民汇款占GDP比例来看，这种特点也很明显：1982—1996年中国移民汇款占GDP比例不超过0.5%，1997年的峰值也才达到0.52%。

（二）迅速发展阶段（2000年以来）

根据世界银行数据，自1995年以来中国的移民汇款增长了67倍。[②]特别是自2000年以来，中国移民汇款呈现快速增长趋势（见图5-1）。2012年，中国移民汇款规模为663亿美元左右，位居全球第二（见表5-1）；2013年相较于2012年增长了4.15%；2015年为640亿美元。但移民汇款占GDP比例并未出现迅速增长的势头：1998—2004年，移民汇款占GDP比例持续攀升，2004年达到最高值1.01%；2004年之后，比例下滑，相对稳定地维持在0.6%左右，如2011年移民汇款就是当年GDP的0.6%。[③]

[①] 丘立本：《从国际侨汇新动向看我国侨汇政策》，《华侨华人历史研究》2004年第2期。
[②] World Bank Prospects Group, Annual Remittances Data 2013, 2014 update, http://www.worldbank.org.
[③] World Bank, *Migration and Remittances Factbook 2011*, 2012.

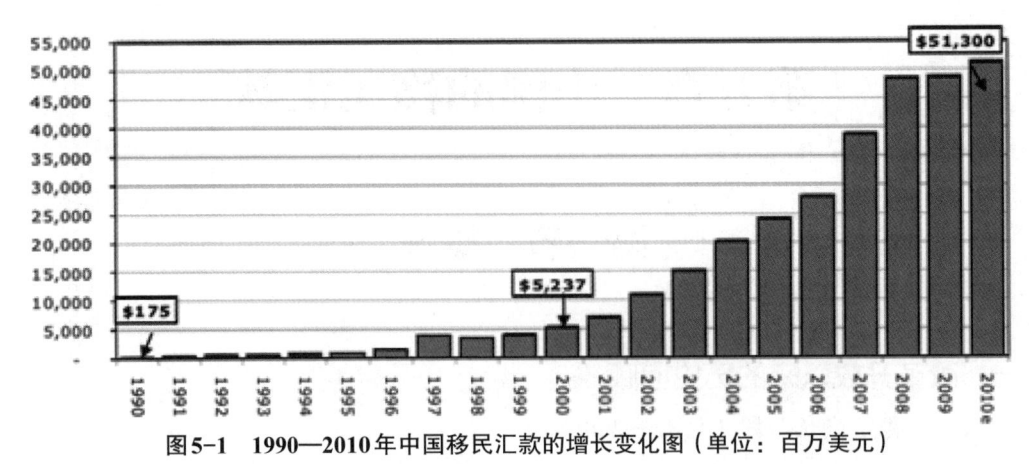

图5-1　1990—2010年中国移民汇款的增长变化图（单位：百万美元）

资料来源：World Bank, Remittances data, Development Prospects Group, Migration and Remittances Data, 2011, https://www.worldbank.org.

表5-1　中国移民汇款及其世界排名（2007—2012）

年　度	2007	2008	2009	2010	2011	2012
海外移民汇款（百万美元）	38,186	47,492	47,929	52,269	61,365	66,275
世界排名	2	2	2	2	2	2

资料来源：整理自Annual Remittance Data, Migration & Remittance Data, World Bank, http://www.worldbank.org.

二、发展现状

中国有大量海外移民向国内亲属汇回收入所得，成为数目巨大的海外移民汇款。总数达6,000余万的华侨华人广泛分布在世界各个角落，其中分布最密集的地区依次是东南亚、北美洲、欧洲、拉丁美洲、大洋洲、非洲。

中国的移民汇款主要来自华侨华人和出国劳务人员。他们的汇款给中国带来了可观的经济利益。2007年，中国劳务合作派出37.2万人，较上年同期增加2.1万人；2007年末，在外各类劳务人员74.3万人，较上年同期增加6.8万人。[①]2008年，中国对外劳务合作完成营业额80.6亿美元，同比增长19.1%；新签合同额75.6亿美元，同比增长12.8%，全年派出各类劳务人员42.7万人，较上年同期增加5.5万人；2008年末，在外各类劳务人员74万人，较上年同期减少0.3万人。截至2008年

---

① 《2007年我国对外承包工程、劳务合作和设计咨询业务统计》，发布时间：2008年1月25日，中华人民共和国商务部官方网站，http://hzs.mofcom.gov.cn.

底，中国对外劳务合作累计完成营业额559亿美元；合同额599亿美元；累计派出各类劳务人员462万人。[1]2009年，中国对外劳务合作完成营业额89.1亿美元，同比增长10.6%；新签合同额74.7亿美元，同比下降1.2%；全年派出各类劳务人员39.5万人，同比下降7.5%；12月末在外各类劳务人员77.8万人，较上年同期增加3.8万人。截至2009年底，中国对外劳务合作累计完成营业额648亿美元；合同额674亿美元；累计派出各类劳务人员502万人。[2]2010年，中国对外劳务合作完成营业额89亿美元，与上年基本持平；新签合同额87.2亿美元，同比增长16.7%；全年累计派出各类劳务人员41.1万人，同比增长5%；年末在外各类劳务人员84.7万人，较上年同期增加6.9万人。截至2010年底，中国对外劳务合作累计完成营业额736亿美元，签订合同额760亿美元，累计派出各类劳务人员543万人。[3]

2011年，中国对外劳务合作派出各类劳务人员45.2万人，较2010年同期增加4.1万人，同比增长10%。其中对外承包工程项下派出劳务人员24.3万人，占全部派出人员总数的53.8%。[4]2012年，中国对外劳务合作派出各类劳务人员51.2万人，较去年同期增加6万人，其中承包工程项下派出23.3万人，劳务合作项下派出27.9万人。2012年末，在外各类劳务人员85万人，较去年同期增加3.8万人。截至2012年底，累计派出639万人。[5]2012年，世界银行发布统计数据，旅居海外的华侨华人和赴海外务工的中国劳务人员向中国内地汇款的金额达到662.75亿美元（见表5-2），占到全球1/10左右。对外劳务合作业务完成营业额分布的主要国家（地区）为日本、新加坡、中国澳门、中国香港、韩国、中国台湾等。巨额移民汇款给移民个人和家庭生活带来了巨大改变，对整个社会也产生了重要影响。中国移民汇款虽然很早就已经引起了国内外学者的关注，但是针对当代中国移民汇款经济影响的研究并不是很多。

从数量上来看，中国的移民汇款有3个突出特点：一是绝对数量很大，但在GDP中所占比例却相对较小，一般小于1%，如2012年中国内地移民汇款仅为当

---

[1]《中国对外劳务合作发展报告2008—2009》，中国对外承包工程商会网站，http://www.chinca.org/cms。
[2]《2009年我国对外投资合作业务简况》，发布时间：2010年1月19日，中华人民共和国商务部官方网站，http://www.mofcom.gov.cn。
[3]《2010年我国对外劳务合作业务简明统计》，发布时间：2011年1月19日，中华人民共和国商务部官方网站，http://www.mofcom.gov.cn。
[4]《2011年中国对外承包工程和劳务合作行业保持稳定增长》，发布时间：2012年2月23日，中华人民共和国商务部官方网站，http://www.mofcom.gov.cn。
[5]《2012年我国对外劳务合作业务简明统计》，发布时间：2013年1月18日，中华人民共和国商务部官方网站，http://www.mofcom.gov.cn。

年GDP的0.8%（见表5-2）；二是无论是绝对数还是相对数，移民汇款都远远小于FDI，如表5-3所示，2007—2011年FDI占GDP比例在2.3%—4.6%；三是中国海外移民与中国的经济联系渠道主要是投资，汇款相对要少很多。

表5-2　2012年东亚国家（地区）移民汇款情况

国家（地区）	汇款（百万美元）	占GDP百分比（%）
中国内地	66,275	0.8
朝鲜	2,414	0.0
中国香港	337	0.1
日本	2,772	0.1
中国澳门	114	—
韩国	11,696	1.0

资料来源：World Bank, *Migration and Remittances Data*, 2015, http://www.worldbank.org.

表5-3　中国吸收FDI及其占GDP比例（2007—2011）

年　度	2007	2008	2009	2010	2011
FDI（亿美元）	1,601	1,751	1,142	1,850	2,286
FDI占当年GDP比例	4.6%	3.9%	2.3%	3.1%	3.1%

资料来源：中华人民共和国国家统计局：《中国统计年鉴2012》，中国统计出版社，2012年。

第二节　主要特点

一、逆周期性显著

移民汇款是一种稳定持续的净收入。即便是在经济危机时期，为保证家人正常生活，海外移民依旧会坚持汇款行为，甚至增加汇款数额。这一观点也得到了中国移民汇款数据支持。2008—2009年全球金融危机爆发时，中国移民汇款不降反升。从对福建省福清市（县级市，福州市代管）、长乐市（县级市，福州市代管）、明溪县（属三明市）等地的调查中也可以看出，侨乡受金融危机影响很小。危机期间，很多发达国家经济遭受重创，但与欧美人偏向超前消费不同，中国移民注重储蓄，即使在金融危机时期也有足够的资金而不用缩减开支。同时为了在危机时帮助母国家乡的亲人，中国移民反而会增加汇款以帮助家人渡过难关。海外移民收款的稳定有助于缓解中国内部需求的不足，并对稳定经济起到了一定作用。

二、来源相对集中

中国移民几乎遍布世界各地，但海外分布相对集中（见图5-2）。20世纪70年代末以前出国的移民及其后代集中于东南亚。而这个时间以后出国的移民及其后代则集中在北美洲。

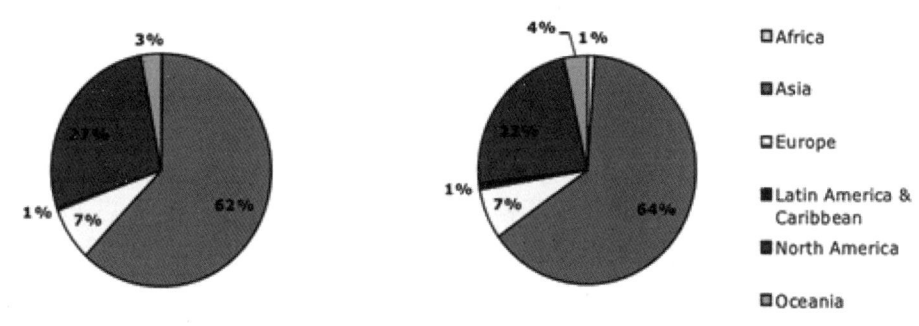

图5-2 中国移民汇款来源地分布图（左）和海外移民分布图（右）
资料来源：Human Development Report，2009
注：不足1%的地区没有显示在图中。

（一）北美洲

2007年，居住在北美洲的华侨华人已经达到530万，占全球华侨华人总数12%左右。加拿大和美国都是重要的华侨华人住在国。2011年占美国外国出生人口[①]比例最高的3个亚洲国家依次是中国、菲律宾、印度。其中来自中国的移民约为223万，占美国亚裔人口19%，之后是菲律宾（16%）和越南（11%）。[②]根据美国人口普查局2009—2013年普查数据，至2013在美国的华侨华人大约有440万。[③]美国成为中国移民汇款最多的单一来源国。根据2018年人口统计，在美国的华侨华

[①] 外国出生人口即外国移民。
[②] World Bank, *Migration and Development Brief 12*, 2011, https://www.worldbank.org.
[③] U.S. Census Bureau, *2013 American Community Survey*, http://factfinder.census.gov.

人大约有 550 万人，占美国总移民人口 5%。① 他们要么在中国出生，要么有中国血统。1980—2020 年，美国的中国移民人口增长了近 7 倍。2018 年当年中国移民达到近 250 万，占美国外国出生人口总数的 5.5%。1980 年中国移民还不是美国十大外国出生群体之一。但 2018 年，在近 4,500 万美国外国出生人口中，中国移民已经成为了继墨西哥和印度移民之后的第三大群体。②

中国人移民美国历史悠久。中国人移民美国大致有两次移民潮：第一次移民潮是 19 世纪 50—80 年代，由于《排华法案》限制中国移民而停止；第二次移民潮从 20 世纪 70 年代末到现在，即中美建交，以及美国和中国移民政策改变之后。19 世纪上半叶，中国劳工（主要是男性）迁移到美国西海岸，在农业、采矿、铁路建设和其他低技能工作中辛苦劳动。美国国会于 1882 年通过了臭名昭著的《排华法案》。这是第一部针对特定族群的移民法。1965 年出台的《移民与国籍法案》(Immigration and Nationality Act) 消除了非欧洲移民（包括中国移民）迁移美国的障碍，并为技术工人制定了临时劳工计划。相比之下，中国香港并没有像中国内地那样面临人口流动障碍，在 20 世纪 60 年代后期就开始有人移民美国。

由于中国政府于 1978 年放松了移民管制，1979 年中美建交，开启了第二波中国移民浪潮。1980—1990 年，居住在美国的中国移民人数几乎翻了一番，到 2000 年又翻了一番。此后中国移民人口继续增长，但增长速度放缓。其中，中国香港出生的人口远少于中国内地。1980 年美国有 8 万中国香港出生的移民。这个数字在 2000 年增加了 1 倍多，达到约 204,000，然后在 2018 年缓慢增加到约 233,000。至 2018 年，中国香港出生的移民占所有居住在美国的中国移民的 10%。中国是美国高等教育中国际学生的主要来源国，其 2018 年获得雇主资助的 H-1B 临时签证数量位居第二，仅次于印度。此外，中国移民在 2018 年获得了近一半的 EB-5 投资者绿卡。根据 2019 年的估计，美国是中国移民的首选目的地，在超过 1,200 万居住于中国境外的中国移民中，居于美国的占近 27%。其他热门目的地包括加拿大（920,000 人）、日本（785,000 人）、澳大利亚（750,000 人）、韩国（620,000 人）、新加坡（451,000 人）。与美国所有外国和本地出生人口相比，中国移民受教育程度明显更高，更有可能担任管理职位。在美国获得合法永久居留权（"绿卡"）的中国人中，近 30% 是通过就业途径获得的。

---

① Kate Hooper, Jeanne Batalova, *Chinese Immigrants in the United States*, Migration Policy Institute, 2020, http://www.migrationpolicy.org.

② Kate Hooper, Jeanne Batalova, *Chinese Immigrants in the United States*, Migration Policy Institute, 2020, http://www.migrationpolicy.org.

大约一半的中国移民居住在美国的加利福尼亚（32%）和纽约（19%）这两个州。2014—2018年中国移民最集中的是加利福尼亚州洛杉矶县、纽约市皇后区、纽约州金斯县、加利福尼亚州旧金山县。这4个县区的中国移民加起来占美国华人总人口的1/4。2014—2018年，大纽约市、旧金山和洛杉矶大都市区的中国移民人数最多。这3个都会区约占中国移民总数的43%。

2018年，大约一半25岁及以上的中国移民至少拥有学士学位，明显高于整体移民（32%）和美国出生的成年人（33%）。与外国出生的移民和美国出生的人口相比，中国移民拥有硕士、博士学位的可能性是其两倍多（中国移民为29%，而移民平均为14%，在美国出生的人口为12%）。这种高学历与中国移民进入美国的具体渠道有关。近几十年来，许多中国移民以国际大学生或高技能的H-1B临时工（通常需要大学学历）的身份来到美国。

中国是美国国际学生的主要输出国。根据国际教育研究所的数据，在2018—2019学年，来自中国内地、香港、澳门的近377,000名学生就读于美国高等教育机构。在美国留学的100万国际学生中，中国学生约占1/3。大约46%的中国学生就读于科学、技术、工程、数学（STEM）领域。2018年，在美国公民及移民服务局（USCIS）批准的332,000份H-1B申请（初始和持续就业）中，中国公民占12%，仅占印度公民的73%。中国移民的劳动力参与率低于整体移民和本地出生人口。超过一半的中国移民受雇于管理、商业、科学、艺术领域。而在外国出生的总人口中，这一比例为33%；在本地出生人口中，这一比例为40%。

2018年，中国移民的家庭收入中位数（70,000美元）高于外国出生人口家庭收入的中位数（60,000美元）和美国本地出生家庭收入中位数（62,000美元）。中国移民生活在年收入低于官方贫困线的家庭中的可能性略高（17%）。而在整体移民中，这一比例为15%；在美国出生人口中，这一比例为13%。2018年，美国所有中国移民及其后代中有53%已成为美国公民。这一比例略高于中国出生的移民占美国华人人口总数的比例（51%）。与美国其他移民族裔相比，中国移民抵达美国的时间更晚，其中34%的中国移民是在2010年或更晚抵达美国的，24%是在2000—2009年到达的，42%是在2000年之前到达的。2018年，中国是继墨西哥和古巴之后新的合法永久居民（LPR，即绿卡持有者）的第三大来源国。在近110万个新LPR中，约有67,000人（6%）来自中国内地、香港、澳门。（见图5-3）

自2016年以来，中国的移民汇款恢复了增长势头，依然是全球第二大收款国（仅次于印度）。2019年，中国通过正规渠道的收款估计为700亿美元，创历史新高，移民汇款占中国GDP的比例不到1%。①随后由于疫情有所减少。2022年中国吸收的汇款额将下降近4%，至510亿美元；而2021中国的汇款额约为530亿美元。②

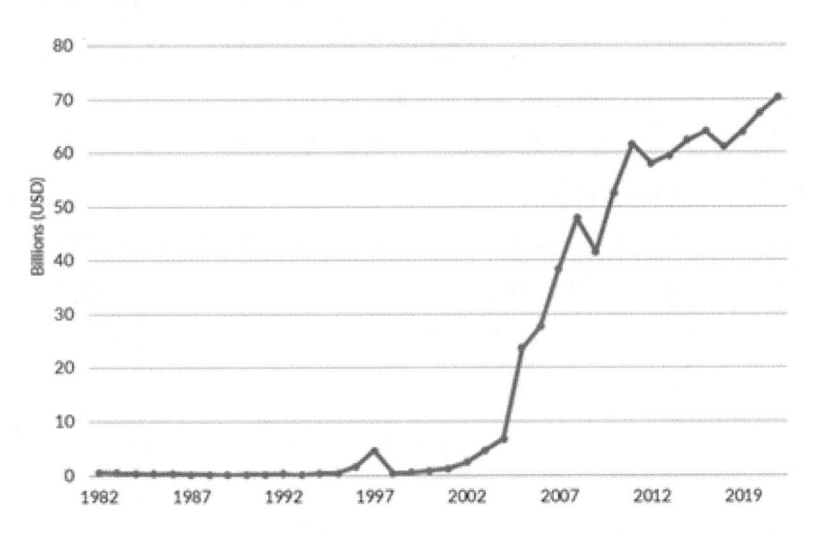

图5-3　1982—2019年中国的移民汇款（来自美国）走势

资料来源：Chinese Immigrants in the United States, January 15, 2020, https://www.migrationpolicy.org.

从19世纪50年代开始，大批中国人移民到美国西部地区，在矿山、建筑业、农业、制造业、服务业获得了从事体力劳动的机会。1890年人口普查报告显示，中国移民人口数量超过了10万；1850—1889年，有近30万中国移民进入了美国。③伴随着中国移民增加，这一时期反华情绪和种族歧视也越来越严重，美国国会最终在1882年通过了《排华法案》。该法案禁止中国劳工移民到美国，并禁止中国移民获得美国公民身份。虽然该法律在1943年被废除，但这一时期很少有中国人移民美国，一直到1965年出台《移民与国籍法案》全面检视美国移民制度以后，非欧洲人移民美国的机会才显著增加。④20世纪60年代后期，中国香港居民才开始移民美国。到1980年美国共有85,000名中国香港出生的移民。截至2013年，美国

---

① Kate Hooper, Jeanne Batalova, *Chinese Immigrants in the United States*, Migration Policy Institute, 2020, http://www.migrationpolicy.org.
② World Bank, *Migration and Development Brief 37*, 2022, https://www.knomad.org.
③ Gibson, Campbell J. and Emily Lennon, "Historical Census Statistics on the Foreign-born Population of the United States: 1850-1990", U.S. Census Bureau, 1999, http://www.census.gov/population.
④ Hutchinson, Edward P., *Legislative History of American Immigration Policy 1798-1965*, Philadelphia: University of Pennsylvania Press, 1981.

的中国移民中大约有213,000人是在中国香港出生的，约占中国移民的10%。来自中国内地的大规模移民一直到1978年以后才重新恢复。1980—1990年来自中国内地的移民人数由299,000人增加到了536,000人，几乎翻了一番。[1]不同于19世纪，1965年以后来自中国的移民主要是技术移民：中国留学生现在是美国高等教育的主要生源，中国是仅次于印度的美国临时工作签证的第二大受益国。

根据联合国人口司2013年的年中估计，大约有1/4的中国移民在美国定居，其他主要移民目的国包括加拿大（896,000人）、韩国（657,000人）、日本（655,000人）、澳大利亚（547,000人）、新加坡（457,000人）。[2]获得美国永久居留权的中国移民约有一半是通过家庭团聚渠道。相较于其他外国出生和本地出生的人口，中国移民学历较高，更容易找到工作，家庭收入也更高。[3]与其他移民相比，中国移民英语水平较低，在家里也不经常讲英语。2013年，英语能力有限的中国移民（5岁以上）约有62%。外国出生移民整体的这一比例为50%。中国移民中大约仅10%在家里只说英语，而移民整体上这一比例有16%。[4]中国移民比移民整体年龄更大。中国移民平均年龄为45岁，外国出生的移民整体为43岁，本地出生的人口为36岁。2013年76%中国移民为适龄劳动者（18—64岁），其中17%在65岁以上，7%在18岁以下。移民整体情况：80%为适龄劳动者，14%在65岁以上，6%在18岁以下。与此同时，本地出生人口的60%为适龄劳动者，14%是65岁及以上，26%是18岁以下。[5]

中国移民的劳动参与率比整体移民和本地出生的人口更低一些。2013年16岁及以上的中国移民约59%在美国就业，同期外国出生移民和本地出生人口的这一比例分别为67%和63%。2013年，中国移民家庭的收入中位数为57,000美元，移民整体和本地出生的人家庭的收入中位数分别为48,000美元和53,000美元。2013

---

[1] 数据来源：U.S. Census Bureau 2006, 2010, and 2013 American Community Surveys (ACS), and 1980, 1990, and 2000 Decennial Census.

[2] Office of Immigration Statistics, *2013 Yearbook of Immigration Statistics*, Washington, DC: DHS Office of Immigration Statistics, 2014, http://www.dhs.gov.

[3] 美国人口普查局定义的外国出生的个人是指那些出生时没有美国国籍的人，包括后来入籍成为美国公民、合法的永久居民、难民和受庇护者，合法的非移民（包括留学生、务工人员或其他持临时签证的外国人），以及无合法身份居住在美国的外国人。外国出生的人和入境移民两个术语可互换使用，都是指那些出生在另一个国家后来移民到美国的人。数据收集的限制不允许包含那些通过归化获得中国国籍后来又迁移到美国的人。

[4] United Nations Population Division, *International Migrant Stock by Destination and Origin*, 2013, http://esa.un.org.

[5] United Nations Population Division, *International Migrant Stock by Destination and Origin*, 2013, http://esa.un.org.

年中国移民有19%生活在贫困中,与外来移民整体情况相差无几,但比本地出生的人口(15%)略高。2013年居住在美国的201万中国移民中约有54%加入美国国籍,略高于美国外国出生移民整体的47%。中国人最近十几年移民美国的比例比其他国家移民更高。以2013年为例,中国移民更可能通过就业途径(28%)成为合法永久居民,而美国合法永久居民整体就业率只有16%。①中国移民通过美国公民的直系亲属途径获得绿卡的比例(33%)低于LPR整体比例(44%)。截至2012年1月,约有21万无证中国公民生活在美国,约占美国1,140万无证移民的2%。大约12,000名中国无证青少年有资格申请"儿童入境暂缓遣返"计划(Deferred Action for Childhood Arrivals,DACA),但在最初两年很少有人申请DACA。支持者认为中国移民不愿申请,是因为社会交往少、文化禁忌、害怕公开自己的非法状态,以及语言障碍等。②

如上所述,移民数量和结构决定了美国是中国移民汇款最大的单一来源国。2012年,中国移民汇款为660多亿美元,其中由美国汇往中国的移民汇款超过130亿美元(见表5-4),占中国当年移民汇款的1/5左右;而2012年由加拿大汇回中国的移民汇款也有39亿美元左右(见表5-5)。

表5-4 来自美国的移民汇款(2010—2012)

年 度	2010	2011	2012
总额(百万美元)	11,402	13,449	13,071

资料来源:Bilateral Remittance Estimates for 2010-2012 using Migrant Stocks, Host Country Incomes, and Origin Country Incomes (millions of US$), Migration and Remittances Data, September 24, 2015, http://www.worldbank.org.

表5-5 来自加拿大的移民汇款(2010—2012)

年 度	2010	2011	2012
总额(百万美元)	3,402	4,026	3,910

资料来源:Bilateral Remittance Estimates for 2010-2012 using Migrant Stocks, Host Country Incomes, and Origin Country Incomes (millions of US$), Migration and Remittances Data, September 24, 2015, http://www.worldbank.org.

---

[1] United States Citizenship and Immigration Services (USCIS), *Citizenship Through Naturalization*, Last updated January 22, 2013, https://www.uscis.gov.

[2] U.S. Department of State, Bureau of Consular Affairs, Nonimmigrant Visa Issuances by Visa Class and by Nationality, FY2013, http://travel.state.gov.

（二）东南亚

聚居在东南亚的主要是20世纪70年代以前出国的"老移民"及其后裔，且绝大部分都已加入当地国籍。20世纪80年代以前，东南亚的华侨华人数量占世界华侨华人总数的85%—90%，2007年之后这一比例下降到73.5%。[①]来自东南亚的移民汇款数量仅次于北美洲，如2012年来自新加坡的移民汇款接近40亿美元，来自泰国的移民汇款超过21亿美元，来自马来西亚的移民汇款有7.7亿美元左右。[②]

（三）其他来源地

由于世界各地中国移民的规模、移民方式和移民表现不同，汇往中国的移民汇款数量也有很大差异。除了前述东南亚和北美洲外，中国的移民汇款来源地还有欧洲、拉丁美洲、大洋洲、非洲等地。

1. 欧洲

截止2013年欧洲华侨华人总数在300—360万左右[③]，其中法国和英国数量最多，其余主要分布在意大利、俄罗斯、西班牙、德国、荷兰、爱尔兰等国家。从分布上看，20世纪80年代之前，华侨华人集中在西欧国家，90年代之后移民东欧和南欧的华侨华人也越来越多。2007年数据显示，居住在法国的华侨华人约有60万，其中大部分集中在大巴黎区，其他分散在法国南部各城市。法国华侨华人以浙江商人居多，还有一定数量的中国留学生。华侨华人是英国第三大少数族裔，总数50万—60万，[④]约有1/3的居住在伦敦，13.6%居住在英国东南部，另有约11%居住在英国西北部。

欧洲的华侨华人仅占世界华侨华人总数的5%（2007年）。但2009年移民汇款输出国前十位国家中欧洲占了7个（分别是瑞士、俄罗斯、德国、意大利、西班牙、卢森堡、荷兰），因此中国由欧洲获得的移民汇款数额依旧可观。如2012年由法国汇回中国的移民汇款超过6亿美元，同年来自英国的移民汇款超过7亿美元。

2. 拉丁美洲

2015年拉丁美洲华侨华人总数已经达到了150万左右[⑤]，其中巴西的华侨华人数量最多，其次是秘鲁。在墨西哥、阿根廷、圭亚那、哥伦比亚等国也分布着数以万计的华侨华人，除了殖民时期老移民的后代以外，拉丁美洲华侨华人多属于

---

① 庄国土、黄新华、王艳：《华侨华人经济资源研究》，国务院侨务办公室政策法规司，2010年，第11—19页。
② 刘轶男：《华人国际移民、侨汇与中国经济增长研究》，复旦大学硕士学位论文，2013年。
③ 宋全成：《中国海外移民在欧洲：规模、特征、问题与前景》，《理论学刊》2013年第11期。
④ 李明欢：《欧洲华侨华人史》，暨南大学出版社，2019年，第567页。
⑤ 潮龙起：《桑梓情深：华侨华人与改革开放》，暨南大学出版社，2018年，第23页。

20世纪70年代以来的新移民①,且以经商居多。从来源地看,拉丁美洲华侨华人多来自沿海地区,如广东、福建、浙江、上海、香港、台湾等省市,且多分布在各个国家的首都和其他重要城市。2012年由巴西汇往中国的移民汇款约为6,100万美元,由巴拿马汇回中国的移民汇款为100万美元;而来自墨西哥和秘鲁的移民汇款分别为1,600万美元和1,500万美元。

3. 大洋洲

大洋洲华侨华人总数约为95万,其中澳大利亚华侨华人数量最多,约为67万。②华侨华人是澳大利亚人口最多的少数民族。澳大利亚的华侨华人一直以技术移民和投资移民为主,整体受教育程度较高,且多分布在悉尼、墨尔本、堪培拉等大城市。根据世界银行的统计,2012年澳大利亚输出移民汇款接近46亿美元,其中输入中国的移民汇款超过21亿美元。③

4. 非洲

2012年,非洲华侨华人总数达到了110万④,遍布非洲53个国家。非洲华侨华人分布相对集中,华侨华人数量最多的5个国家分别是南非、马达加斯加、尼日利亚、毛里求斯、留尼汪岛。⑤就城市分布来看,非洲华侨华人集中在开普敦、阿布贾、路易港等大城市。当地华侨华人以经商居多,多从事餐饮、贸易、金属制品、纺织等行业。华侨华人收入普遍较高,且移民之后发家致富的企业家不在少数。2011年,来自南非的移民汇款超过10亿美元,来自毛里求斯的移民汇款也达到了1亿美元。⑥

三、波动相对较小

通过计算1982—2012年移民汇款和其他资本流动的变异系数(见表5-6),可以发现中国移民汇款和个人转移的波动性均高于FDI的波动性,表现出较高的不稳定性。考虑到移民汇款和各类资本流动会受到整体宏观经济的影响,将时间进行分段处理。1982—1995年,中国移民汇款和个人转移的波动性均小于FDI,表现相对稳定;1998—2012年,中国移民汇款和个人转移的波动性不仅均高于FDI,

---

① 庄国土:《华侨华人分布状况和发展趋势》,《侨务工作研究》2010年第4期。
② 庄国土:《华侨华人分布状况和发展趋势》,《侨务工作研究》2010年第4期。
③ World Bank Prospects Group, Annual Remittances Data 2013, 2014 update, http://www.worldbank.org.
④ 李安山:《战后非洲中国移民人口状况的动态分析》,《国际政治研究》2017年第5期。
⑤ 庄国土、黄新华、王艳:《华侨华人经济资源研究》,国务院侨务办公室政策法规司,2010年,第11—19页。
⑥ 刘轶男:《华人国际移民、侨汇与中国经济增长研究》,复旦大学硕士学位论文,2013年。

也均高于1982—1995年的波动性，稳定性明显减弱，间接表明中国移民汇款可能开始出现逐利性。①

表5-6　中国移民汇款和其他资本流入的波动性（变异系数）

时间段	移民汇款	个人转移	FDI	证券投资
1982—2012	1.36	1.58	1.24	1.78
1982—1995	0.49	0.56	1.29	1.18
1998—2012	0.72	0.97	0.71	1.54

数据来源：Word Development Indicator, Mieration and Remittances.
注：1995—1998年的数据缺。

根据梁在等人的研究，在出国最初4年，中国移民汇款随移民在东道国居住时间的延长而呈增加趋势，并于第二年达到峰值。这些移民的主要经济负担是他们必须保证将当初移民时所欠的费用付清。一般在东道国居住7年之后，他们每年汇款回家的数额从8,000—9,000美元降到了6,000美元，并最终降到了每年约4,000美元。②

四、逐利性较强

如果说早年移民汇款更多地是为了满足国内亲友的生活需求，那么现在移民汇款在很大程度是追逐汇率、资产泡沫的一种力量。20世纪90年代之前，中国移民汇款和个人转移以利他动机为主导，有助于稳定国内宏观经济。但20世纪90年代后期，流入中国的移民汇款和个人转移的动机发生了变化，利己动机开始大于利他动机。这首先表现在人民币升值压力是境外汇款流入的主要因素。③个人转移受利率差异的影响远远超过了移民汇款受利率差异的影响。④这也表明个人转移的逐利性更强。在人民币升值预期不断增强的前提下，大量国际资本通过各种渠道流入中国，通过购买人民币资产进行短期资本投机，以获得人民币升值和国内资

---

①张宇：《移民汇款对母国经济增长影响的研究》，厦门大学硕士学位论文，2014年，第44页。
②梁在、诸冈秀树：《国际移民与发展：以中国为例》，赵慧英译，都阳、张建武、王德文主编《中国劳动经济学（第3卷第1期）》，中国劳动社会保障出版社，2006年，第32页。
③丁志杰、杨伟、黄昊：《境外汇款是热钱吗？基于中国的实证分析》，《金融研究》2008年第12期。
④张宇：《移民汇款对母国经济增长影响的研究》，厦门大学硕士学位论文，2014年，第46页。

产升值带来的双收益。①受人民币升值预期等因素影响，移民汇款资金还会进一步加速流入，大量移民汇款在四处寻找投资出路。以温州为例。随着人民币持续升值，汇率（特别是欧元汇率）波动的加剧，温州移民汇款资金加速流入并不断得到积累。受2010年以来人民币对美元汇率再度创汇率改革以来新高的影响，作为全国重点侨乡之一的温州，汇率波动幅度加剧，移民汇款资本加速积累，海外移民汇款四处寻找投资出路的现象较为突出，显现不当的投资逐利现象。据统计，2010年温州外汇汇入达到了253亿美元，同比增长32%；2010年文成县华侨通过银行汇入移民汇款5.8亿美元，折合人民币37亿元，再加上侨胞回乡随身携带的现金，估计共流入外汇资金是该县GDP总额的两倍多。截至2011年6月末，温州全市银行业结汇收入合计155.94亿美元，比2012年同期增长了83.57%，几乎翻了一番。②

中国的FDI超过60%都来自华侨华人。这表明移民资本进入中国的目的在于获利。移民汇款动机的改变反映出移民汇款在中国经济发展中所扮演的角色开始逐步转变。此外，上面的波动性分析也表明移民汇款的逐利性发展趋势。中国移民汇款逐利性增强，一方面是中国国内经济发展的必然结果，另一方面也是移民汇款阶段性特点的体现。改革开放以来出国的新移民不少在海外居留时间都已超过了20年，其汇款已进入了新的阶段。通常来说，居住时间在14年以内的，汇款总额随居住时间延长有明显的上升趋势，但14年之后出现了巨大波动，可能部分是由于有人投资了数额较大的工商项目。③

第三节　背景、渠道及用途

一、移民汇款流入中国的背景分析

如上所述，除了赡养家人、捐赠公益外，移民汇款的逐利性越来越强，最重要的背景是中国在宏观经济层面（如汇率、利率、制度、交易成本和货币预期）

---

① 丁志杰、杨伟、黄昊：《境外汇款是热钱吗？基于中国的实证分析》，《金融研究》2008年第12期。
② 叶正积：《温州侨汇变身"类热钱"》，发布时间：2011年7月28日，新浪网财经频道，http://www.sina.com.cn。
③ 梁在、诸冈秀树：《国际移民与发展：以中国为例》，赵慧英译，都阳、张建武、王德文主编《中国劳动经济学（第3卷第1期）》，中国劳动社会保障出版社，2006年，第33页。

呈现出有利于移民汇款流入的趋势。人民币汇率保持基本稳定（或单边升值趋势），只要经济、外贸和外资高速增长，就会带来国际收支持续双顺差，进而引起国际资金大量流入。

第一，经济高速增长过程中部分行业或市场存在较大的利润空间，诱使境外资金流入。资本的逐利性决定了移民汇款会流向投资收益高的热点行业，以获取短期内最大利益。目前，中国经济高速增长过程中部分行业或市场利润增加趋势明显，如大中城市（尤其是沿海开放城市）房地产市场高速发展，成交价格不断攀升，境外资金加速流入境内房地产市场，以期获得投资收益。又如中国证券市场行情火爆，上海证券综合指数曾经在不到两年时间内上涨了4倍，资产价格快速上升也不断吸引境外资金流入。

第二，外资优惠条件导致虚假外资。为吸引外商投资，中国长期给予外商投资企业优惠政策，地方政府更是将吸引外商投资纳入政绩考核，在土地规划、水电、路网等许多方面给予外商投资企业名目繁多的优惠政策。为获取政策性利益，不少地方出现了国内资金返程投资、虚假外资等现象，引发了资金流入。

第三，国内经济金融政策调整，推动企业寻求境外融资。由于部分行业投资增势过快，自2004年起国家实施了严格土地供应、规范信贷条件、多次提高存款准备金率和贷款利率等宏观调控政策，以抑制投资过热势头，防止经济由过快转为过热。这些措施提高了企业贷款门槛和成本，在一定程度上导致一些企业融资阻滞。为了解决资金难题，一些企业通过贸易融资、短期外债、股东借款等多种渠道寻求境外资金支持，加速了境外资金向境内渗透。

第四，人民币升值预期不断，诱使境外汇款加速流入。2005年汇率改革以来，人民币相对美元的汇率水平基本保持小幅升值态势，并有加速升值的趋势，至目前升值幅度已达到15%左右，造成了市场上升值预期进一步增强。同时，金融机构人民币一年期存款基准利率也由2004年10月的2.25%上升至目前的4.14%。[1]境外资金为获得汇兑收益，利用中国宽进严出的外汇管理政策空隙，通过各种途径流入或延迟流出。

第五，与其他违法违规行为"伴生"的境外资金。一些违法违规行为虽不以人民币升值为直接目的，但也涉及境外汇款资金的流入行为。如在虚假出口骗税行为中，一些没有真实出口背景的企业，非法通过地下钱庄或其他途径购买外汇，以出口收汇名义汇入境内，达到骗取出口退税的目的，形成了与其他违法违规行为"伴生"的境外汇款资金流入。

---

[1] 梅新育：《防止侨汇变"热钱"》，《大经贸》2009年第8期。

二、移民汇款流入中国的主要渠道

（一）通过预收货款渠道流入

随着人民币汇率形成机制改革的推进和涉汇企业防范汇率风险意识的增强，不少企业选择在出口合同中约定预收20%—30%或更高比例的定金，以出口预收贷款方式提前收汇、结汇，从而达到控制汇率风险的目的。但部分企业在经济利益驱动下钻管理政策空子，以融资和预期人民币升值为目的，借预收贷款之名行境外融资之实的迹象明显。此类情况多产生于关联公司间，境外母公司或关联企业通过关联交易安排，以预收货款形式大量汇入资金，明显超过企业生产和出口能力，企业货物流与资金流相对分离，通过境内外关联企业联手操作，变相融资迹象明显。

（二）通过出口虚报价格流入

从一些查实的出口骗税案例可以看出，不法企业通过虚假出口骗取国家退税资金的行为仍时有发生。其常用手法是通过虚报出口价格、空箱出口、部分出口、虚开增值税发票等方法抬高出口货物价值，同时又通过"地下钱庄"等途径购入外汇冲抵核销款，虚增了出口收入，借以骗取出口退税。由于境内收汇银行难以判定境外货币兑换公司汇款的真实性质，一些没有真实出口背景的企业，通过"地下钱庄"安排，利用境外货币兑换公司以出口收汇名义将违规资金汇入境内，达到骗取出口退税的目的。

（三）通过个人项下流入

1. 个人携带外币现钞

境外的一些个人外汇资金为逃避当地的税收管制和稽查，可能通过携带外币现钞的形式将资金转移至境内，其中不乏各类性质的不明资金。

2. 通过个人境外赡家款和捐赠流入

由于个人捐赠收入尚未纳入个人所得税征缴范围，以个人捐赠款名义汇入资金也成为移民汇款流入的重要渠道，个人移民汇款大大超过了个人日常消费所需与实际的捐赠和赡家款收入。速汇金（Money Gram）已与中国银行、中国工商银行、交通银行、中信银行等十多个金融机构开展了合作，为客户提供便捷安全的汇款收款服务。截至目前，速汇金服务网络已覆盖全国14,000多个营业网点，海外汇款人在汇款到中国时可以选择美元、英镑、欧元或澳元，在中国收款的客户即可以相应货币收款。2011年12月速汇金与中国工商银行携手推出新服务，客户将能够从海外速汇金网点直接汇款到收款人的中国工商银行账户上。此项业务将向20多个国家和地区开通，包括美国、意大利、澳大利亚、法国、德国、荷兰、比利时、日本等。同时，随着留学生、移民快速增长，中国向海外汇款的需求也更加突显。[①]

3. 通过个人贸易佣金流入

近年来，随着外汇资金流入监管力度加大，部分企业、个人为逃避外汇管理政策监管，通过关联公司开立离岸账户，再以佣金的名义，将离岸账户资金汇入个人外汇账户，结汇后投资境内热点领域，佣金比例明显超过正常水平。

三、移民汇款的主要用途变化

改革开放以来中国移民汇款的主要用途基本上经过了3个时期的发展变化。从近代东南沿海居民异乡创业起，海外移民汇款便开始输入国内。当时侨乡经济发展水平低，海外移民汇款主要用于侨眷养家糊口。改革开放以前，由于沿海侨乡经济发展较为落后，生活水平较低，需要靠海外乡亲接济，因此这一时期海外移民汇款多用于家庭消费，用于满足家庭生活基本开支。

以往关于移民汇款的认识太过局限于"旅居海外的华侨从事各种职业所得，主要用于赡养国内眷属的生活用款"。改革开放以后直至20世纪90年代初期，中国经济迅速发展，居民家庭生活发生了翻天覆地的变化（尤其是沿海地区）。这一时期移民汇款多用于侨乡基础设施和公共福利建设，同时也开始部分转化为投资。20世纪90年代末到现在，随着侨乡居民生活水平的普遍改善，侨乡基础设施和公共福利逐步完善，移民汇款已逐渐转向投资。

第四节　对经济发展的影响

一、移民汇款对中国经济的积极作用

中国移民汇款在GDP中所占比例相对较小（一般小于1%）。2012年，中国移民汇款仅为当年GDP的0.8%（见前文表5-2）。相对而言，无论是绝对数还是相对数上，移民汇款都远远小于FDI——2007—2011年FDI占GDP比例在2.3%—4.6%（见表5-3）。尽管如此，移民汇款仍是中国外汇收入重要来源之一。国际收支平衡

[①]《中国已成为世界第二大汇款输入国》，《晶报》2012年3月28日。

表中经常转移项目包括移民转移款项、侨民汇款、政府无偿援助、赠款、政府向国际组织缴纳的行政费用等，其中移民汇款是经常转移中最重要的组成部分。近些年来中国经常转移顺差持续增长，移民汇款的大幅增长是最主要的原因。虽然规模比不上外国投资，但是海外移民汇款对中国经济的积极作用不容小觑。

（一）成为重要外汇来源

20世纪90年代后期，中国移民汇款流入超过了ODA的流入。1982—2010年，移民汇款的年均增长率为14.2%，而ODA的年均增长率仅为0.71%。自2000年以来，中国移民汇款流入呈现快速上升趋势。至2012年，移民汇款流入规模超过证券投资流入。2009年，移民汇款约为占中国GDP的1%，FDI的62%，商品出口的4%，服务出口的38%，是ODA的40倍。

（二）增加个人外汇存款

银行等金融机构的个人外汇存款比例曾达到外汇存款总额50%以上，虽然在2005—2007年有所下降，但是近几年又迅速反弹，总体来看呈长期增长趋势。据《经济日报》1984年6月19日报道，自1984年7月1日起，各地中国银行将开办境内居民定期外币存款业务，[①]真正实现了存款自愿、取款自由。这一业务受到侨乡侨眷的热烈欢迎。此前中国移民汇款非常有限，为了避免受到人民币贬值的损失，很多侨民宁愿把钱留在国外。自从居民可以开立外币存款账户以来，海外侨民向母国亲人汇款的积极性大大提高，个人外汇存款迅速增加。移民汇款的增长缓解了当时中国外汇储备紧张的局面，成为中国外汇收入的主要来源之一。

（三）改善财政和税收

改革开放40多年来，中央政府财政收入和地方政府财政收入一直呈上升势头，这与华侨华人汇款投资于企业所产生的经济效益是分不开的。以1997年为例，全国财政收入为人民币8,642亿元，其中外商投资企业上缴的税收占总额的1/10，约人民币860亿元，其中华侨华人投资企业上缴的税收约为人民币600亿元。在沿海重点侨乡，华侨华人的贡献就更为突出。如1997年广东省财政收入为人民币192亿元，其中1/3是华侨华人投资企业上缴的税收。全国财政收入约10%来自外商投资企业上缴的税收。以2000年为例，当年全国财政收入为人民币13,395亿元，即其中有约1,340亿元来自外商投资企业上缴的税收。如按海外华商投资比例推算，2000年华侨华人投资企业上缴的税收达人民币300亿元。[②]

---

① [日]山岸猛：《地方的外汇管理与侨乡的外汇》，司韦译，《南洋资料译丛》2011年第2期。
② 林晓东：《试论华侨华人和港澳同胞对祖国大陆的投资及其法律保护》，《华侨华人历史研究》2000年第2期。

（四）增加就业机会

解决城乡劳动力就业是移民汇款的重要作用之一，其根本是华侨华人看准中国潜在、巨大的劳动力市场。大量华侨华人投资者出现，使大批待业人员获得了就业机会，从而缓和了劳动力过剩所带来的社会负担和压力。由于华侨华人对中国的投资主要分布在劳动密集型产业，平均资本有机构成不高，因而对就业的贡献较大。截至1997年底，华侨华人投资共吸收就业人员约2,000万人，其中华侨华人投资企业吸收动力约1,300万人。20世纪90年代中期以来，中国政府的引资政策由注重扩大引资规模转变为注重提高引资质量，流入中国的FDI逐步由轻工、纺织等劳动密集型产业向重化工、汽车制造、微电子、家用电器、通信设备等资本、技术密集型产业集中。外资企业的先进技术对劳动力有替代作用，并且对劳动者的素质提出了更高要求，从而对就业增长的直接贡献大幅减少。与此同时，外资企业通过与中国企业的各种连锁关系间接创造就业机会，产业的关联效应使得供货商、销售商、代理商创造了大量就业机会。此外，外资进入还促进了中国产业结构升级，第三产业迅速发展吸纳了大量劳动力，促进了劳动就业增长。

（五）推动公益事业

自改革开放到2009年，华侨华人、港澳同胞通过各种渠道捐赠国内公益事业的善款高达人民币700多亿元。[1]经过世界金融危机的考验，海外乡亲对家乡的赤子之情更加强烈，2010年一年时间仅闽籍海外侨胞、港澳同胞向福建省捐赠款物就折合人民币12.93亿元。[2]到2014年底，华侨华人、港澳同胞对福建省捐赠已经超过了249.61亿元。[3]根据2016年3月福建省人民政府侨务办公室（简称"侨办"）数据，自改革开放以来，海外侨胞、港澳同胞已累计为福建省公益事业捐赠人民币超过258亿元。其中，2015年全省累计接收海外侨胞、港澳同胞捐赠人民币8.66亿元。[4]

以福建为例，侨捐领域集中在教育、扶贫救灾和文化、医疗卫生等方面。2014年全省捐赠资金用于教育事业5.06亿元，占64.7%；卫生事业2,241万元，占2.9%；文体事业6,982万元，占8.9%；生产生活设施建设6,529万元，占8.4%；社

---

[1]《改革开放以来华侨华人港澳同胞捐赠国内公益事业700多亿》，发布时间：2009年12月4日，《中国日报》广东记者站，http://www.chinadaily.com.cn。
[2]《福建籍海外侨胞去年捐赠家乡公益事业近13亿元》，发布时间：2011年2月10日，中国新闻网，http://www.chinanews.com。
[3]《2014年侨捐公益事业持续发展》，发布时间：2015年3月3日，福建侨网，http://www.fjqw.gov.cn。
[4]陈鸿鹏：《省侨办披露改革开放以来福建侨捐大数据：超258亿元》，《福建侨报》2016年2月24日。

会事业1.17亿元，占15%；救灾100万元，占0.1%。①

（六）增加中小企业融资

移民汇款是沿海各省市中小企业的重要资金来源之一。这一现象在福建、浙江、广东等省的侨乡尤为突出。早在新中国成立后不久，政府就提出要积极利用移民汇款为国家建设做贡献，鼓励侨乡侨眷及侨胞将移民汇款投入生产或者向国家投资公司入股。当时很多家庭迫于生活压力没有余力进行市场投资。由于缺少相关政策的引导，民间移民汇款缺乏投资渠道，大量移民汇款成为闲置资金。

在认识到移民汇款在经济发展中可能产生的积极作用后，各地政府纷纷出台了一系列政策办法鼓励利用移民汇款投资。改革开放以来，截至2009年，作为中国最大侨乡之一的福建累计批准侨商（包括港澳）投资项目27,000多家，吸引侨资470多亿美元，占引进外资的67%。②到2012年底，福建实际利用外资（按验资口径）857.53亿美元，其中侨资占76.21%。③侨资已是福建引进外资的主体，侨资企业④已经成为福建外向型经济发展的重要支柱。

泉州是福建最有代表性的侨乡之一。根据泉州市外经贸部门统计，1978—2012年，泉州累计批准设立侨（外）商投资企业12,738家，投资总额493.5亿美元，合同外资金额312.43亿美元，实际利用侨（外）资269.97亿美元。其中，港澳资企业9,280家，投资总额276.74亿美元，合同外资210.22亿美元；台资企业1,438家，投资总额30.83亿美元，合同外资21.41亿美元；东南亚华侨华人投资1,333家，投资总额40.59亿美元，合同外资28.31亿美元。港澳台侨资总额及其合同外资约分别占到泉州外商投资总额的70.55%和83.2%。⑤

随着全球化日益深化和资本日益国际化，一些经济实力雄厚的闽籍华侨华人，其资本已经融合于中国港澳台地区和其他国家或地区之中。在"三资"企业中，也有不少是华侨华人和港澳台同胞的资金融合在一起的，有的分不清是海外华侨、

---

① 《2014年侨捐公益事业持续发展》，发布时间：2015年3月3日，福建侨网，http://www.fjqw.gov.cn。
② 《"金融海啸"来势猛福建侨资企业陷困境》，发布时间：2009年1月13日，中国中央电视台新闻网，http://news.cctv.com/china。
③ 《福建以"侨"带路21世纪海上丝路建设》，发布时间：2014年5月27日，中国新闻网，http://www.chinanews.com.cn。
④ 对于侨资企业的界定，各地政府都有其特殊的规定。如北京市人民政府就认为，只要是港澳同胞和海外侨胞在北京兴办的合作、合资、独资企业都是侨资企业。而泉州隶属福建省，《福建省保护华侨投资权益若干规定》（2002年修正）中就明确规定，华侨投资者用于投资中国境内获得的收益系在本省投资的，视为华侨投资。参见张赛群：《中国侨务政策研究》，知识产权出版社，2010年，第102页。
⑤ 泉州市外侨办国外科：《新形势下泉州引进利用侨资的问题调查和对策建议》，《2013—2014年侨务课题调研论文汇编》，福建省人民政府侨务办公室内部资料，2015年，第147页。

外籍华人还是港澳台同胞资本,形成了"侨引台、侨引外,侨中有港澳台,外港澳台中有侨"的格局。

(七)影响消费和需求

移民汇款汇回家乡的首要目的就是赡养家庭,满足家庭成员基本消费。事实证明,发展中国家移民汇款中用于消费的比例远高于用于投资的比例。中国移民汇款的主要消费用途有购买食物及各种生活用品、购买土地、修缮房屋等。侨乡侨眷对移民汇款的消费性依赖较强。从侨乡居民的日常起居也可以看出移民汇款被大量用于修盖房屋、修建公路和桥梁等。扩大内需是中国经济增长的重要动力,而移民汇款对消费具有直接促进作用。通过消费乘数效应,移民汇款对经济增长的影响也将进一步扩大。移民汇款拉动了侨民和侨乡侨眷的购买力,带动了侨乡经济增长。

(八)影响减贫和分配

早期移民活动成本较高,并不是每个家庭都能够支付移民出国费用,只有经济条件较好的家庭才有能力承担移民相关开销。因此,最初的移民汇款主要是汇入沿海城市一些较富裕家庭,实际上会导致收入分配恶化:贫困家庭没有能力外出打工,变得更加贫困;而富裕家庭找到移民出路变得更加富有。

不过这种现象很快有了改善。随着移民成本的下降,沿海省市许多贫困家庭也可以承担出国打工的费用,其移民汇款直接增加了贫困人口的收入,生活在贫困线以下的人口数量减少,导致收入差距缩小,收入分配得到改善。因此,移民汇款作为一种稳定的收入来源,可以直接用于改善侨民家庭收入状况。当移民汇款用于提高贫困人口收入水平时,收入分配不平等现象也将得到极大改善。

福建省三明市明溪县是福建省重要的侨乡之一。1979年该县的人均年收入不到人民币160元,2007年人均年收入已经超过人民币1万元,成功从贫困的山区县城发展为新兴侨乡。总结该县经济迅速发展的原因可以发现,2007年该县出国务工人数已经达到全县人口总数的约15%。正是移民汇款帮助明溪县实现了创收,摆脱了贫困的处境。

(九)支持灾后重建

面对国内突发自然灾害,华侨华人总是"路远先飞",在第一时间伸出援手,在救灾过程中屡屡争先。2008年5月12日四川省汶川县发生特大地震灾害,造成了严重的人员伤亡和经济损失。地震发生后,全球华侨华人通过各种媒体时刻关注着灾区的情况。他们踊跃向灾区捐款捐物,自发组织抢险队、医疗队、志愿者队伍开赴灾区,通过各种方式、多种渠道向灾区奉献爱心。据不完全统计,不到一个月时间，截至6月1日17时，全球华侨华人通过涉侨部门、驻外机构、中国红十字会、慈善总会等各种途径为中国抗震救灾捐赠款物约人民币11.33亿元。其中，由国务院侨务办公室（简称"国侨办"）直接接收的捐赠款物就达到了人民币2.19亿元（其中物资7,500万元）。[①]2010年8月8日凌晨，甘肃省甘南藏族自治州舟曲县发生特大山洪泥石流灾害。第二天由美国"美东华人社团联合总会"发起的为舟曲灾区捐款活动在纽约唐人街举行，当地百余侨团积极响应，在最短时间内集资募款，支援甘肃救灾行动。发起募捐不到2个小时，纽约的华侨华人捐款就达到5万美元。[②]

2010年6月闽西北遭遇特大洪灾。闻知家乡受到重大自然灾害，福建籍海外侨胞、港澳同胞在第一时间踊跃捐赠救灾，分别达到4亿多元和1.06亿元，有力支持了灾后重建。[③]

（十）助力人力资本积累

移民汇款对移民家庭的人力资本积累起到了重要作用。在改革开放初期，中国很多地区教育资源稀缺、医疗设施紧缺，严重阻碍了当地人力资本的积累和经济的长期发展。对于侨乡侨眷而言，移民汇款是一种直接收入，收款人享有自主支配权，可以直接用于改善侨眷教育和医疗卫生条件。近年来随着侨乡经济发展，家庭子女受教育程度明显提高，当地医疗条件也大有改善。此外，华侨华人心系家乡教育事业，一直保持捐资助学的优良传统，侨资办学在侨乡非常普遍，侨胞为家乡教育事业做出了重要贡献。

移民捐赠体现在方方面面，以教育为主，还包括文化、体育、医疗卫生、修桥造路、水利水电、养孤敬老、扶贫救灾、新农村建设、生产设备等。以福建省泉州市为例。2014年泉州侨捐5.24亿元，主要用在兴办公益事业，惠及教育、医疗卫生、交通、文化体育、社会福利等多个领域，其中大部分侨捐投向文化教育领域，共计3.64亿元，占侨捐支出的69%。[④]

[①]《全球华侨华人支持中国抗震救灾的情况》，发布时间：2008年6月2日，国务院新闻办公室，http://www.scio.gov.cn.

[②]《救灾提速！华侨华人"路远先飞"》，发布时间：2010年8月11日，新浪网财经频道，http://finance.sina.com.cn.

[③]《福建籍海外侨胞去年捐赠家乡公益事业近13亿元》，发布时间：2011年2月10日，中国新闻网，http://www.chinanews.com.

[④]《福建泉州去年获侨捐5.24亿元，近7成惠及文教领域》，发布时间：2015年2月25日，中国侨网，http://www.chinaqw.com.

二、移民汇款对中国经济的负面冲击

（一）导致实际汇率上升

中国经济体量很大，移民汇款所占比例相对很小，对宏观经济的影响十分有限。然而，与其他国家（地区）的移民汇款一样，既具有重要的积极作用，也存在不利影响，其中最应该引起关注的依然是造成货币升值压力，威胁宏观经济安全。其一，移民汇款流入与实际汇率之间存在相互影响关系；其二，移民汇款流入存在人民币实际汇率升值效应，从而可能产生削弱中国制造业部门出口竞争力的负面效应；其三，实际汇率变动同样也会影响移民汇款流入。尤其自2003年以来（截至2015年），人民币一直处于升值压力，"国际热钱"亦寻求各种可能的渠道进入，以赚取人民币升值之超额利润。移民汇款在2003年以来的大幅上升可能成为"国际热钱"进入的渠道之一。于是，人民币升值预期、侨居国货币贬值预期、国内利率高于海外主要经济大国，以及华侨华人侨居国利率和国内资产市场（股市和房地产等）上涨预期等因素，将吸引移民汇款更多地流入国内。而人民币贬值预期、国内利率低于海外主要经济大国，以及华侨华人所在国利率和国内资产市场（股市和房地产等）下跌预期，将使移民汇款减少流入，此前已经流入的移民汇款也会流出。[1]

1998年，经常转移项目下其他部门的科目收入比上年减少5.16亿美元，降幅10.3%，相当程度上就是因为1997年亚洲金融危机、人民币贬值预期"黑云压城"，驱使移民汇款减少流入、加快流出。由于中国经受住了金融危机的冲击，国内利率较高，以及出现人民币升值预期，2000—2004年，该科目收入连续5年增长30%以上，最高增幅达52.5%。[2] 正是由于移民汇款流动显著，外汇局在发布"2004年中国国际收支平衡表"的新闻通稿中还专门指出："2004年，经常转移顺差规模达到228.98亿美元，同比增长30%，大大高于往年水平。其中，经常转移收入243.26亿美元，支出14.28亿美元。我国居民个人来自境外的移民汇款增长，是经常转移呈现大幅顺差的主要原因。"2007和2008年，增幅分别为35.2%和23.2%。

职工报酬流向也有类似趋势，只不过由于许多海外务工人员承担的养家责任更重，能够运用的理财工具也相对有限，这种营利动机下的变动趋势没有如

---

[1]《福建泉州去年获侨捐5.24亿元，近7成惠及文教领域》，发布时间：2015年2月25日，中国侨网，http://www.chinaqw.com。
[2] 梅新育：《防止侨汇变"热钱"》，《大经贸》2009年第8期。

此显著而已。1998年，在金融危机冲击下，中国职工报酬收入锐减41.6%，只有9,700万美元，但次年便开始连续大幅度增长。1999—2005年历年增幅在38.4%—126.9%。2007、2008年增幅分别为58.2%和33.7%，很大程度上归因于全球性金融危机而国内相对稳定，海外务工者为了避险和追求更高收益而更多地把钱汇回国内。"侨汇"和"职工报酬"的突然放大，对中国宏观管理构成了类似于"热钱"的冲击。而"热钱"素有不稳定的恶名，名声更差的是其顺周期性。当经济增长加快甚至过热时，资本流入可能会增加净投资，进一步刺激经济发展。当局势变化，经济开始放缓，或国家面临金融风险，"热钱"就撤离，加剧恶化的局面。

（二）导致出口减少

如上所述，移民汇款还会造成进口增加、出口减少等负面影响。早在20世纪80年代，中国在重点海外移民地区和侨乡就设有"侨汇商店""侨汇供应专柜"，专门为侨民、侨乡侨眷、港澳台同胞，以及来华外国人等提供商品购买服务。出售的商品有国产商品，还包括国外进口消费品，如进口电视机、录音机等奢侈品，且规定只有使用侨汇券才能购买。为解决侨汇商品供应不足问题，我国政府还组织进口以满足侨汇户对进口品的需求。这种政策的主要目的虽然是为了规范移民汇款的使用，维护市场秩序，但是同时增加进口，对国际收支产生不利影响。如今这种政策已经被废除，进口商品却依然成为很多侨户的重要消费选择之一。有些侨民会将国外产品作为"实物侨汇"带回家乡，无形中不仅会改变我国移民家庭的购买倾向，还会对周围家庭的消费习惯造成影响。

移民汇款作为一种直接的外汇收入，一方面会增加经常转移和职工报酬账户余额，有利于平衡国际收支；另一方面会造成人民币升值压力，不利于出口，对国际收支产生负面影响。巨额海外移民汇款相当于大量外国货币涌入国内，而外币供给的增加会对人民币造成升值压力，其直接后果是以外国货币表示的国内出口商品价格上升，进而导致出口下降。而中国作为传统出口国家，2011年出口总额占GDP的比例达到了26.1%，由移民汇款引发出口减少，势必对中国经济增长造成不利影响。

（三）导致房价上涨

在宏观调控的大环境下，部分以逐利为主要目的的移民汇款部分流入与国家产业导向、宏观政策不相符的金属矿产、原材料、房地产等行业，一定程度上抵消了调控效应，产生了"类热钱"冲击，且给当地经济金融稳健运行带来了直接影响。如由于移民汇款资金加速流入，福清市房地产市场持续升温，侨乡房价涨势不减，加上侨民"落叶归根"思想根深蒂固，即使长期在外务工，也不忘回乡置业，导致侨乡房价远高于邻近地区。随着大量移民汇款资金积累增加，以投资为目的的置业开始占据主流。温州市文成县90%以上的店铺为侨胞所有。在房地产调控力度不断加大的背景下，文成县商品房均价从2010年的每平方米10,000元上涨至2011年15,000元，涨势不减。①

如上所述，以逐利为目的的移民汇款资金回国寻求投资出路，在前些年投资国内各地的水电站、宾馆业、矿产等项目后，近两年部分投资资金回流，开始关注侨乡本地的投资项目。

（四）导致劳动参与率降低

移民汇款的道德风险是指移民家庭收入的增加可能会导致劳动供给减少。就移民家庭而言，在家庭成员出国务工之前可能需要依靠所有劳动力的收入才能维持整个家庭的正常生活。由于移民多选择前往世界发达地区务工，移民汇款可能远远高于原本在国内的劳动所得。随着移民汇款的增加，一部分原本工作的移民家庭成员或许会丧失劳动积极性，因而减少劳动时间或者直接退出劳动市场，用移民汇款替代劳动收入。在闽南侨乡曾流传"嫁侨吃侨，快乐逍遥"这样一句俗语。这句话来源于侨乡侨眷过度依赖海外移民汇款而自己常年不劳动。这将直接造成市场劳动参与率降低，从整体来看将会影响劳动供给，最终危害经济长期发展。

第五节 相关政策措施

一、外商投资法律制度

中国鼓励外国投资者依法在中国境内投资，并依法保护外国投资者和外商投资企业的合法权益。中国一直坚持在法制轨道上利用外资。改革开放初期，中国先后制定了《中华人民共和国中外合资经营企业法》《中华人民共和国外资企业法》《中华人民共和国中外合作经营企业法》（统称"外资三法"），奠定了国家吸引外资的法律基础。此后，为适应利用外资的发展需要，中国不断建立健全外商投资法律制度，对稳定外国投资者信心、改善投资环境起到了十分重要的作用。

---

① 叶正积：《温州侨汇变身"类热钱"》，发布时间：2011年7月28日，新浪网财经频道，http://www.sina.com.cn。

2019年3月15日,第十三届全国人民代表大会二次会议表决通过《中华人民共和国外商投资法》(以下简称"外商投资法"),取代"外资三法"成为中国外商投资领域新的基础性法律。该法确立了中国新型外商投资法律制度的基本框架,明确对外商投资实行"准入前国民待遇加负面清单"的管理制度,进一步强化投资促进和投资保护。2019年12月,国务院制定公布《中华人民共和国外商投资法实施条例》,细化了"外商投资法"确定的主要法律制度。"外商投资法"及其实施条例已经于2020年1月1日起施行,外商投资将拥有更加稳定、透明、可预期和公平竞争的市场环境。

二、侨务法制建设

改革开放以来,我国的的侨务法制建设取得了很大成就。

第一,从中央到地方制定了一些专项涉侨法律、行政法规、地方性法规及部门规章,规定了诸如华侨回国定居,引进侨资、技术、设备与人才,以及华侨教育、婚姻、收养、出入境、墓葬等内容。例如:《中华人民共和国归侨侨眷权益保护法》规定了华侨回国定居、安置、在国内接受义务教育等问题;上海、广西等地方制定了关于华侨捐赠的条例;国侨办、民政部等部委联合发布的《关于制止和惩处盗掘华侨祖墓的违法犯罪活动的联合通知》规定了保护华侨祖墓。

第二,部分规范性文件则根据华侨的特点作了专项规定。我国宪法第五十条规定:"中华人民共和国保护华侨的正当的权利和利益,保护归侨和侨眷的合法的权利和利益"。《中华人民共和国国籍法》《中华人民共和国公益事业捐赠法》《婚姻登记条例》分别规定了华侨国籍的确认、取得、恢复与退出,华侨国内捐赠兴办公益事业问题,华侨与国内公民的结婚、离婚问题,等等。改革开放以来,主要侨乡省市都相继颁布了有关鼓励和规范华侨捐赠公益事业的法律法规。

捐赠如1990年出台的《福建省华侨兴办公益事业管理条例》(2010年修订),2003年出台的《福建省华侨捐赠兴办公益事业表彰办法》,1997年出台的《广东省华侨捐赠兴办公益事业管理条例》,2005年出台的《广东省华侨捐赠公益事业项目监督管理办法》,2000年出台的《江苏省华侨捐赠条例》,1995年出台的《浙江省华侨捐赠条例》(2004年修订),等等。这些条例法规主要对捐赠人的权利、受赠人的义务、监管部门及其职责、责任追究等进行了规范。从具体内容来看,在表彰捐赠人、拓展捐赠人的权利、严格申报制度、明确支持捐赠项目,进一步规范捐赠项目的立项、使用和管理等方面,对中央相关政策均有若干发展。[①]

---

① 张赛群:《新中国华侨捐赠政策演变及其特征分析》,《广东社会科学》2013年第2期。

第三，部分规范性文件对华侨与国内其他公民共性的权益，规定实行国民待遇，如《中华人民共和国全国人民代表大会和地方各级人民代表大会选举法》明确华侨作为中国公民具有选举权和被选举权，2020年颁布的《中华人民共和国民法典》为海外侨胞和归侨侨眷在境内从事民商事活动提供了法律遵循，为华侨和归侨侨眷在境外开展民商事活动可以提供准据法依据为贯彻执行涉侨法律法规提供了法律依据，为保护侨胞和归侨侨眷民商事权益提供了重要制度保障。

三、海外汇款管理

与侨汇管理直接相关的就是个人外汇管理。为便利个人外汇收支活动，我国外汇局不断改进管理方式。多年来，个人外汇管理经历了从严格管制到逐步放开，从限制个人购汇到基本满足个人用汇的发展历程。

在国家外汇资金短缺时期，国家要求个人应及时将在境外取得的外汇收入调回境内，鼓励华侨将外汇资金汇入境内；同时，对个人外汇支出加以严格限制，只在规定允许的方面给予少量用汇。外汇管理体制改革后，随着我国对外开放的扩大和居民生活水平的提高，根据国际收支状况，对于个人外汇收支的管理也不断变化：个人因私购汇的手续和凭证要求逐渐简化，购汇额度不断提高，供汇范围也不断扩大；个人可在异地办理外汇业务，审批权限也逐步从外汇局下放到银行，并对个人开展对外贸易外汇收支给予一定便利，以不断满足个人经常项目下合理的用汇需求。

目前对于个人结汇和境内个人购汇实行年度总额管理。年度总额分别为每人每年等值5万美元。外汇局可根据国际收支状况对年度总额进行调整。对于个人开展对外贸易产生的经营性外汇收支，视同机构按照货物贸易的有关原则进行管理。另外，随着近年来出国留学、移民人员的增多，境内个人在境外买房、投资等方面的需求增加，境外个人在境内买房、购买股权等行为也时有发生。对于这些资本项下的外汇交易行为，则按照资本项目的管理原则和相关政策办理。

（一）个人汇款

目前，个人外汇流入、流出管理仍带有外汇资金短缺时期宽进严出管理的痕迹。个人从境外收入的外汇可直接在银行办理入账手续；境内个人从外汇储蓄账户向境外汇出外汇用于经常项目支出的，当日累计等值5万美元以下（含）的，直接在银行办理；超过等值5万美元的，凭规定的证明材料在银行办理；境外个人从外汇储蓄账户向境外汇出外汇用于经常项目支出的，直接在银行办理。[①]

[①] 外汇局经常项目管理司：《个人外汇管理逐步放开》，《中国外汇》2014年第23期。

(二) 个人结售汇

对于个人结汇和境内个人购汇实行年度总额管理：年度总额以内的，直接在银行办理；超过年度总额的，经常项下凭规定的证明材料在银行办理。境外个人购汇主要是审核其人民币来源的真实性和合法性。境外个人购汇时，对于当日累计兑换不超过等值500美元（含），以及离境前在境内关外场所当日累计不超过等值1,000美元（含）的兑换，可直接办理；超过上述额度的，凭相关证明材料在银行办理。①

(三) 个人账户

个人账户不再区分现钞账户和现汇账户，统称为个人外汇储蓄账户，统一管理。个人外汇储蓄账户的开立、使用、关闭等业务均在银行直接办理。本人及其直系亲属（父母、子女和配偶）账户中的资金可在银行办理境内划转。个人从事对外贸易可开立个人外汇结算账户，视同机构外汇账户进行管理。

(四) 个人外币现钞

个人外币现钞业务主要包括存入、提取、汇出和携带。个人向外汇储蓄账户存入外币现钞当日累计金额在等值5,000美元以下（含）的，直接在银行办理；超过等值5,000美元的，凭规定的证明材料在银行办理。个人提取外币现钞当日累计金额在等值1万美元以下（含）的，在银行直接办理；超过等值1万美元的，须经外汇局审核。个人手持外币现钞汇出境外用于经常项目支出，当日累计金额在等值1万美元以下（含）的，直接在银行办理；超过等值1万美元的，凭规定的证明材料在银行办理。对于个人携带外币现钞入境实行限额申报制管理，携入金额在等值5,000美元以下（含）的，无须向海关办理申报；超过等值5,000美元的，须向海关办理申报手续。携带外币现钞出境实行指导性限额管理，携出金额在等值5,000美元以下（含）的，可直接携出；携出超过等值5,000美元的，应申领《携带外汇出境许可证》；超过等值1万美元的，原则上不允许携带出境。②

(五) 支付机构跨境电子商务外汇支付

2013年，推出支付机构跨境电子商务外汇支付业务试点工作，试点支付机构可为电子商务客户集中办理项下的跨境收付汇和结售汇。为完善个人结售汇管理，防范和遏制个人以分拆手段规避年度总额管理，逐步实现个人结售汇交易主体的

---

① 外汇局经常项目管理司：《个人外汇管理逐步放开》，《中国外汇》2014年第23期。
② 外汇局经常项目管理司：《个人外汇管理逐步放开》，《中国外汇》2014年第23期。

分类监管，对分拆结售汇的个人实行"关注名单"管理。外汇局要求银行定期筛查涉嫌分拆结售汇业务的客户名单，列入"关注名单"管理。被银行列入"关注名单"的个人，自列入之日起当年及之后2年内，不能在该行办理电子银行个人结售汇业务，通过柜台办理业务时，应比照超过年度总额的结售汇要求审核相关证明。

四、汇款方式创新

传统汇款方式已显示出其局限性。随着留学生人数增加，新移民文化程度大幅提高，从事高等教育、科研和其他专业技术工作（如医生、律师）的人数迅速增加。特别是20世纪90年代以来，大批福建人以投资移民和技术移民的方式到美国、欧洲和南美洲，从事餐饮、装修、制衣、皮革加工、贸易和超市，经营收入状况较以往有较大改善。面对新移民的特点，无论对侨汇来源国还是收款国来说，传统侨汇方式成本相对高昂，显示出越来越大的局限性。在中国主要有超过25家银行经营移民汇款支付业务，邮局和信用社发挥的作用相比要小得多，而小额信贷机构还没有真正参与过中国的汇款市场。中国邮政储蓄银行2006年美元收汇达到160万笔，总金额达到23亿美元。根据德意志银行查询系统统计，仅中国银行、中国工商银行、中国农业银行、交通银行等4家银行每年通过德意志银行汇到中国境内的汇款量即超过100万笔；每天约有5,000笔美元汇款通过德意志银行汇到中国境内各大银行。国际银邮电子汇款业务在业务性质上等同于国内其他专业外汇银行提供的银行电汇（简称T/T），均为银行间跨境入账汇款，在境外采取全球银行通用的标准资金汇款路径和清算方式，具有同样的安全性和速度；全球高度发达的银行资金传输网络使用户汇款收款不再受地域和营业网点的限制；汇款信息全球处理电子化，从中国邮政汇出的汇款24—48小时内即可通汇全球200多个国家（地区）的绝大多数银行机构（近20,000家），直接汇入收款人的账户。汇款方式为现金到账、账户转账。

总部位于美国的西联金融服务公司（Western Union Financial Services）2006年与中国邮政和中国农业银行建立了电汇合作关系，后两者在中国拥有2.5万个网点。另一家美国公司速汇金国际也一直寻求通过与当地银行合作以拓展其中国业务。[1]到2008年，仅福建省内就有9家银行推出国际速汇业务。最早进入福建的国际速汇

---

[1]《华人海外汇款的"快速通道"》，发布时间：2006年3月8日，《金融时报》中文网，http://www.ftchinese.com。

巨头——西联汇款公司联合了中国邮政储蓄银行、中国农业银行和光大银行，速汇金已与中国工商银行、中信银行、交通银行、兴业银行等开展合作。中国银行福建省分行则联手BTS推出了侨汇通，中国建设银行福建省分行联合了银星速汇。国际速汇公司的网点都依托于银行，也有银行网点做成了速汇旗舰店。福建是全国著名侨乡，从国外向境内汇款的市场需求十分庞大，电汇、外币汇票等业务已满足不了市场。这是速汇快速扩张的主要原因。由于侨居国外及在国外就业的福建人众多，全球进入中国的个人外汇款有一半流入福建。正是如此巨额的个人汇款流入，使国际速汇公司圈定福建市场。21世纪初，福建省每年均有大量侨汇通过正常或其他渠道汇（带）入，每年从海外汇入福建省的侨汇在200亿元以上。如果加上通过随身携带现金等形式流入的资金，福建省因私涉外收入远远超过这个数。到2012年，速汇金国际与中国银行、中国工商银行、交通银行、中信银行等十多个金融机构开展了合作，为客户提供便捷安全的汇款收款服务。截至目前，速汇金国际服务网络已覆盖全国14,000多个营业网点，海外汇款人在汇款到中国时可以选择美元、英镑、欧元或澳元，在中国的客户即可以相应货币收款。

未来移动技术将在中国的汇款市场中发挥越来越大的作用，互联网和手机银行等虚拟网络支付则可以有效节约成本。2011年开始，在逐步放宽个人用汇政策的同时，中国鼓励银行业务创新，拓展个人结售汇渠道。个人可通过网上银行、自助终端、电话银行等电子银行渠道办理个人结售汇业务。截至2014年10月底，全国已开办电子银行个人结售汇业务的银行共15家，电子银行渠道个人结售汇业务量增大，占比超过55%。[①]2013年，推出支付机构跨境电子商务外汇支付业务试点工作，试点支付机构可为电子商务客户集中办理项下的跨境收付汇和结售汇。

第六节　面临的主要挑战

一、汇款成本偏高

世界银行公布的2010年数据显示，从海外通过银行、汇款公司和其他渠道向中国每汇款200美元平均需要支付13.83、8.87和10.81美元，平均为11.17美元

---

① 外汇局经常项目管理司：《个人外汇管理逐步放开》，《中国外汇》2014年第23期。

（包括手续费、货币兑换费用等）。（见表5-7）相比之下，印度的收款总额要高于中国，但付出的平均成本却比中国低得多，只有7.56美元。日本是向中国汇款成本最高的国家，每汇款200美元的平均费用达18.1美元，接近汇款额的1/10；而另一近邻韩国的收费则比较"公道"，只需7.7美元。（见表5-7）与其他国家不同，到中国的侨汇通过银行渠道的比例要明显高于汇款公司渠道；而印度、墨西哥、菲律宾等主要收款国，通过银行渠道的比例要低于汇款公司渠道，或两者差别不大。从世界平均水平看，银行渠道低于国际汇款公司渠道。

表5-7 由各主要侨汇来源国汇款至中国的汇款成本

（单位：%）

来源国	200美元 银行	200美元 汇款公司	200美元 其他渠道	500美元 银行	500美元 汇款公司	500美元 其他渠道
美　国	9.50	6.92	7.89	3.80	3.42	3.56
加拿大	8.53	6.03	7.10	4.43	3.18	3.72
澳大利亚	15.88	7.16	12.39	8.25	4.35	6.69
法　国	18.17	7.87	13.84	7.65	4.75	6.56
德　国	19.73	9.70	12.61	8.29	5.42	6.15
意大利	—	10.95	10.95	—	4.97	4.97
日　本	24.86	10.65	18.71	10.52	6.43	8.75
新西兰	9.59	6.99	8.03	4.21	3.76	3.94
新加坡	8.02	6.80	7.07	3.42	2.90	3.02
韩　国	6.22	10.18	6.68	2.85	6.98	3.34
西班牙	—	14.77	14.77	—	8.60	8.60
英　国	17.77	8.39	9.73	7.77	5.11	5.49
平均值	13.83	8.87	10.81	6.12	4.99	5.40

数据来源：World Bank, World Bank's Global Remittance Price Database, 2010, http://remittanceprices.worldbank.org.

二、市场透明度不足，缺乏竞争

第一，各家境外侨汇公司，尤其是速汇公司巨头凭借其国际背景，利用国内同业竞争激烈缺乏信息共享等现状，与国内金融机构签署协议时附加了许多不利条款，要求中国代理方除其一方外不得代理其他类似机构的业务，但自己却与国内其他金融机构继续签署合作协议。境外侨汇公司通过这种专营协议达到在部分区域形成垄断经营的目的。如在著名侨乡福清市，中国农业银行、福建海峡银行就分别专门与国际速汇巨头西联汇款公司签署合作协议；而中国工商银行、中国银行、交通银行、兴业银行则分别与国际速汇巨头速汇金签署合作协议。这就造成该市不少村镇的侨汇被汇款公司垄断的局面。

第二，部分潜在的侨汇服务提供商，因信息不对称，认为侨汇账户结余少、风险高，业务范围狭窄，不愿意开展侨汇业务，由此加剧了市场缺乏竞争的格局。

第三，缺乏透明度，这也是影响市场效率的重要因素。

三、对移民汇款监管过于分散

目前中国对国际汇款公司仍比较缺乏有效监管，如西联汇款公司在北京市设立的代表处，由中国银监会批准；速汇金公司在上海市设立的代表处，由商务部按照外国企业驻华代表处管理办法批准；通济隆（Travelex）全球及金融服务有限公司北京代表处，则是由国家工商管理总局核准登记。[1]由于上述国际汇款公司（TMO）在华代表处都不属于中国境内金融机构，对其合规职责缺乏明确规定，因而金融监管部门难以进行有效监管。目前速汇业务因其方便快捷容易成为不法分子的洗钱渠道，致使该业务发展存在一定程度的制约，导致侨汇成本增加。监管措施滞后客观上也造成侨汇受到不应有的限制，增加了汇款成本。

四、相关监管制度不健全

反洗钱是指为了预防通过各种方式掩饰或隐瞒毒品犯罪、黑社会性质的组织犯罪、恐怖活动犯罪、走私犯罪、贪污贿赂犯罪、破坏金融管理秩序犯罪、金融诈骗犯罪等犯罪所得及其收益的来源和性质的洗钱活动，依照反洗钱相关法规制定采取相关措施的行为，是政府动用立法、司法力量，调动有关的组织和商业机构对可能的洗钱活动予以识别，对有关款项予以处置，对相关机构和人士予以惩罚，从而达到阻止犯罪活动目的的一项系统工程。根据2006年10月全国人民代表大会常务委员会颁布的《中华人民共和国反洗钱法》，国务院反洗钱行政主管部门负责全国的反洗钱监督管理工作。国务院有关部门、机构在各自的职责范围内履行反洗钱监督管理职责。反洗钱行政主管部门和其他依法负有反洗钱监督管理职

---

[1] 外汇局经常项目管理司：《个人外汇管理逐步放开》，《中国外汇》2014年第23期。

责的部门、机构履行反洗钱职责获得的客户身份资料和交易信息，只能用于反洗钱调查。

国际汇款公司反洗钱内控制度还有待健全，客户身份识别制度还不完善，客户身份信息资料的相关规定不够完整等问题，给移民汇款带来了一定风险。如在反洗钱工作中未针对有洗钱恐怖融资风险特征的客户及业务关系或者交易制定相应的身份识别措施，客户身份资料识别及交易记录保存等环节操作不规范，致使反洗钱工作人员难以准确判断交易是否正常，给侨汇工作带来不必要的麻烦。部分海外移民未采用正规银行渠道汇款，不谙相关侨汇法律或进行一些不合规，甚至违法操作，导致汇款损失。

结　论

在过去50多年里，各发展中国家收款国的实践充分展示了移民汇款与经济发展之间关系的复杂性和差异性，目前存在的两极化观点不利于理论的健康发展，简单、盲目的乐观或悲观都不可取。

移民汇款对发展中国家收款国经济发展的影响在不同地区、不同时间、不同国家的表现存在差异：既有程度上的差异，也有方向上的差异（积极作用和负面影响）。只有承认这些差异和变化才是真正客观科学的态度。因此，既不能指责移民及其汇款无助于发展，也不要奢望移民及其汇款在没有任何吸引力的投资环境下能够促进经济腾飞。移民及其汇款往往为个人、家庭和社区带去相当大的福利。但移民及移民汇款毕竟不是能够解决结构性发展问题的"灵丹妙药"。

移民汇款对发展中国家收款国经济发展具有潜在积极作用，但这种潜在作用受到了各种条件的制约和限制，其影响的方向和程度随各种条件的变化而呈现出不同的结果。没有适当的制度环境和条件因素，没有相关的激励政策和措施，其积极作用不仅不能充分发挥，还可能出现负面影响。换句话说，移民汇款能够对经济发展做出何种程度上的贡献，取决于特定国家的制度环境和政策环境等条件因素。收款国良好的宏观经济政策和投资环境是利用汇款的重要前提。

因此，各国政府要清醒地认识到移民及其汇款的"潜在"积极影响，根据自己国家的具体特点，积极主动地将国际移民纳入其国家发展战略，制定并不断改善其国际移民制度、政策和措施，充分有效地利用移民汇款促进国家经济发展。

参考文献

一、中文

[1] IOM. 家政移民工人问题地区峰会报告[OL]. 2002-08-26, http://caramasia.gn.apc.org.

[2] 阿玛蒂亚·森. 以自由看待发展[M]. 任赜, 于真, 译. 北京：中国人民大学出版社, 2013.

[3] 丁志杰, 杨伟, 黄昊. 境外汇款是热钱吗？基于中国的实证分析[J]. 金融研究, 2008（12）：126—134.

[4] 范兆斌. 国际人口迁移与经济发展：新"智力流失"经济学视角[M]. 北京：经济科学出版社, 2015.

[5] 郭梁. 东南亚华人经济简史[M]. 北京：经济科学出版社, 1998.

[6] 郭梁. 中国的华侨华人研究与学科建设——浅议"华侨华人学"[J]. 华侨华人历史研究, 2003（1）：1—7.

[7] 国际劳工大会. 在全球经济中为移民工人谋求公平待遇——第92届会议报告六（中文版）[R]. 日内瓦：国际劳工组织, 2004.

[8] 国际移民组织, 联合国移民机构. 2020世界移民报告[R]. 中国华侨华人研究所, 译. 内部资料, 2020.

[9] 江永良. 利用海外华商投资问题的研究[J]. 发展研究, 2002（4）：9—11.

[10] 康晓丽. 论印度的海外印度人政策及其对中国侨务政策的启示[J]. 南亚研究, 2013（1）：127—144.

[11] 李国梁. 追寻华人移民足迹：历史与经济[M]. 北京：中国华侨出版社, 2021.

[12] 李鸿阶. 福建新华侨华人移动趋势及其对侨乡发展影响[A]. //东亚论文（总第80期）[M]. 新加坡：新加坡国立大学东亚研究所, 2010：1—13.

[13] 李明欢. 20世纪西方国际移民理论[J]. 厦门大学学报（哲学社会科学版）, 2000（4）：12—18.

[14] 李明欢. 欧洲华侨华人史[M]. 广州：暨南大学出版社, 2019.

[15] 李其荣. 华侨华人家国情怀与文化认同研究[M]. 北京：中国社会科学出版社, 2021.

[16] 李涛. 印度侨汇的地位、作用及发展前景[J]. 国际资料信息, 2008（10）：23—27.

[17] 李涛. 海外菲律宾人与菲律宾的社会经济发展[M]. 北京：社会科学文献出版社，2012.

[18] 梁在，诸冈秀树. 国际移民与发展：以中国为例[A]. 赵慧英，译. // 中国劳动经济学（第3卷第1期）[C]. 北京：中国劳动社会保障出版社，2007：25—45.

[19] 林晓东. 试论华侨华人和港澳同胞对祖国大陆的投资及其法律保护[J]. 华侨华人历史研究，2000（2）：28—33.

[20] 林勇. 国际侨汇对移民来源国经济发展的影响——国外主要观点综述[J]. 华侨华人历史研究，2011（2）：64—76.

[21] 林勇. 移民汇款对经济增长促进作用的实证检验——基于中国数据的分析[J]. 亚太经济，2017（5）：137—142.

[22] 刘进. 比较、借鉴与前瞻：国际移民书信研究[M]. 广州：广东人民出版社，2014.

[23] 刘轶男. 华人国际移民、侨汇与中国经济增长研究[D]. 复旦大学硕士学位论文，2013.

[24] 路阳. 菲律宾政府的海外菲律宾人政策探析[J]. 华侨华人历史研究，2014（3）：11—19.

[25] 梅新育. 防止侨汇变"热钱"[J]. 大经贸，2009（8）：12—13.

[26] 秦永红，胡兰. 国际劳工移民在南亚国家反贫困中的作用[J]. 南亚研究季刊，2010（4）：53—58.

[27] 丘立本. 从国际侨汇新动向看我国侨汇政策[J]. 华侨华人历史研究，2004（2）：8—20.

[28] 山岸猛. 地方的外汇管理与侨乡的外汇[J]. 司韦，译. 南洋资料译丛，2011（2）：67—77.

[29] 世界银行. 2006年全球经济展望：移民及其汇款的经济影响[M]. 北京：中国财政经济出版社，2006.

[30] 滕海区. 美国印裔族群与印度侨汇的发展[J]. 五邑大学学报（社会科学版），2012（1）：69—73.

[31] 童元昭. 群岛之洋：人类学的大洋洲研究[M]. 赵恩洁，译. 台北：商务印书馆，2009.

[32] 汪涛. 对外劳务输出：各国政府政策面面观[J]. 国际经济合作，2000（6）：13—17.

[33] 王辉耀，康荣平. 世界华商发展报告[M]. 北京：社会科学文献出版社，2018.

[34] 王敏云. 巧借移民汇款度经济衰退[N]. 国际金融报，2009-04-22.

[35] 吴国培, 王丽红, 吴卫锋. 我国侨汇成本情况调查研究——以福建省为例[J]. 福建金融, 2014（1）: 21—27.

[36] 吴丽君, 朱宇, 颜俊, 柯文前, 林李月. "一带一路"沿线国家或地区间人口迁移的空间格局及其演化特征[J]. 世界地理研究, 2022（2）: 249—258.

[37] 谢春凌. 国际游资流入我国的渠道、风险与应对策略[J]. 财经问题研究, 2012（5）: 41—47.

[38] 徐海燕. 吉尔吉斯斯坦政府动荡简析——"郁金香革命"的再现?[J]. 陕西教育学院学报, 2010（3）: 33—37.

[39] 杨宏云. 环苏门答腊岛的海洋贸易与华商网络[M]. 北京: 社会科学文献出版社, 2016.

[40] 杨权, 张宇. 移民汇款、实际汇率升值及"荷兰病"——基于中国的实证检验[J]. 世界经济研究, 2013（9）: 30—36.

[41] 袁丁, 陈丽园, 钟运荣. 民国政府对侨汇的管制[M]. 广州: 广东人民出版社, 2014.

[42] 袁丁. 跨国移民与近代广东侨乡[M]. 北京: 中华书局, 2019.

[43] 张春旺, 张秀明. 世界侨情报告（2020）[M]. 北京: 社会科学文献出版社, 2020.

[44] 张洁, 林勇. 发展中国家移民汇款减贫效应研究——基于跨国面板数据的实证检验[J]. 亚太经济, 2019（6）: 37—44.

[45] 张赛群. 中国侨务政策研究[M]. 北京: 知识产权出版社, 2010.

[46] 张赛群. 新中国华侨捐赠政策演变及其特征分析[J]. 广东社会科学, 2013（2）: 147—153.

[47] 张伟杰. 未来5—10年非洲华侨华人发展趋势及对策[J]. 侨务工作研究, 2010（6）: 37—39.

[48] 张秀明. 追逐梦想: 新移民的全球流动[M]. 北京: 中国华侨出版社, 2014.

[49] 张宇. 移民汇款对母国经济增长影响的研究[D]. 厦门大学硕士学位论文, 2014.

[50] 郑一省. 互动与网络: 多维视野下的海外华人与中国侨乡关系研究[M]. 广州: 世界图书出版公司, 2016.

[51] 庄国土等. 华侨华人分布状况和发展趋势[M]. 北京: 国务院侨务办公室政策法规司, 2011.

[52] 庄国土, 黄新华, 王艳. 华侨华人经济资源研究[M]. 北京: 国务院侨务办公室政策法规司, 2010.

二、英文

[1] Acosta, Pablo A., Cesar Calderon, Humberto Lopez, Pablo Fajnzylber. What Is the Impact of International Remittances on Poverty and Inequality in Latin America?[J]. World Development, 2008, 36 (1): 89-114.

[2] Acosta, Pablo, Emmanuel Lartey, Federico Mandelman. Remittances and the Dutch Disease[J]. Journal of International Economics, 2009, 79 (1): 102-116.

[3] Acosta, Pablo, Nicole Baerg, Federico Mandelman. Financial Development, Remittances, and Real Exchange Rate Appreciation[J]. Economic Review, 2009, 94 (1): 1-12.

[4] Adams R. H. Jr. Page, J. Do International Migration and Remittances Reduce Poverty in Developing Countries?[J]. World Development, 2005, 33(10): 1645-1669.

[5] Adams R. H. The Economic uses and Impact of International Remittances in Rural Egypt[J]. Economic Development and Cultural Change, 1991, 39(4): 695-722.

[6] Adela Shera, Dietmar Meyer. Remittances and their impact on Economic Growth[J]. Social and Management Sciences, 2013, 21(1): 3-19.

[7] Aggarwal R., Asli, D. K.,Peria, M. Soledad, M. Do Workers' Remittances Promote Financial Developmen?[OL]. World Bank, 2006, http://ssrn.com.

[8] Aggarwal, R. Demirgüç-Kunt, A. & Pera, M. S. M. Do Remittances Promote Financial Development?[J]. Journal of Development Economics, 2011, 96(2): 255-264.

[9] Agunias, Dovelyn Rannveig. Remittances and Development: Trends, Impacts, and Policy Options[OL]. Migration Policy Institute, 2006, https://www.migrationpolicy.org.

[10] Ahamada, I., & Coulibaly, D. Remittances and Growth in Sub- Saharan African Countries: Evidence from a Panel Causality Test[J]. Journal of International Development, 2013, 25(3): 310-324.

[11] Ahlburg DA. Migration, Remittances, and the Distribution of Income: Evidence from the Pacific[J]. Asian and Pacific Migration Journal, 1995, 4(1): 157-167.

[12] Alexi Gugushvili. The Development and the Side Effects of Remittances in the CIS Countries: The Case of Georgia[A]. // CARIM-East Research Report No. 29[C]. CARIM EAST – Consortium For Applied Research On International Migration Co-financed by the European Union, 2013.

[13] Amuedo-Dorantes, C. & Pozo, S. Remittances As Insurance: Evidence From Mexican Immigrants[J]. Journal of Population Economics, 2006, 19(2): 227-254.

[14] Amuedo-Dorantes, C. & Pozo, S. New Evidence on the Role of Remittances on Health Care Expenditures by Mexican Households[J]. Review of Economics of the Household, 2011, 9(1): 69-98.

[15] Aparna Mitra, Pooja Singh. Human Capital Attainment and Gender Empowerment: The Kerala Paradox[J]. Social Science Quarterly, 2007, 88(5): 1227-1242.

[16] Appleyard R. Migration and Development: Myths and Reality[J]. International Migration Review, 1989, 23(3): 486-499.

[17] Azmat Gani. Remittances and Growth in Small States of Oceania[J]. Journal of Money, Investment and Banking, 2011, 20: 5-9.

[18] Baker, Bryan, Nancy Rytina. Estimates of the Unauthorized Immigrant Population Residing in the United States: January 2012[OL]. Washington, DC: Department of Homeland Security, Office of Immigration Statistics, 2013, http://www.dhs.gov.

[19] Barajas, Adolfo, Ralph Chami, Connel Fullenkamp, Michael Gapen, Peter J. Montiel. Do Workers' Remittances Promote Economic Growth?[A]. // IMF Working Paper 153[C]. Washington, DC: International Monetary Fund, 2009.

[20] Batalova, Jeanne, Sarah Hooker, Randy Capps with James D. Bachmeier. DACA at the Two-Year Mark: A National and State Profile of Youth Eligible and Applying for Deferred Action[OL]. Washington, DC: Migration Policy Institute, 2014, http://www.migrationpolicy.org.

[21] Bettin, G., Zazzaro, A. Remittances and Financial Development: Substitutes or Complements in Economic Growth?[A]. // MOFIR Working Paper 28[C]. Money & Finance Research Group, 2009.

[22] Bichaka Fayissa & Christian Nsiah. Remittances and Economic Growth in Africa, Asia, and Latin American-Caribbean Countries: A Panel Unit Root and Panel Cointegration Analysis[M]. Department of Economics and Finance, Middle Tennessee State University, 2011.

[23] Buckley, C. & Hofmann, E. T. Are Remittances An Effective Mechanism for Development? Evidence from Tajikistan, 1999–2007[J]. Journal of Development Studies, 2012, 48(8): 1121-1138.

[24] Bugamelli, Matteo, Francesco Paterno. Do Workers' Remittances Reduce the Probability of Current Account Reversals?[J]. World Development, 2009, 37 (12): 1821-1838.

[25] C. Rodrigo, R. A. Jayatissa. Maximising Benefits from Labour Migration : Thailand, to the Gulf and Back[A]. // Studies in the Economic Impact of Asian Labour Migration[C]. New Delhi: ILO/ARTEP, 1989: 255-303.

[26] Carling J. Gender Dimensions of International Migration[J]. Global Commission on International Migration, Geneva, 2005.

[27] Castles S, Miller M.J. The Age of Migration[M]. Houndmills, Basingstoke, Hampshire, London: MacMillan Pres ltd, 2003.

[28] Castles, S.Why Migration Policies Fail[J]. Ethnic and Racial Studies, 2004, 27(2): 205-227.

[29] Catalina Amuedo-Dorantes, Susan Pozo. Worker's Remittances and the Real Exchange Rate: A Paradox of Gifts[J]. World Development, 2004, 32(8): 1407-1417.

[30] Catalina Amuedo-Dorantes, Susan Pozo, Carlos Vargas-Silva. Remittances and the Macroeconomy:The Case of Small Island[OL].2007, http://www.wider.unu.edu.

[31] Chami, R. , Fullenkamp, C. , Jahjah, S. Are Immigrant Remittance Flows a Source of Capital for Development?[J]. IMF Staff Papers, 2005, 52(1): 55-81.

[32] Chami, Ralph, Adolfo Barajas, Thomas Cosimano, Connel Fullenkamp, Michael Gapen, Peter Montiel. Macroeconomic Consequences of Remittances[A]. //IMF Occasional Paper No. 259[C]. Washington, DC: IMF, 2008.

[33] Chami, R. Hakura, D. & Montiel, P. Remittances: An Automatic Output Stabilizer?[A]. //IMF Working Papers[C]. Washington, DC: World Bank, 2009: 1-31.

[34] Chowdhury, M. B. Financial Development, Remittances and Economic Growth: Evidence Using a Dynamic Panel Estimation[J]. Journal of Applied Economic Research, 2016, 10(1): 35-54.

[35] Chowdhury, M. B. Remittances Flow and Financial Development in Bangladesh[J]. Economic Modelling, 2011, 28(6): 2600–2608.

[36] Christian Dustmann, Oliver Kirchkamp. The Optimal Migration Duration and Activity Choice after Remigration[J]. Journal of Development Economics, 2002, 6(7): 351-372.

[37] Christian Ebeke, Maëlan Le Goff. Why Migrants Remittances Reduce Income Inequality in Some Countries and Not in Others?[M]. The Centre d'Etudes et de Recherches sur le Développement International, CERDICNRS Université d'Auvergne, France, 2009.

[38] Christian Nsiah & Bichaka Fayissa. Remittances and Economic Growth in Africa, Asia, and Latin American- Caribbean Countries:A Panel Unit Root and Panel Cointegration Analysis[J].Journal of Economics and Finance, 2013, 37(3): 424-441.

[39] Colleen Thouez. Impact of Remittances on Development[J]. Selected Papers of the UNFPA Expert Group Meeting, Marrakech, Morocco, 2005: 41-55.

[40] Combes,J. L. & Ebeke, C. Remittances and Household Consumption Instability in Developing Countries[J]. World Development, 2011, 39(7): 1076-1089.

[41] Connell, John, Richard P.C. Brown. Remittances in the Pacific: An Overview[M] Manila: Asian Development Bank, 2005.

[42] Cox Edwards, A.,Ureta, M. International Migration, Remittances, and Schooling: Evidence from El Salvador[J]. Journal of Development Economics, 2003, 72(2): 429-461.

[43] De Haas H. Migration, Remittances and Regional Development in Southern Morocco[J]. Geoforum, 2006, 37(4): 565-580.

[44] De Haas H. International Migration, Remittances and Development: Myths and facts[J]. Third World Quarterly, 2005, 26(8): 1269-1284.

[45] Dean Yang, Hwa Jung Choi. Are Remittances Insurance?Evidence from Rainfall Shocks in the Philippines[J]. World Bank Economic Review, 2007, 21(2): 219-248.

[46] Dean Yang. Coping with Disaster: The Impact of Hurricanes on International Financial Flows, 1970—2001[A]. // Ford School of Public Policy Working Paper No. 3[C]. 2005.

[47] Dean Yang. International Migration, Remittances and Household Investment: Evidence from Philippine Migrants' Exchange Rate Shocks[J]. The Economic Journal, 2008, 118(4): 591-630.

[48] Department of Homeland Security, Office of Immigration Statistics. 2013 Yearbook of Immigration Statistics [R]. Washington, DC: DHS Office of Immigration Statistics, 2013.

[49] Dilip Ratha,William Shaw. South-South Migration and Remittances[A]. // World Bank Working Paper No. 112 [C]. Washington, DC: World Bank, 2007: 11-13.

[50] Dilip Ratha. Leveraging Remittances for Development[A]. // James F. Hollifield, Pia M. Orrenius, Thomas Osang. Migration, Trade and Development[C]. Dallas: Texas Federal Reserve Bank of Dallas, 2007: 173-185.

[51] Douglas. S. Massey, Emilio A. Parrado. International Migration and Business Formation in Mexico[J]. Social Science Quarterly, 1998, 79(1): 1-20.

[52] Edward Funkhouser. Migration from Nicaragua: Some Recent Evidence[J]. World Development, 1992, 20(8): 1209-1218.

[53] Ernesto. Lopez-Cordova, Alexandra Olmedo. International Remittances and Development: Existing Evidence, Policies, and Recommendations[A]. // Occasional Series Paper NO. 41 [C]. Institute for the Integration of Latin America and the Caribbean, 2006.

[54] Farid Makhlouf & Mazhar Mughal. Remittances, Dutch Disease and Competitiveness: A Bayesian Analysis[J]. Journal of Economic Development, 2013, 38(2): 67-97.

[55] Freund, Caroline, Nikola Spatafora. Remittances: Costs, Determinants, and Informality[A]. // Policy Research Working Paper No. 3704[C]. Washington, DC.: World Bank, 2005.

[56] Gamlen A. Diaspora Engagement Policies: What Are They, and What Kinds of States Use Them?[M]. Oxford: Centre on Migration, Policy and Society, University of Oxford, 2006.

[57] Gedeshi, H. Mara, Preni Xh. The Encouragement of Social-Economic Development in Relation to the Growth of the Role of the Remittances[M]. Centre for Economic and Social Studies, 2003.

[58] Ghosh B. Myth and Rhetoric and Realities: Migrants' Remittances and Development[R]. IOM and The Hague Process on Refugees and Migration, 2006.

[59] Gibson, Campbell J., Emily Lennon. Historical Census Statistics on the Foreign-born Population of the United States: 1850-1990[OL]. 1999, http://www.census.gov/population.

[60] Giuliano, P., Ruiz-Arranz, M. Remittances, Financial Development, and Growth[A]. //IMF Working Paper No. 234[C]. Washington, D. C.: IMF, 2006.

[61] Glytsos N. P. The Contribution of Remittances to Growth: A Dynamic Approach and Empirical Analysis[J]. Journal of Economic Studies, 2005, 32(6): 468-496.

[62] Ministry of Indian Overseas Affair Annual Report[OL]. 2011, https://www.india.gov.

[63] Guarnizo L, Portes A, Haller W. Assimilation and Transnationalism: Determinants of Transnational Political Action Among Contemporary Migrants[J]. American Journal of Sociology, 2003(108): 1211-1248.

[64] Gupta, Sanjeev, Catherine A. Pattillo, and Smita Wagh. Impact of Remittances on Poverty and Financial Development in Sub-Saharan Africa[J]. World Development, 2009, 37(1): 104-115.

[65] Halliday, Timothy. Migration, Risk and Liquidity Constraints in El Salvador[J]. Economic Development and Cultural Change, 2006, 54 (4): 893-925.

[66] Hatemin-J, A., Uddin, G. S. On the Causal Nexus of Remittances and Poverty Reduction in Bangladesh[J]. Applied Economics, 2013, 46(4): 374-382.

[67] Hayes G. Migration, Metascience and Development Policy in Island Polynesia[J]. The Contemporary Pacific, 1991, 3(1): 58.

[68] Hein de Haas. Remittances, Migration and Social Development: A Conceptual Review of Literature[R]. Geneva: United Nations Research Institutefor Social Development, 2007.

[69] Hein De Haas. Migration and Development: A Theoretical Perspective1[J]. International Migration Review, 2010, 44(1): 227-264.

[70] Hutchinson, Edward P. Legislative History of American Immigration Policy 1798-1965[M]. Philadelphia: University of Pennsylvania Press, 1981.

[71] Inoue T., Hamori, S. Do Workers' Remittances Promote Access to Finance? Evidence from Asia-Pacific Developing Countries[J]. Emerging Markets Finance and Trade, 2016, 52(3): 765-774.

[72] International Organization for Migration. World Migration Report[OL]. 2020, https://www.iom.int.

[73] Irma Adelman J. Edward Taylor. Is Structural Adjustment with a Human Face Still Possible?The Case of Mexico[J].Journal of Development Studies, 1992, 26(3): 387-407.

[74] J. Edward Taylor. International Migration and Economic Development[J]. International Symposium on International Migration and Development, Population Division Department of Economic and Social Affairs, United Nations Secretariat, 2006.

[75] Jean-Paul Azam, Flore Gubert. Migrant Remittances and Economic Development in Africa: A Review of Evidence[M]. Paris: University of Toulouse and Institut Universitaire de France, 2005.

[76] Jef Huysmans, Vicki Squire. Migration and Security[A]. // Dunn Cavelty, Myriam, Mauer, Victor eds. Handbook of Security Studies[C]. London: Routledge, 2009: 1-20.

[77] John Page, Jr. Richard H. Adams. International Migration, Remittances and Poverty in Developing Countries[A]. // World Bank Policy Research Working Paper No. 3179[C]. 2003.

[78] Jones R.C. Remittances and Inequality: A Question of Migration Stage and Geographical Scale[J]. Economic Geography, 1998, 74(1): 8-25

[79] Jongwanich, J. Worker's Remittances, Economic Growth and Poverty in Developing Asia and Pacific Countries [M]. Thailand: Economic and Social Commission for Asia and Pacific, 2007.

[80] Jorge D, William K. International Migration and Development in Mexican Cmmunities[J]. Demography, 1996, 33(2): 249-264.

[81] Junaid Ahmed & Inmaculada Martínez-Zarzoso. Blessing or Curse: The Stabilizing Role of Remittances, Foreign Aid and FDI to Pakistan[R]. Center for European, Governance and Economic Development Research, University of Göttingen, 2013.

[82] Kangni Kpodar, Maëlan Le Goff. Do Remittances Reduce Aid Dependency?[A]. // IMF Working Paper No. 246 [C]. 2011.

[83] Kapur, D. Remittances: The New Development Mantra?[A]. // G-24 Discussion Paper No.29[C]. United Nations Conference on Trade and Development, Geneva, 2004.

[84] Kate Hooper, Jeanne Batalova. Chinese Immigrants in the United States[OL]. 2020, http://www.migrationpolicy.org.

[85] Kevin Mellyn. Worker Remittances as a Development Tool: Opportunities for the Philippines[M]. Manila: Asian Development Bank, 2003.

[86] Kireyev, A. The Macroeconomics of Remittances: The Case of Tajikistan[A]. // Working Paper No. 2[C]. Washington, D. C.: International Monetary Fund, 2006.

[87] Korner H. International Labour Migration:Theoretical Considerations and Evidence from the Experience of the Mediterranean Sending Countries[J]. Pakistan Development Review, 1987, 26(4) : 723-734.

[88] Krishnan Sharma. The Impact of Remittances on Economic Insecurity[A]. // DESA Working Paper No. 78 [C]. 2009.

[89] Lipton M. Migration from the Rural Areas of Poor Countries: The Impact on Rural Productivity and Income Distribution[J]. World Development, 1980, 8(1): 1-24.

[90] Lopez-Cordova, Ernesto, Alexandra Olmedo. International Remittances and Development: Existing Evidence, Policies and Recommendations[OL]. 2006, http://www.iadb.org.

[91] Lucas, Robert E. B., Oded Stark. Motivations to Remit: Evidence from Botswana[J]. Journal of Political Economy, 1985, 93(5): 901-918.

[92] M. A.Leichtman, Transforming Brain Drain into Capital Gain: Morocco's Changing Relationship with Migration and Remittances[J]. Journal of North African Studies, 2002, 7(1): 109-137.

[93] M. Sayed Abou Elseoud. Do Workers' Remittances Matter for the Egyptian Economy?[J]. International Journal of Applied Operational Research, 2014, 4(1): 1-26.

[94] Mahboob Ul Hassan, Haider Mehmood, Muhammad Shahid Hassan. Consequences of Worker's Remittances on Human Capital: An In-Depth Investigation for a Case of Pakistan[J]. Middle-East Journal of Scientific Research, 2013, 14(3): 443-452.

[95] Maimbo. Migrant Labour Remittance in South Asia Region[A]. // World Bank Report No. 31577[C]. 2005.

[96] Mallick, H. Inflow of Remittances and Private Investment in India[J]. The Singapore Economic Review, 2012, 57(1): 1-22.

[97] Manuel Orozco, Globalization and Migration: The Impact of Family Remittances in Latin America[J]. Latin American Politics and Society, 2002, 44(2): 11-13.

[98] Maphosa, F. Remittances and Development: the Impact of Migration to South Africa on Rural Livelihoods in Southern Zimbabwe[J]. Development Southern Africa, 2007, 24(1): 123-136.

[99] Martin P. L, Taylor J.E. The Anatomy of a Migration Hump[A]. // Taylor, ed. Development Strategy, Employment, and Migration: Insights from Models[C]. Paris: OECD, Development Centre, 1996: 43-62.

[100] Martin, Daniel C., James E. Yankay. Refugees and Asylees: 2013 Annual Flow Report[OL]. 2014, http://www.dhs.gov.

[101] Matiur Rahman. Contributions of Exports, FDI and Expatriates' Remittances to Real GDP of Bangladesh, India, Pakistan and Sri Lanka[J]. Southwestern Economic Review, 2009, 36(1): 141-154.

[102] Md Shoaib Ahmed. Migrant Workers Remittance and Economic Growth: Evidence from Bangladesh[J]. ASA University Review, 2010, 4(1): 1-13.

[103] Merkle, Lucie, Klaus Zimmermann. Savings, Remittances, Return Migration[J]. Economic Letters, 1992, 38(1): 77-81.

[104] Milly Sil, Samapti Guha. Remittances and Microfinance in India: Opportunities and Challenges for Development Finance[J]. International Journal of South Asian Studies, 2010, 3(1): 82-101.

[105] Mina Mashayekhi. Impact of Remittances on Poverty in Developing Countries[J]. United Nations Conference on Trade and Development, Maxing The Development Impact of Remittances, 2011.

[106] Moises Ndeil V. Seriño, Visca Baybay City, Leyte. Effects of Remittances on Philipines Economy: A Cointegration Analysis[J]. Business & Economics Review, 2012, 21(2): 47-62.

[107] Mughal, M. Y., Ahmed, J. Remittances and Business Cycles: Comparison of South Asian Countries[J]. International Economic Journal, 2014, 28(4) : 513-541.

[108] Mundaca, D. Remittances, Financial Markets Development and Economic Growth: The Case of Latin America and the Caribbean[J]. Review of Development Economics, 2009, 13(2): 288-303.

[109] Nicole Hildebrandt, David J.McKenzie. The Effects of Migration on Child Health in Mexico[J]. Economia, 2005, 6(1): 257-289.

[110] Nyberg-Sorensen N, Van Hear N, Engberg-Pedersen P. The migration-development nexus evidence and policy options state-of-the-art overview[J]. International Migration, 2002, 40(5): 3-47.

[111] Osili, Una Okonkwo. Migrants and Housing Investments: Theory and Evidence from Nigeria[J]. Economic Development and Cultural Change , 2004, 52(4): 821-49.

[112] Pablo Acosta, Cesar Calderón, Pablo Fajnzylber, J. Humberto López. Do Remittances Lower Poverty Levels in Latin America?[A]. // Pablo Fajnzylber, J. Humberto López, eds. Remittances and Development: Lessons from Latin America[C]. Washington DC: World Bank, 2008: 87-132.

[113] Papademetriou DG. Illusions and Reality in International Migration: Migration and Development in post World War II Greece[J]. International Migration, 1985, 23(2): 211-223.

[114] Peter Gammeltoft, Remittances and Other Financial Flows to Developing Countries[J]. International Migration, 2002, 40(5): 181-211.

[115] Petrou, K., & Connell, J. Food, Morality and Identity: Mobility, Remittances and the Translocal Community in Paama,Vanuatu[J]. Australia Geographer, 2014, 48(2): 219-234.

[116] Poonam Gupta. Macroeconomic Determinants of Remittances: Evidence from India[J]. Economic and Political Weekly, 2006, 41(26): 2769-2775.

[117] Prachi Mishra. Macroeconomic Impact of Remittances in the Caribbean[R]. Unpublished Paper, Washington DC: IMF, 2005.

[118] Quartey, Peter,Theresa Blankson. Do Migrant Remittances Minimize the Impact of Macro-volatility on the Poor in Ghana[R]. Report Prepared for the Global Development Network, University of Ghana, Legon, 2004.

[119] Ratha D. Workers' Remittances: An Important and Stable Source of External Development Finance[A]. // In Global Development Finance 2003[C]. Washington D.C.: World Bank, 2003.

[120] Ratha Dilip, Sanket Mohapatra, Elina Scheja. Impact of Migration on Economic and Social Development A Review of Evidence and Emerging Issues[A]. // Policy Research Working Paper No. 5558[C]. World Bank, Development Prospects Group, Migration and Remittances Unit & Poverty Reduction and Economic Management Network, 2011.

[121] Ratha, Dilip, Prabal De and Sanket Mohapatra. Shadow Sovereign Ratings for Unrated Developing Countries[A]. // World Bank Policy Research Working Paper No. 4269[C]. 2007.

[122] Riccardo Faini. Mgration, Remittances and Growth[M]. Italian Ministry of the Economy and University of Brescia, 2002.

[123] Richard Adams, JR. Remittances, Investment and Rural Asset Accumulation in Pakistan[J]. Economic Development and Cultural Change, 1998, 47(1): 155-173.

[124] Richard P.C. Brown. Migrants' Remittances, Savings and Investment in the South Pacific[J]. International Labour Review, 1994, 133(3) :183-189.

[125] Richard P.C.Brown. Estimating Remittance Functions for Pacific Island Migrants[J]. World Development, 1997, 25(4): 613-626.

[126] Robert Stojanov, Wadim Strielkowski. The role of remittances as more efficient tool of development aid in developing countries[J]. Prague economic papers, 2013, 22(4): 487-503.

[127] Sarah Collinson, Shore to Shore. The Politics of Migration in Euro-Maghreb Relations, Middle East Programme[M]. London: The Royal Institute of International Affairs, 1996.

[128] Saul De Vries. Mobilizing The Use of Remittances Towards Poverty Reduction And Economic And Social Development Through Government Initiatives: The Philippine Experience[R]. Single –Year Expert Meeting on Maxing The Remittances Development Impact, Geneva, 2011-02-14.

[129] Sharon Stanton Russell. Migrant Remittances and Development[J]. International Migration Quarterly Review, 1992, 30(3): 267-287.

[130] Shikha Jha, Guntur Sugiyarto, Carlos Vargas-Silva. The Global Crisis and the Impact on Remittances to Developing Asia[OL]. Asian Development Bank, 2009, http://www.adb.org.

[131] Stark O, Taylor J. E. Yitzhaki S. Migration, Remittances in Inequality: A Sensitivity Analysis Using the Extended Gini Index[J]. Journal of Development Economics, 1988, 28(3): 309-322.

[132] Stark O. & Byra L. A Back-Door Brain Mind[J]. Economics Letters, 2012, 116(3): 273-276.

[133] Sunny Kumar Singh &K. S. Hari. International Migration, Remittances and Its Macroeconomic Impact on Indian Economy[M]. Ahmedabad: Indian Institute of Management, 2011.

[134] Syed Tehseen Jawaid, Syed Ali Raza. Effects of Workers' Remittances and Its Volatility on Economic Growth in South Asia[A]. // MPRA Paper No. 39001[C]. Karachi: Munich Personal RePEc Archive, Iqra University Abid Town, 2012.

[135] Taylor E J., Vogel S. Life in a Mexican village: A Sam perspective[J]. Journal of Development Studies, 1988, 25(1): 5-24.

[136] Taylor, J. Edward, T. J. Wyatt. The Shadow Value of Migrant Remittances, Income and Inequality in a Household-Farm Economy[J]. Journal of Development Studies, 1996, 32(6): 899-912.

[137] Taylor, J. Edward. The New Economics of Labour Migration and the Role of Remittances in the Migration Process[J]. International Migration, 1999, 37(1): 63-88.

[138] Toxopeus, Helen S, Robert Lensink. Remittances and Financial Inclusion in Development[A]. // UNU-WIDER Research Paper No.49[C]. Helsinki: United Nations University, World Institute for Development Economics Research, 2007.

[139] Tung, L. T. The Impact of Remittances on Domestic Investment in Developing Countries: Fresh Evidence from the Asia-pacific Region[J]. Organizations and Markets in Emerging Economies, 2018, 9(2): 193-211.

[140] Tung,L.T., Ly, P. T. M., Nhu, P. T. Q., Thanh, P. T., Anh, L. T. & Phung, T. T. P. The Impact of Remittance Inflows on Inflation: Evidence in Asian and the Pacific Developing Countries[J]. Journal of Applied Economic Sciences, 2015, 10(7): 1076-1084.

[141] Van Dalen HP, Groenewold G, Fokkema T. The Effect of Remittances on Emigration Intentions in Egypt, Morocco, and Turkey[J]. Population Studies-A Journal of Demography, 2005(59): 375-392.

[142] Vukenkeng Andrew Wujung and Ongo Nkoa B. Emmanuel. Do Remittances Improve the Economic Growth of Africa?[J]. International Journal of Financial Economics, 2013, 1(4): 119-132.

[143] Wouterse, F. Remittances, Poverty, Inequality and Welfare: Evidence from the Central Plateau of Burkina Faso[J]. Journal of Development Studies, 2010, 46(4): 771-789.

[144] Woodruff, Christopher, Rene Zenteno. Migration Networks and Microenterprises in Mexico[J]. Journal of Development Economics, 2007, 82(2): 509-528.

[145] Working Group on Cost of NRI Remittances[OL]. 2006, http://www. rbidocs.rbi.org.

[146] World Bank. Global Economic Prospects 2006: Economic Implications of Remittances and Migration[OL]. 2006, http://www.worldbank.org.

[147] World Bank. Migration and Development Brief 12[OL]. 2011, http://www.worldbank.org.

[148] World Bank. Migration and Development Brief 17[OL]. 2011, http://www.worldbank.org.

[149] World Bank. Migration and Development Brief 20[OL]. 2013, http://www.worldbank.org.

[150] World Bank. Migration and Development Brief 25[OL]. 2015, http://www.worldbank.org.

[151] World Bank. Migration and Development Brief 30[OL]. 2018, http://www.worldbank.org.

[152] World Bank. Migration and Development Brief 34[OL]. 2021, https://www.knomad.org.

[153] World Bank. Migration and Remittances Factbook 2011[OL].2012, http://www.worldbank.org.

[154] World Bank. Migration & Remittances: Recent Developments and Outlook[OL]. 2014-04-11, http://www.worldbank.org.

[155] World Bank. World Bank's Global Remittance Price Database[OL]. 2010, http://www.worldbank.org.

[156] World Bank. World Development Indicators, for Data and Forecast Methods[OL]. 2019, https://data.worldbank.org.

[157] World Bank. World Development Indicators [OL]. 2020-05-16, https://data.worldbank.org.

[158] World Bank Prospects Group. Annual Remittances Data 2013[OL]. 2014, http://www.worldbank.org.

[159] Yang, Dean, Hwa Jung Choi. Are Remittances Insurance? Evidence from Rainfall Shocks in the Philippines[J]. World Bank Economic Review, 2007, 21(2): 219-248.

[160] Yang, Dean. Coping With Disaster: The Impact of Hurricanes on International Financial Flows, 1970-2002 [J]. B.E. Journal of Economic Analysis and Policy, 2008, 8(1): 1-38.

[161] Y. S. P. Thorat, Howard Jones. Remittance Needs and Opportunities in India[M]. Synthesis Report, National Bank for Agriculture and Rural Development Rural Financial Institutions Programme, 2011.